Interdisziplinäre Disku

Reihe herausgegeben von

Reiner Keller, Lehrstuhl für Soziologie, Universität Augsburg, Augsburg,
Deutschland

Achim Landwehr, Lehrstuhl für Geschichte der frühen Neuzeit, Universität
Düsseldorf, Düsseldorf, Deutschland

Wolf-Andreas Liebert, Institut für Germanistik, Universität Koblenz-Landau,
Koblenz, Deutschland

Martin Nonhoff, Institut für Interkulturelle und Internationale Studien,
Universität Bremen, Bremen, Deutschland

Seit Mitte der 1990er Jahre hat sich im deutschsprachigen Raum in den Geschichts-, Sprach- und Politikwissenschaften, in der Soziologie und in angrenzenden Disziplinen eine lebendige und vielfach vernetzte Szene der diskurstheoretisch begründeten empirischen Diskurs- und Dispositivforschung entwickelt. Die Reihe trägt dieser neuen interdisziplinären Aufmerksamkeit Rechnung. Sie bietet ein disziplinenübergreifendes Forum für die Entwicklung der Diskurstheorien sowie der empirischen Diskurs- und Dispositivforschung und stärkt dadurch deren Institutionalisierung. Veröffentlicht werden • thematisch zusammenhängende inter- und transdisziplinäre Bände, die sich mit ausgewählten Theorien, Methodologien und Themen der Diskurstheorie sowie der empirischen Diskurs- und Dispositivforschung beschäftigen; • disziplinspezifische Monographien und Diskussionsbeiträge, die theoretische, methodologische und methodische Reflexionen sowie Forschungsergebnisse aus einzelnen Disziplinen bündeln; und • herausragende Theorie- und Forschungsmonographien. Aufnahmen in die Reihe erfolgen nach einem wissenschaftlichen Begutachtungsverfahren (Peer Review) durch die Herausgeber und weitere Expertinnen bzw. Experten.

Weitere Bände in der Reihe http://www.springer.com/series/12292

Friedemann Vogel · Fabian Deus
(Hrsg.)

Diskursintervention

Normativer Maßstab der Kritik und praktische Perspektiven zur Kultivierung öffentlicher Diskurse

Hrsg.
Friedemann Vogel
Universität Siegen
Siegen, Deutschland

Fabian Deus
Germanistisches Seminar, Universität
Siegen
Siegen, Deutschland

ISSN 2626-2118   ISSN 2626-2126   (electronic)
Interdisziplinäre Diskursforschung
ISBN 978-3-658-30558-1   ISBN 978-3-658-30559-8   (eBook)
https://doi.org/10.1007/978-3-658-30559-8

Die Deutsche Nationalbibliothek verzeichnet diese Publikation in der Deutschen Nationalbibliografie; detaillierte bibliografische Daten sind im Internet über http://dnb.d-nb.de abrufbar.

Planung/Lektorat: Katrin Emmerich
Springer VS ist ein Imprint der eingetragenen Gesellschaft Springer Fachmedien Wiesbaden GmbH und ist ein Teil von Springer Nature.
Die Anschrift der Gesellschaft ist: Abraham-Lincoln-Str. 46, 65189 Wiesbaden, Germany

Vorwort der Herausgeber

Phänomene der strategischen Kommunikation sind Gegenstand unterschiedlicher Disziplinen und Forschungsrichtungen mit teilweise verschiedenen Annahmen, methodischen Zugängen und Zielen. Bei aller Vielfalt lässt sich jedoch feststellen, dass sich die verschiedenen Forschungsvarianten ihren Gegenstand meist aus einer distanzierten Beobachter-Position vornehmen. Selbst bei jenen Ansätzen, die sich explizit einem kritischen Engagement verschrieben haben, bleibt die ‚scientific community' in der Praxis de facto meist der anvisierte und tatsächlich erreichte Adressatenkreis.

Diese Zurückhaltung ist keineswegs selbstverständlich: Indem die Forschung Muster und Strukturen, Konstellationen und Operationen strategischer Kommunikation wissenschaftlich beschreibt, generiert sie (idealiter) Wissen, das in den Diskursen selbst nicht vorkommt und nicht geschaffen werden kann. Dieses Wissen ist als Ressource zu verstehen, die ein großes Potenzial zur Wirkung in der strategisch-kommunikativen Praxis hat: Indem es unbemerkte Strukturen und Phänomene transparent macht, werden diese erst zum möglichen Gegenstand demokratischer Aushandlungsprozesse. Und indem ungleiche Verhältnisse zwischen verschiedenen Akteuren sichtbar werden, leistet es einen Beitrag zur Herstellung von ‚Waffengleichheit' im Diskurs.

Ihre kanonisierten Vordenker verstanden Diskursanalyse meist nicht als passive Beschreibungswissenschaft, die ihren Gegenstand aus sicherer Distanz betrachtet, sondern als Werkzeug, um im Diskurs handlungsfähig zu werden und einzugreifen. Eine Diskursforschung, die sich derartiges vornimmt und auch leisten kann, wird außerhalb der Universitäten jedoch bis heute kaum wahrgenommen. Dabei indizieren die alljährliche Medienpräsenz der Verleihung des „Unworts des Jahres" oder die enorme Aufmerksamkeit, die das Thema ‚politisches Framing' in Teilen der Medien und der Gesellschaft erfahren hat, dass die Nachfrage nach wissenschaftlichen Perspektiven groß ist.

Auch von der Seite der diskursiven Praxis her betrachtet erscheint eine involvierte Forschung prinzipiell wünschenswert, zumal in Zeiten neuer Öffentlichkeiten und Diskurspositionen: das Aufrücken von sozialen Medien zu zentralen Orten der politischen Auseinandersetzung (einschließlich der Verzerrungen durch intransparente algoritmisierte Verfahren); der damit einhergehende Vertrauens- und Relevanzversverlust des tradierten (massenkommunikativen) Mediensystems in Teilen der Bevölkerung. Dieser grundlegende Wandel öffentlicher Kommunikation wird vielfach in Verbindung gebracht mit einer ‚Verrohung' der gesellschaftlichen Debatte, die ihre partizipativ-demokratische Funktion angesichts von ‚Echokammern' und omnipräsenten ‚Fake-News' kaum mehr erfüllen könne.

Ist es vor diesem Hintergrund möglich, wissenschaftlich in öffentliche Diskurse zu intervenieren? Ist dies gar notwendig, und wenn ja, welche normativen Maßstäbe legitimierten dazu (oder auch nicht)? Welche interventionistischen Praxisformen wurden bereits erprobt und was kann das Ziel sein einer Diskursintervention, die ihrem Auftrag entsprechend wissenschaftlich sein will und muss? Unter anderem diese Fragen waren Gegenstand der Siegener Tagung „Diskursintervention – Normativer Maßstab der Kritik und praktische Perspektiven zur Kultivierung öffentlicher Diskurse" (31.01.–01.02.2019; www.diskursintervention.diskursmonitor.de). Sie brachte ForscherInnen und PraktikerInnen verschiedener Richtungen und Disziplinen zusammen. Die hier veröffentlichten Beiträge dokumentieren die ausgearbeiteten Redebeiträge der verschiedenen Panel, die bewusst knapp und thesenartig gehalten sind. In der ersten Sektion beschäftigen sie sich mit grundsätzlichen Fragen danach, wie Diskursinterventionen wissenschaftlich konzipiert und legitimiert werden kann. Dazu werden auch etablierte Forschungsperspektiven und Diskussionsstände befragt. Der zweite Teil des Bandes widmet sich konkret den medialen Rahmenbedingungen möglicher interventionistischer Praxis. Der Band wird abgeschlossen durch zwei Beiträge, die Beispiele diskursinterventionistischer Praxis vorstellen und evaluieren. Der vorliegende Band gibt damit den gegenwärtigen Diskussionsstand wieder und fordert auf: zu weiterer Debatte und zur praktischen Erprobung.

Wir danken allen Kolleginnen und Kollegen, die diese Debatte mit uns gemeinsam weiterführen, den Reihenherausgebern für die Aufnahme dieses Bandes sowie Marie Briese für ihre Unterstützung bei der redaktorischen Einrichtung des Textes.

Siegen   Fabian Deus
im Januar 2020   Friedemann Vogel

Inhaltsverzeichnis

Autorenverzeichnis

Ralph Christensen Dr. iur. Dr. phil., Repetitor für Öffentliches Recht

Fabian Deus Dr. des., Wissenschaftlicher Mitarbeiter; Germanistisches Seminar, Universität Siegen, fabian.deus@uni-siegen.de, https://www.diskurslinguistik.net

Ekkehard Felder Prof. Dr., Germanistisches Seminar, Universität Heidelberg

Tino Heim Dr., Wissenschaftlicher Mitarbeiter; Institut für Soziologie, TU Dresden

Clemens Knobloch Prof. em. Dr., Professor für Sprachpsychologie, sprachliche Kommunikation und Geschichte der deutschen Sprachwissenschaft; Germanistisches Seminar, Universität Siegen, https://clemensknobloch.de

Annette Leiterer Redaktionsleiterin des Medienmagazins ZAPP beim Norddeutschen Rundfunk (NDR)

Wolfgang Lieb Dr., Jurist und Publizist, ehem. Regierungssprecher und Staatssekretär in Nordrhein-Westfalen; Köln

Wolf-Andreas Liebert Prof. Dr., Institut für Germanistik, Universität Koblenz-Landau

Dorothee Meer Prof. Dr., Germanistisches Institut, Ruhr-Universität Bochum

Stephan Packard Prof. Dr., Institut für Medienkultur und Theater, Universität zu Köln

Martin Reisigl Ass.-Prof. Dr., Institut für Sprachwissenschaft, Universität Wien

Jan Oliver Rüdiger M.A., Wissenschaftlicher Mitarbeiter; Germanistisches Seminar, Universität Siegen, https://notes.jan-oliver-ruediger.de

David Salomon Dr., Wissenschaftlicher Mitarbeiter, Institut für Politikwissenschaft, Leibniz Universität Hannover

Sabine Schiffer Prof. Dr., Professorin im Fachbereich Journalismus und Kommunikation; HMKW Frankfurt a.m./Institut für Medienverantwortung; https://www.medienverantwortung.de

Hagen Schölzel Dr., Wissenschaftlicher Mitarbeiter, Institut für Kommunikationswissenschaft der Friedrich-Schiller-Universität Jena

Felix Tripps M.A., Wissenschaftlicher Mitarbeiter; Germanistisches Seminar, Universität Siegen, https://www.diskurslinguistik.net

Friedemann Vogel Prof. Dr., Professor für Sozio- und Diskurslinguistik, Germanistisches Seminar, Universität Siegen; friedemann.vogel@uni-siegen.de, https://www.diskurslinguistik.net

Martin Wengeler Prof. Dr., Professor für Germanistische Sprachwissenschaft; FB II Germanistik, Universität Trier

Maßstäbe und Programme der Diskursintervention

Reflexive Diskursintervention

Wolf-Andreas Liebert

1 Grundprobleme einer Diskursintervention

Eine Intervention setzt einen Konnex eines Außen und eines Innen voraus. In einer einfachen Vorstellung haben Diskursforschende in einem Außen ein Ziel und wissen um ein Verfahren, das Innen von einem Zustand A in einen Zustand B zu versetzen. Diskurs erscheint hier als Container, in den Diskursforschende bestimmte Interventionshandlungen strategisch einbringen können, damit dessen Innenleben absichtsvoll verändert werden kann. Diskursforschende sind allerdings keine Katalysatoren, die bei solchen Prozessen unberührt blieben. Sowohl die Forschenden selbst, ihre Interventionen als auch ihre Ergebnisse sind Teil des Diskurses und verändern sich, während sie handeln. Wer eine Diskursintervention durchführt, wird selbst zum Akteur und Teil des Diskurses, den er oder sie untersucht.

Eine Möglichkeit, dies zu berücksichtigen, könnte mit dem Begriff des Spezialdiskurses von Jürgen Link (1982) unternommen werden. Hierzu würde auch die Guerilla-Metapher passen: Die Diskurs-Guerilla befreit die in ihren Zeichensystemen Gefangenen aus ihren Zellen. Auch eine Reflexivität wäre möglich, wenn die Guerilla selbst gefangen wäre und zusammen mit den anderen den Ausbruch plante.

Doch was ist, wenn die Guerilleros, von denen hier die Rede ist, erfahren, dass sie nur Teil einer Metapher eines Aufsatzes in einem diskursanalytischen Sammelband sind? Wenn sie also anfangen, ihre grundlegenden Deutungsmuster

W.-A. Liebert (✉)
Koblenz, Deutschland
E-Mail: liebert@uni-koblenz.de

infrage zu stellen und die Diskursgebundenheit ihrer eigenen Kategorien zu hinterfragen?

Diese wäre die Position einer reflexiven Diskursintervention, die an eine Diskurshermeneutik nach Hermanns (2007) anknüpfen könnte:

> Jede diskurslinguistische Theorie der Intervention muss sich (…) selbst als eine soziale Praxis begreifen, die zunächst versucht, sprachlich-gesellschaftliches Handeln von Sozialitäten zu verstehen. Das forschende Subjekt wird dabei zunehmend selbst in die heterogenen Netzwerke, die es erforscht, vernetzt, kann dadurch aber neue Information schaffen. Wenn so beim forschenden Subjekt ein Verständnis entstanden ist oder sogar Ideen zur Lösung von Problemen und Bewältigung von Krisen, dann besteht der letzte Schritt darin, das Verstehen und die Ideen mit der untersuchten Sozialität wieder zu teilen; – vielleicht erweisen sie sich als brauchbar. (Liebert 2004, S. 152)

Diese etwas älteren Gedanken zeigen keine Guerilleros, die einen klaren Feind und einen klaren Auftrag haben, sondern ein Forschungssubjekt, das ähnlich einer Feldforschung bedächtig und vorsichtig den Kontakt zu den Diskursakteuren aufbaut und dabei mit so viel Empathie wie möglich vorgeht. Die Intervention ist keine wilde Aktion, sondern ein überlegter Vorschlag.

Die große Unsicherheit, die hier zum Vorschein kommt, liegt an dem zugrunde liegenden Diskursbegriff: Der Diskurs erscheint als Medium, in dem sich Akteure, auch die Diskursanalytiker*innen entfalten, bewegen und relationieren. Die Grenzen zwischen Forschungssubjekt und Forschungsobjekt verschwimmen hier, es gibt keinen Standort außerhalb des Diskurses und damit keinen festen Boden für diskursanalytische Aussagen und Bewertungen. Entsprechend vorsichtig müssen diese ausgesprochen werden. Eine reflexive Diskursintervention muss daher die Eigenbewegung und Positionierung der Intervenierenden mit beschreiben. Da diese Beschreibung selbst wiederum Teil des Diskurses wäre, müsste auch diese Beschreibung mit beschrieben werden, was schließlich zu einem infiniten Regress führen würde.

Da es nur Wenige gibt, die sich einem solchen infiniten Regress verschreiben würden, stellt sich die Frage: Welche Auswege könnten sich daraus ergeben?

Die *erste Möglichkeit* wäre: Wir lassen den Begriff der Diskursintervention fallen, denn alles Handeln ist auch Diskursintervention. Es gibt kein substanziierbares Außen und Innen.

Die *zweite Möglichkeit* wäre: Wir nennen Formen des auf Diskursforschung sich beziehenden gesellschaftlichen und politischen Handelns „Diskursintervention" und sprechen von einer *engagierten Diskursforschung.* Damit greife ich einen Ausdruck Friedemann Vogels (2013) und auch David Salomons auf (in diesem Band).

Die *dritte Möglichkeit* lautet: Wir fokussieren Diskursforschung auf konkrete lokale und zeitliche Ereignisse unserer näheren Lebenswelt, in die wir durch Alltagsbezüge involviert sind, und nennen dies „Diskursintervention". Damit reflektieren wir noch vor jeder Diskursanalyse unsere Diskurseingebundenheit, von der wir uns nur abstrakt-ideell abschneiden können. Hierfür werde ich den Begriff der *reflexiven Diskursintervention* vorschlagen.

Für Diskursforschende würde die dritte Möglichkeit bedeuten, an der eigenen, näheren Lebens- und Arbeitswelt anzuknüpfen. Wir untersuchen sozusagen die eigene Lebenswelt, in der wir als Diskursforschende unseren Alltag fristen. Wir gehen den Diskursereignissen in der Nähe nach, bei denen wir das Gefühl haben, dass hier eine Diskursanalyse eine gute Grundlage für eine Intervention wäre. Aus dem konstitutiven, subjekthaften Involviert-Sein würde also planvolles Engagement erwachsen. Natürlich sind lokale Diskurse in größere Diskurs- und Dispositivzusammenhänge eingebunden, ohne die lokale Diskurse nicht zu denken sind – dies wird sich auch gleich noch in der Beispielanalyse zeigen. Es geht hier um den Ausgangspunkt, mich von Anfang an als Forschungssubjekt in einer diskursiven Lebenswelt zu reflektieren und zu aktivieren. Oft haben wir aber genau bei den uns nahen, aktuellen, brisanten, schnellen Diskursverläufen weder Zeit noch Mittel, diese auch tatsächlich so schnell durchzuführen, dass sie als Intervention noch taugt. Hier wäre der von Friedemann Vogel (in diesem Band) angedachte Diskursmonitor eine wichtige Ressource.

Die Reflexion der eigenen Diskurseingebundenheit eröffnet noch eine weitere, von Slavoj Žižek (2014) vorgetragene Möglichkeit: Wir gehen davon aus, dass wir als Intervenierende stets selbst blinde Flecken haben und versuchen, diese durch kooperative Reflexion sichtbar zu machen. Dies könnte insbesondere hilfreich sein, um – und hier beziehe ich mich auf Tino Heim (in diesem Band) – die „Rationalitätskerne" in rechtspopulistischen Diskursen zu erkennen und nicht auf den Skandalisierungsköder hereinzufallen. Eine Gefahr, auf die auch Hagen Schölzl (in diesem Band) hingewiesen hat.

Schließlich ergibt sich daraus eine neue Form des Sprechens, die weder wissenschaftlich, noch nicht-wissenschaftlich zu nennen ist, die ich *die Kunst der Ad-hoc-Analyse* nennen will. Was ist damit gemeint?

Wissenschaftliche Diskursanalysen, egal unter welchem Paradigma sie gemacht werden, stellen nicht das Arsenal (Gnosa 2018) bereit, um in ein laufendes Diskursereignis sinnvoll einzugreifen. Denn die Person oder die Gruppe, die eingreifen will, muss auch alle situativen und atmosphärischen Gegebenheiten der Interventionssituation aufnehmen und kooperativ reflektieren.

Ich bezeichne dies als *Kunst,* um deutlich zu machen, dass wir hier den Bereich der Wissenschaft verlassen, aber dennoch wissenschaftlich fundiert handeln. Wie jede Kunst wird sie durch Tun, Reflexion, Wissen und Technik erlernt und erfordert daher auch einen eigenen methodologischen Rahmen. Einige exemplarische Analysen am Beispiel des Koblenzer Burkiniverbots sollen dies verdeutlichen.

2 Exemplarische Analysen

Lebhafte Debatten wie an der Universität Siegen, ob etwa Vertreter der AfD in einem Seminar auftreten und diskutieren sollen, oder der schnell durchgeführte Stadtratsbeschluss in Koblenz, in dem ein Burkiniverbot in öffentlichen Schwimmbädern verhängt wurde, zeigen, wie hilfreich der von Friedemann Vogel (in diesem Band) angedachte Diskursmonitor für Ad-hoc-Diskursanalysen wäre: Denn so könnte eine an der Lebenswelt ansetzende, reflexive Diskursforschung nicht nur auf ein Netzwerk, sondern auch auf eine Ressource von Diskursanalysen zurückgreifen. Wir können dann in einer konkreten, politischen Situation das Wort ergreifen und uns dabei auf ein Arsenal von Diskursforschungen und Diskursforschenden stützen. Ad-hoc-Diskursanalysen können dann substantiiert als mikropolitische Interventionen durchgeführt werden. Dies soll am Beispiel des eben erwähnten Koblenzer Burkiniverbots erläutert werden.

Der lebensweltliche Ansatzpunkt: Das Koblenzer Burkiniverbot
Im folgenden Textausschnitt steht die entscheidende Änderung der im Stadtrat verhandelten Bäderordnung, um das Burkiniverbot durchzusetzen:

> Der Aufenthalt im Nassbereich ist nur in Badehose, Badeanzug, Bikini oder Bade-shorts gestattet. Neoprenanzüge sind für Leistungsschwimmer und Triathleten im Rahmen des Schwimmtrainings zugelassen. Im Rahmen des Schulschwimmens wird das Tragen eines Burkinis zugelassen.
> – Beschluss des Koblenzer Stadtrats am 14.12.2018

Dieser Zusatz zur Haus- und Badeordnung wurde im Dezember 2018 mit 24 zu 22 Stimmen bei einer Enthaltung mit den Stimmen von CDU, Freien Wählern und AfD beschlossen.[1]

---

[1]Am 14.6.2019 wurde der Stadtratsbeschluss vom Oberverwaltungsgericht Koblenz aufgehoben.

Vorangegangen war ein erster, erfolgloser Vorstoß der AfD im Stadtrat im November, der folgendermaßen begründet wurde:

Der Burkini ist nicht nur Badebekleidung, sondern auch ein religiöses Symbol, das für die Unterdrückung der Frau steht. Muslimischen Frauen muss eine gleichberechtigte Teilhabe am Schwimmen ermöglicht werden. Das ist durch das Tragen eines Burkini [sic!] nicht gewährleistet, weil eine optische Segregation stattfindet. Diese stellt ein Integrationshindernis dar. *In Europa stand der Bikini bzw. freizügige Bademode im Allgemeinen symbolisch für die Befreiung und Emanzipation der Frau.* Der Burkini hingegen steht für ihre Unterdrückung sowie für ein radikal-islamisches und patriarchalisches Gesellschaftsverständnis. Frauen werden durch die religiösen Bekleidungsvorschriften in ihrer persönlichen Freiheit stark eingeschränkt. Ein Burkini-Verbot stärkt die Emanzipation muslimischer Frauen und Mädchen, da dieses Mädchen und Frauen, die im Badeanzug schwimmen wollen, ein Argument liefert, wenn sie sich gegen islamistisch-fundamentalistisch eingestellte Eltern oder Verwandte durchsetzen müssen. Darüber hinaus leben bereits seit Jahrzehnten muslimische Familien in Koblenz, die die kommunalen Schwimmbäder auch in westlicher Badebekleidung aufsuchten und offensichtlich keinen Bedarf an einer Änderung der Badeordnung sahen. Eine pauschale Erlaubnis, Burkinis tragen zu dürfen, käme einem *vorauseilenden Gehorsam gegenüber dem islamistisch-fundamentalistischen Einwanderungsmilieu* gleich. Diesem darf aber im Sinne unserer bürgerlichen Freiheit nicht nachgegeben werden. Freiheitlich gesinnte muslimische Frauen und Mädchen erwarten in ihren Bemühungen um Integration zu Recht Unterstützung von den politischen Entscheidungsträgern.
– Antrag der AfD im Koblenzer Stadtrat am 8.11.2019 (Herv. W.-A.L.)

Auf den ersten Blick fallen in diesem Zitat aus der AfD-Begründung verschiedene Diskursverschränkungen aus Religion, Migration und Emanzipation auf. Diese sehen in der Begründung des erfolgreichen späteren Antrags von CDU und Freien Wählern deutlich anders aus, denn hier ist nun nicht mehr von Religion oder Emanzipation die Rede, sondern lediglich von Hygiene:

Nach Ansicht der Fraktionen von CDU und FREIE WÄHLER hat der Stadtrat das Recht und die Pflicht zu definieren, was gemeinhin als „übliche Bekleidung" angesehen wird. Dabei ist zu beachten was bisher galt und andernorts gilt. Badehose, Badeanzug, Bikini oder Badeshorts sind insofern als „übliche Bekleidung" anzusehen. Eine Definition, wie sie weitläufig verstanden wird. Nach II. 3. b. der neuen Haus- und Badeordnung ist zudem Personen der Zutritt zum Nassbereich nicht gestattet, die unter *anstoßerregende*[sic!] *Krankheiten oder meldepflichtige*[sic!] *übertragbare*[sic!] *Krankheiten im Sinne des Bundesseuchengesetzes oder offenen Wunden bzw. Hautausschlägen* leiden. Um diese Regelung überwachen zu können, müssen für das Badepersonal die Körper der Badegäste sichtbar sein. Wären die Badegäste vollständig bekleidet, wäre die Kontrolle unmöglich.

– Gemeinsamer Änderungsantrag von CDU und FREIE WÄHLER vom
14.12.2018 (Herv. W.-A.L.)

Genealogische Analyse: Das Eingebundensein in situationsübergreifende Diskurse

Werden also lediglich diese beiden kommunalpolitischen Anträge betrachtet,
so sind bereits eine Vielzahl überkommunaler Diskurse involviert:

- Hygiene-Diskurs
- Feminismus-Diskurs
- Migrationsdiskurs
- Burkini-Diskurs (Verbote in Frankreich und anderen Ländern, Gerichtsurteile, Schulschwimmen)
- Religionsdiskurs
- Leistungsdiskurs (professioneller Schwimmsport)
- Diskurs um Rechtspopulismus

Interessant für die Analyse sind Diskursverschränkungen oder Diskursblendings.
So scheint die Begründung von CDU und Freien Wählern nur auf die Hygiene
abzuzielen. Aus der Diskursforschung wissen wir aber, dass sog. ‚unzivilisierte
Völker' und Hygiene im Rassismusdiskurs aufs Engste verknüpft sind. Hygiene
galt Anfang des 20. Jahrhunderts als tragende Säule des Staates, die „Hygiene der
Juden" wurde dabei in antisemitischer Weise als besonders problematisch dargestellt (vgl. Geulen 2004, S. 260).

Wenn wir nun noch einmal auf die Begründung des Burkiniverbots von CDU
und FW blicken, dann lässt sich also ein ähnliches rassistisches Muster ausmachen, denn die erlaubten Badeanzüge, lange Badehosen oder Neoprenanzüge
verdecken ja genug Körperteile, an denen Krankheiten nach dem dort zitierten
Bundesseuchengesetzes vorhanden sein könnten. Trägern dieser Badebekleidung
wird anscheinend ein angemessenes Hygieneverhalten unterstellt. ‚Seuchenüber-
träger' können in dieser Denkweise nur muslimische Frauen mit Burkini sein.
Nur diese verstecken unter ihrem Burkini „übertragbare Krankheiten im Sinne
des Bundesseuchengesetzes oder offene[.] Wunden bzw. Hautausschläge[.]"
(ebd.).

Durch das Aktivieren des Hygienediskurses zur Ausgrenzung von Minderheiten durch die Begründung von CDU und Freien Wählern wird der rassistische
Diskurs, der im Antrag der AfD angelegt war, deutlich verschärft.

Auf der Suche nach einer sinnvollen Diskursintervention: Der Weg in die Unklarheit

Einmal analysiert, fällt es nicht leicht, eine angemessene Intervention abzuleiten. Soll der CDU und den Freien Wählern öffentlich ‚der Spiegel vorgehalten' werden? Soll das informelle Gespräch gesucht werden?

Auch ein sinnvoller Umgang mit dem Feminismus- und Emanzipationsdiskurs, der von der AfD selektiv aber systematisch vereinnahmt wird, ist nicht einfach. Der selektive und systematische Einsatz emanzipatorischer Muster scheint sich ausschließlich auf die Rolle der Frau *im Islam* zu beziehen. Dies kann sich als Argument gegen die Einwanderung muslimischer Männer manifestieren, vor allem aber gegen die religiös motivierte Verhüllung von Frauen durch Kleidungsstücke. Dass diese emanzipatorischen Redefiguren taktischer Natur sind, zeigt sich darin, dass sich rechtspopulistische Positionen in allen anderen Bereichen gegen die emanzipatorischen Bewegungen der Gegenwart richten, die sich etwa im feministischen und postfeministischen Diskurs oder im Genderdiskurs zeigen. Dennoch sorgt dieser taktische Zug für viel Verwirrung sowohl in konservativen als auch in liberalen Positionierungen. Zur Verdeutlichung soll folgender Auszug aus dem Antrag der AfD-Landtagsfraktion von Rheinland-Pfalz zum Verbot von Kopftüchern an Grundschulen dienen:

> Gerade in Zeiten, in denen vermehrt über religiöses Mobbing an Schulen berichtet wird, dessen Ziel laut Aussagen von *Islam-Expertin Susanne Schröter* nicht nur kopftuchtragende Mädchen, sondern auch immer wieder Mädchen ohne Kopftuch seien, gelte es solchen Konflikten vorzubeugen. (…) Zu diesen Problemen äußerte sich unter anderem *Serap Güler, Integrationsstaatssekretärin der CDU in Nordrhein-Westfalen.* Ihren Aussagen zufolge diene das Kopftuch gemäß der islamischen Tradition dazu, weibliche Reize zu verhüllen. Wenn Eltern ihre Kinder im Grundschulalter Kopftuch tragen lassen, sexualisieren sie also in gewisser Weise das Kind. Sie unterstellen bei einem kleinen Mädchen Reize, die vor männlichen Blicken geschützt werden müssen. Auch für die *Soziologin Necla Kelek* ist das Kopftuch in der Schule eine schwere Diskriminierung und Sexualisierung der Mädchen, die *Autorin und Frauenrechtlerin Sonja Fatma Bläser* hält es für eine Bedrohung des Kindeswohls.
>
> Drucksache 17/6253 (2018): Antrag der Fraktion der AfD im Landtag Rheinland-Pfalz vom 17.5.2018, Drucksache 17/6253: https://www.landtag.rlp.de/landtag/drucksachen/6253-17.pdf (Herv. W.-A.L.)

Die Verwirrung innerhalb konservativer Positionen zeigt sich in der Reaktion der rheinland-pfälzischen CDU, die ähnlich wie in der oben erwähnten kommunalen Burkinidebatte darin bestand, den Antrag der AfD abzulehnen, und einen „Alternativantrag" zu formulieren (Drucksache 17/6297 vom 24.5.2018), der allerdings

wie eine schlechte Kopie des AfD-Antrags wirkt: das Kopftuchverbot für Grund-
schülerinnen wird um ein Fastenverbot erweitert, es finden sich ähnliche Argumente, aber ohne Belege. Der Antrag ist sprachlich weniger elaboriert und bleibt
rhetorisch blaß. So sieht der Antrag den demokratischen Bildungsauftrag der
Schule aufgrund von „falsch verstandener kultureller Toleranz" (ebd.) in Gefahr.
Hatte die AfD noch konkrete Studien zitiert und Namen genannt, wird im CDU-
Antrag zum Existenznachweis dieses Phänomens lediglich ausgeführt: „Es
mehren sich die Berichte von Lehrerverbänden und Pädagogen, die beobachten,
dass die Verschleierung von jungen Mädchen in der Grundschule zunimmt."
(ebd.). Es wird Symbolinterpretation betrieben, die die Grundlage für das Kopftuchverbot in der Schule bieten soll: „Das Kopftuch ist ein ambivalentes Symbol,
das in seiner heutigen Erscheinungsform mindestens im selben Maße politisch
wie religiös zu deuten ist." (ebd.) Diese Symbolinterpretation dient dann als
‚Beweis' für den „[...] antiliberalen und politischen Charakter einer solchen
Erscheinungsform des Islams." (ebd.) und suggeriert damit einen „politischen
Islam" (ebd.), ohne diesen konkret als Institution, Gruppe oder Person benennen
zu müssen – und vielleicht auch, ohne diesen überhaupt benennen zu können.

Aber auch innerhalb liberaler und linker Positionen schafft die taktische Verwendung emanzipativer Muster Verwirrung und Kontroversen. Die oben zitierten
Gewährsfrauen im Antrag der AfD sind bekannte und teils auch sehr renommierte
Wissenschaftlerinnen wie etwa Prof. Dr. Susanne Schröter. Damit entsteht eine
Unsicherheit im Handeln und es ist eine Kontroverse entbrannt, ob eine auch nur
eingeschränkte Positionierung gegen ‚das Kopftuch' oder die Thematisierung
von Männergewalt von Geflüchteten selbst schon Rassismus ist oder diesen
befördert, da diese Positionen von rassistischen und völkisch-nationalen Gruppen
instrumentalisiert werden. Ein Beispiel ist die Konferenz „Das islamische Kopftuch. Symbol der Würde oder der Unterdrückung", die am 8.5.2019 von Susanne
Schröter an der Universität Frankfurt veranstaltet wurde. Diese führte in den
sozialen Medien unter dem Hashtag #schroeter_raus zu massiven Vorwürfen
eines ‚antimuslimischen Rassismus' und einer Forderung nach der Entlassung
von Frau Professor Schröter.

Während die rechtspopulistische Vereinnahmung dieser Debatte ohne jeg-
lichen Reibungsverlust sofort vollzogen wurde, gab es im linken Spektrum
große Unsicherheiten, wie dies einzuschätzen und wie damit umzugehen sei. So
spekuliert etwa Maximilian Probst (2019) in der ZEIT über den Shitstorm unter
dem eben erwähnten Hashtag #schroeter_raus:

> Ein Shitstorm kann sich auch mithilfe von Bots, also computergesteuerten
> Programmen, zusammenbrauen. Und dank der Fortschritte auf dem Gebiet der

künstlichen Intelligenz lässt sich selbst bei langen Texten von außen kaum unterscheiden, ob ein Mensch oder eine Maschine sie verfasst hat. Wer sollte aber auf dermaßen unlautere Weise einen Shitstorm fabrizieren? Man weiß es auch nicht. Wer zu spekulieren beginnt, dürfte so bald nicht haltmachen. In den USA hat der Mueller-Report ergeben, dass aus Russland gesteuerte nationalistische, aber auch islamische und linksidentitäre, postkolonialistische Facebook-Gruppen während des amerikanischen Präsidentschaftswahlkampfes äußerst aktiv Debatten aufgeheizt haben. Man weiß auch, dass das Heer der russischen Hacker und Diskurssaboteure sich vor ausländischen Wahlen immer stark in den sozialen Medien engagiert, um gesellschaftliche Spaltungen zu vertiefen, warum nicht auch vor der EU-Wahl? (ZEIT Nr. 21/19) Oder haben deutsche Rechtsnationalisten, demselben Kalkül folgend, am Shitstorm mitgewirkt? Das alles müsste man erörtern – oder über den Vorgang schweigen, bis mehr Informationen zur Verfügung stehen. (Probst 2019)

Probst spekuliert also, dass möglicherweise „Bots", „das Heer der russischen Hacker und Diskurssaboteure", „deutsche Rechtsnationalisten" oder eine Kombination davon den Hashtag #schroeter_raus und den Shitstorm lanciert haben. Dies ist absurd, denn es haben sich ja Protagonisten selbst namentlich dazu bekannt. Aber auch die Konsequenz, die Probst zieht: „Das alles müsste man erörtern – oder über den Vorgang schweigen, bis mehr Informationen zur Verfügung stehen." ist absurd, denn das würde bedeuten, dass überhaupt keine Debatte in und über soziale Medien geführt werden könnte, denn die Anonymität ist ihr konstitutiver Bestandteil, selbst wenn einzelne Nutzer (vermeintlich) Klarnamen verwenden.

Dadurch entsteht eine Sagbarkeitsdebatte innerhalb von Positionen, selbst wenn diese alle grundsätzlich emanzipatorisch ausgerichtet sind.[2] Dies zeigt sich auch in der Debatte des Blogs *Übermedien* (https://uebermedien.de/) und der feministischen Zeitschrift *Emma,* für die Alice Schwarzer Stellung nimmt:

Ja, es stimmt, EMMA hat ausführlich über die Realität der Silvesternacht 2015 in Köln berichtet. Als eine von wenigen medialen Stimmen. In Übermedien liest sich das so: ‚EMMA benennt und skandalisiert die sexualisierte Gewalt der Männer überwiegend nordafrikanischer Herkunft in der Silvesternacht. Allerdings appelliert sie damit an Vorurteile und Stereotype, die in der Gesellschaft ohnehin schon verbreitet sind. Eine gefährliche Dynamik entsteht: Rechtsextreme und die AfD greifen den ursprünglich feministischen Diskurs über sexualisierte Gewalt auf und machen mit ihm gegen Einwanderung mobil.' (Schwarzer 2018)

---

[2]Zur jüngsten Episode der Sagbarkeitsdebatte vgl. Welzer 2019.

Und Alice Schwarzer schreibt weiter:

> Was für die AfD ein leichtes Spiel ist, da Linke, Liberale, ja sogar Konservative
> wegsehen und schweigen. Sie sind es, diese Realitätsleugner, die Menschen, denen
> bisher Rassismus fern war, in die Arme von Rechten treiben! (ebd.)

Diese Debatte ist von Emotionalisierung, Eskalation, Schuldvorwürfen und
Rechtfertigungen geprägt und zeigt, dass das rechtspopulistische taktische
Adaptieren von Diskursmustern nicht nur in Bezug auf konservative, sondern
auch auf liberale und linke Positionen erfolgreich war.[3] Eine ähnliche Sagbarkeitsdebatte zeichnet sich um den Heimatbegriff (vgl. Schneider 2017) ab, der
nicht mehr verwendet werden soll, da er von Rechtspopulisten instrumentalisiert
werde.

Eine Intervention, die einfach nur ‚klare Kante' zeigen will, würde die dar-
gestellten Unsicherheiten und Widersprüche ignorieren. Es kann daher vermutet
werden, dass eine solche Intervention prinzipiell eher zur Stärkung rechtspopulistischer Positionen und zur (weiteren) (Selbst-)Zerstörung liberaler,
konservativer und linker Positionen im demokratischen Spektrum beitragen
würde.

3   Elemente einer reflexiven Diskursintervention

Die exemplarischen Analysen haben gezeigt, dass das Anknüpfen an den lokalen
Diskurs genealogisch zu den neuralgischen Punkten und agonalen Zentren des
überregionalen Diskurses führt und damit prinzipiell wieder in den Diskurs in der
Absicht einer Intervention eingebracht werden könnte – auf lokaler wie auf über-
regionaler Ebene.

Welche Konsequenzen ergeben sich nun daraus für ein Modell einer reflexiven
Diskursintervention? Dazu sollen zunächst die grundlegenden Komponenten
einer Intervention betrachtet werden, um daraus dann einen selbstreflexiven, dis-
kursspezifischen Interventionsbegriff zu entwickeln.

Der Begriff der Intervention beinhaltet eine oder mehrere Handlungen, die
Akteure durchführen, um ein System von einem Zustand A in einen Zustand B zu
versetzen, wobei der Zustand B der aus ihrer Sicht präferierte ist.

---

[3]Vgl. dazu auch Spitzmüller 2017. Warum diese Adaption emanzipatorischer Muster
gelingt, ist eine noch offene Frage.

Bevor jedoch eine Intervention durchgeführt wird, müssen sich die Interventionsakteure zunächst dazu entschließen. Dazu müssen sie eine kritische Entwicklung im zu intervenierenden System erkennen und diese entsprechend bewerten. Auch muss eine Handlungsdringlichkeit hinzukommen, um die Legitimität der Intervention zum jetzigen Zeitpunkt sicherzustellen. Dann muss die Intervention geplant werden, also in welchem Zeitraum, in welcher Lokalität, in welchem (Teil-)System genau soll eingegriffen werden. Was ist das Ziel, welches sind die Mittel und wie sieht das erwartete Ergebnisspektrum aus. Durch die lokale und soziale Nähe der Interventionsakteure verbraucht diese Phase kaum Zeit. Mehr Zeit wird für die nächste Phase benötigt. Denn die Intervention muss natürlich tatsächlich durchgeführt und nach Durchführung das Ergebnis beschrieben werden. Die genaue Form der Intervention kann nicht vorab beschrieben werden, da diese eben ad hoc, für die jeweilige konkrete Situation gemacht wird (dies können zum Beispiel Gespräche, Leserbriefe, Demonstrationen oder andere Aktionen sein). Schließlich lässt sich dann bewerten: Haben wir durch unsere Intervention unser Ziel erreicht? Ist das System von Zustand A in Zustand B gelangt? Wenn nicht, warum nicht? Wenn doch, erweist sich Zustand B nun tatsächlich als besser als Zustand A? Es lassen sich also 5 Schritte einer Intervention identifizieren:

I. Entschlussfassung (Kritische Entwicklung, Bewertung, Handlungsdringlichkeit, *Legitimität*)
II. Planung (Zeitraum, Lokalität, System, *Ziel, Mittel, erwartetes Ergebnisspektrum*, Ablaufplanung)
III. Durchführung
IV. Ergebnis
V. Evaluation

Eine spezifische *Diskursintervention* wird daraus, wenn sie in einer oder mehreren Phasen

• Bezug auf situationsübergreifende, historische Diskursstränge und -konstellationen sowie Ergebnisse der Diskursforschung nimmt
• eine *verständliche* diskurstheoretische Begrifflichkeit verwendet und diese in eine Ad-hoc-Analyse umformt.

Reflexiv wird eine Diskursintervention, wenn danach gefragt wird:

- In welcher Weise sind wir als Analysierende involviert? (→ *lebensweltliche Nähe*)
- Was ist unsere Motivation? (→ *Engagement*)
- Welche stereotypen Verstehensmuster bringen wir ein? (→ *blinde Flecken*)
- Wie können wir neue Ausdrucksformen kreieren, ausarbeiten und einüben, die als Intervention in konkreten Diskursepisoden ernst genommen werden? (→ *Kunst der Ad-hoc-Analyse*)
- Wie kann die Ergebnis- um eine Prozessevaluation ergänzt werden? (→ *Kunst der Ad-hoc-Analyse*)
- Inwiefern hat uns die Diskursintervention verändert? Welche neue Konstellation finden wir vor? (→ *Diskurs als Medium*)

4   Fazit

Eine reflexive Diskursanalyse, die an der näheren Lebenswelt anschließt, sieht auf den ersten Blick wie ein Herumstochern im Nebel aus, doch durch die Verunklarung von Positionierungen, die anscheinend klar sind, öffnet sie den Blick für dahinterliegende komplexere Diskurszusammenhänge, die auch von Unsicherheiten und Ambivalenzen geprägt sind. Ausgehend vom lokalen Diskurs in lebensweltlicher Nähe kommen situationsübergreifende Diskurse und Diskursverschränkungen schnell in den Blick und eröffnen so die Möglichkeit, politische Reflexe durch politische Reflexion zu ersetzen. Insbesondere zeigten sich in den exemplarischen Analysen große Unsicherheiten in konservativen Positionen. Aber auch in liberalen und linken Positionen wurde dies dadurch sichtbar, dass sie sich untereinander mit Rassismusvorwürfen überziehen und sich in Sagbarkeitsdebatten verstricken.

Aus einer solchen Analyse ließe sich durchaus ein Diskursbeitrag formulieren, der als Intervention dienen könnte. Dazu müsste sie entsprechend den vorgeschlagenen Schritten intentionalisiert und durchgeführt werden. Dabei könnten viele Komponenten, die hier nur skizzenhaft entwickelt wurden, genauer ausgearbeitet werden. Was aber auch deutlich wurde: Solche überregionalen Analysen sind von zeitlichen und personalen Ressourcen abhängig, da immer wieder nach bereits vorhandenem Wissen über Diskurse in ihren historischen und strukturellen Dimensionen recherchiert werden muss. Dadurch dauert die Fertigstellung der Analyse so lang, dass nicht mehr sinnvoll interveniert werden kann, da sich der Diskurs längst weiterentwickelt hat. Daher würde der von Friedemann Vogel angedachte Diskursmonitor eine große Unterstützung für das Einbringen von Ergebnissen der Diskursforschung in aktuelle gesellschaftliche Debatten darstellen.[4]

Literatur

Korpusdaten

Drucksache 17/6253 (2018). Antrag der Fraktion der AfD im Landtag Rheinland-Pfalz vom 17.5.2018. https://www.landtag.rlp.de/landtag/drucksachen/6253-17.pdf. Zugegriffen: 05. Juli 2019.

Drucksache 17/6297 (2018). Antrag (Alternativantrag) der Fraktion der CDU zum Antrag der Fraktion der AfD vom 24.5.2018. https://www.landtag.rlp.de/landtag/drucksachen/6297-17.pdf. Zugegriffen: 05. Juli 2019.

Probst, M. (2019). Politische Korrektheit: Entscheidet jetzt das Internet, was man an der Uni sagen darf? *DIE ZEIT*. https://www.zeit.de/2019/22/politische-korrektheit-meinungsfreiheit-debattenkultur-hochschulen-soziale-netzwerke-shitstorm/. *Zugegriffen: 05. Juli 2019.*

Schneider, J. (2017). Hilfe, es heimatet sehr. Eine Grüne und der Bundespräsident sprechen von „Heimat" – und Linke sagen ihnen, warum das nicht geht. Aber doch! Die Heimat der Zukunft ist Patchwork statt Privileg. ZEIT ONLINE. https://www.zeit.de/gesellschaft/zeitgeschehen/2017-10/heimat-katrin-goering-eckardt-frank-walter-steinmeier/komplettansicht. Zugegriffen: 05. Juli 2019.

Schwarzer, A. (2018). Die rassistische EMMA. *EMMA*. https://www.emma.de/artikel/die-rassistische-emma-335919. *Zugegriffen: 05. Juli 2019.*

Welzer, H. (Hrsg.) (2019). *taz FUTUR ZWEI. Magazin für Zukunft und Politik. Heft 9: Gegen Moral.* https://taz.de/!p5099/. *Zugegriffen: 05. Juli 2019.*

Forschungsliteratur

Geulen, C. (2004). *Wahlverwandte. Rassendiskurs und Nationalismus im späten 19. Jahrhundert*. Hamburg: Hamburger Edition.

---

[4]Für inspirierende Kommentare danke ich Friedemann Vogel, für die kritische Durchsicht danke ich Elias Schmitt.

Gnosa, Tanja (2018). *Im Dispositiv. Zur reziproken Genese von Wissen, Macht und Medien*. Bielefeld: transcript.

Hermanns, F. (2007). Diskurshermeneutik. In I. H. Warnke (Hrsg.), *Diskurslinguistik nach Foucault. Theorie und Gegenstände* (S. 187–210). Berlin/New York: De Gruyter.

Liebert, W.-A. (2004). Diskursdynamik in der Risikokommunikation. Eine diskurslinguistische Untersuchung der Trierer Luftschadstoff-Debatte. *Deutsche Sprache, 32* (S. 137–161).

Link, J. (1982). Kollektivsymbolik und Mediendiskurse. Zur aktuellen Frage, wie subjektive Aufrüstung funktioniert. *KultuRRevolution, 1,* (S. 6–21).

Spitzmüller, J. (2017). »‚Kultur' und das ‚Kulturelle': Zur Reflexivität eines begehrten Begriffs«. *Zeitschrift für Angewandte Linguistik, 67,* (S. 3–23).

Vogel, F. (2013). Linguistische Diskursanalyse als engagierte Wissenschaft?! Ein Plädoyer für eine "Theorie der Praxis als Praxis". In U. H. Meinhof, M. Reisigl & I. H. Warnke (Hrsg.), *Diskurslinguistik im Spannungsfeld von Deskription und Kritik* (S. 279–298). Berlin: Akademie Verlag.

Žižek, S. (2014). Grenzen des Multikulturalismus. Die Lehren von Rotherham. Ein Aufschrei. *DIE ZEIT, (37).* https://www.zeit.de/2014/37/ideologie-multikulturalismus-rotherham. Zugegriffen: 05. Juli 2019.

Es gibt nichts Gutes, außer man tut es – Demokratie und Menschenrecht als Maßstab linguistischer Diskursintervention

Friedemann Vogel

1   Wege aus der diskurslinguistischen Bubble

Die Diskursanalyse in Sprach- und Sozialwissenschaften pflegt mehrheitlich einen fachwissenschaftlichen und zudem partikularisierten Binnendiskurs. Wenngleich die Anzahl auch empirischer Arbeiten in den letzten beiden Jahrzehnten erfreulich zugenommen hat und die Diskursanalyse mittlerweile in nahezu allen Disziplinen einen festen Platz gefunden hat, werden deren Ergebnisse bislang kaum anwendungsorientiert einer breiteren Öffentlichkeit zugänglich gemacht oder gar Grundlage von Interventionsversuchen. Eine Ausnahme findet sich im Publikationsengagement vereinzelter Vertreter kritischer Diskursanalyse (vgl. Reisigl/Vogel 2020) oder im Versuch, Diskurslinguistik als Dienstleister für die Einordnung veröffentlichter Meinungen zu brisanten oder auch weniger brisanten Themen anzubieten. Selbst innerhalb der Community erfolgt(e) ein nachhaltiger Austausch mehrheitlich in methodischer Hinsicht und/oder beschränkt auf

---

Der Beitrag ist in erweiterter Form bereits erschienen in: Vogel, Friedemann (2019): Von der Diskurslinguistik zur Diskursintervention? Prämissen, Formen, Effekte. Aufbau eines Online-Portals zur Aufklärung strategischer Kommunikation: der Diskursmonitor. In: Aptum 15 (1), S. 1–12.

F. Vogel (✉)
Siegen, Deutschland
E-Mail: Friedemann.Vogel@uni-siegen.de

tagungs- oder bandspezifische Schwerpunktthemen – im Ergebnis interessante, heterogene Beitragssammlungen, die nur selten in einer globalen Auswertung mit Blick auf interdiskursiv wirksame Dispositive, Diskursrollen, sprachlich-kommunikative Strategien usw. zusammengeführt werden.

Dieser Befund – sollte er zutreffen – ist frappierend angesichts der Tatsache, dass nahezu alle Diskursanalysen im Gefolge Foucaults mit einem Gegenstand zu tun haben, der regelmäßig Teil von kommunikativen Konflikten, sprachlicher Gewalt und Machtmissbrauch in unterschiedlichsten Formen zwischen zudem meist materiell ungleich ausgestatteten Kontrahenten ist. Die Studienergebnisse geben oft Anlass zur Empörung (Hessel 2011), doch anstelle einer solchen Empörung findet sich im Einzelfall nur ein sicherlich nett gemeinter, aber folgenloser ,Wille zur Aufklärung' (vgl. Gardt 2007). Der Großteil des diskurslinguistischen Mainstreams zieht sich dabei bislang zurück auf eine vermeintlich wertneutrale Position, derzufolge Stellungnahmen oder Interventionen gleich welcher Art „unwissenschaftlich" seien (vgl. Warnke/Spitzmüller 2008, S. 19; Niehr 2014, S. 51 f.). Wissenschaft habe zu beschreiben und nicht zu bewerten, Politik sei Privatsache. Die damit verbundene theoretische Auseinandersetzung zwischen „Deskriptivisten" (wenn es sie denn so je gegeben hat) und „Kritikern" (wenn es sie denn so je gegeben hat) ist leidlich bekannt und wird heute auch nicht mehr in der Schärfe geführt wie in den Anfangszeiten, als man noch mit der Etablierung des „Diskurses" als legitimen Gegenstand innerhalb der Disziplinen (allen voran innerhalb der Linguistik) und mit damit verbundenen Ressourcen-Verteilungskämpfen beschäftigt war (vgl. insb. die Beiträge in Aptum 2/2005 sowie in Meinhof et al. 2013). Je nach Interpretation wurde ein Teil der „Kritiker"-Fraktion aus der disziplinären Schmuddel-Ecke rehabilitiert, haben sich beide Pole über Selbstverständlichkeiten vergewissert (etwa darüber, dass prinzipiell und transparent zu differenzieren sei zwischen selbstreflektierter, deskriptiver Analyse und ggf. dezidiert normativer Stellungnahme) und/oder unausgesprochen auf eine friedliche Koexistenz geeinigt.

2   Diskurslinguistik in der Welt der Politik

Derweil drehte sich die Welt weiter. Das regionale wie weltweite Wiedererstarken von Nationalismus, Rassismus und kriegerischer Intervention hat auch die stärksten Deskriptivisten zweifeln lassen an der Solidität ihrer Trennung von ,Wissenschaft' und ,Politik'. Das Interesse an Normativität, Moral und Ethik scheint dabei umso mehr zu wachsen, desto eher man selbst zum Objekt eines pauschalisierten Antielitismus und einer allgemeinen Wissenschaftsskepsis wird, oder mit anderen Worten: desto mehr man die Marktwert-Inflation des eigenen kulturellen Kapitals zu spüren bekommt. Der größte Fehler dürfte dann darin bestehen, weiterhin am absoluten Diktum der ‚wertneutralen‘, weil ‚interessenlosen‘ Wissenschaft festhalten und zugleich eine (ggf. nur fachsprachlich verpackte) moralisierende Hoheitsposition gegenüber all den verständnislosen, aber zu bekehrenden „Populisten" einnehmen zu wollen. Dass eine derartig offensichtliche Doppelmoral – über „Werte" reden, aber wider diese Werte handeln[1] – die eigene Situation nur mehr untergräbt, lässt sich sowohl im aktuell zunehmenden Vertrauensverlust in Teilen der Bevölkerung gegenüber den sogenannten Parteien „der Mitte" als auch gegenüber der diesen Parteien zuarbeitenden bürgerlichen Presse („Qualitätsmedien") beobachten. Entsprechendes gilt auch schon jetzt für die Universitäten und Bildungsfabriken, soweit sie die „Freiheit von Forschung und Lehre" meist nur noch dann hochhalten, wenn es um die Verteidigung liebgewonnener Privilegien honoriger Lehrstuhlinhaber geht, während sie dieselbe „Freiheit" bereitwillig (oder zumindest widerstandslos) verkaufen im „Wettbewerb" um Exzellenztitel, Drittmittel und Auftragsforschung.

3   Für eine Kultivierung öffentlicher Diskurse am Maßstab der Menschenrechte

Die Diskursforschung bzw. die Diskurslinguistik (der ich mich zuzähle) trägt meines Erachtens eine Verantwortung für die Kultivierung öffentlicher Diskurse. Dies gilt generell, im besonderen Maße aber in Zeiten, in denen die öffentliche und mit ihr auch die private Kommunikation zunehmend zu verrohen droht. Von einer „Verrohung" öffentlicher politischer Sprache sollte ausgegangen werden, wenn abwertende, stigmatisierende und ausgrenzende Äußerungen keinen markierten und unwidersprochenen Einzelfall mehr bilden, sondern Hate Speech bis hin zu tätlichen Angriffen gegenüber Minderheiten zu einem mehrheitlich unmarkierten, an- oder hingenommenen Interaktionsmodus werden. Eine analytische, fachliche Beschreibung, Klassifizierung und Erklärung solcher

---

[1]Man denke an: „Gleichstellung" bei faktischer politischer Ungleichbehandlung der Geschlechter bei Löhnen, Rentenansprüchen usw.; „Inklusion" bei faktischer Etatkürzung für Bildungseinrichtungen; „Willkommenskultur" bei gleichzeitiger Kasernierung von Flüchtlingen einerseits, „Heimat" und „kulturelle Werte" bei gleichzeitiger Wunschmigration zum Stopfen von Arbeitsmarktlücken andererseits; „Offenheit" und „Diversity" bei gleichzeitiger Wiedereinführung von symbolischen wie materiellen Grenzkontrollen usw.

Diskursverhältnisse ist notwendig, aber nicht hinreichend. Was nach allen methodischen Regeln der Kunst als ‚falsch‘ erkannt wird, muss auch als solches benannt und zum ‚Richtigen‘ hin bearbeitet werden. Kurz: Von der linguistischen Diskursanalyse zur „Diskursintervention“. – Unter einer akademischen „Diskursintervention“[2] verstehe ich ein Bündel von kommunikativ-sozialen Praktiken, die auf Basis nüchterner Analyse, eines transparenten normativen Maßstabs sowie geeigneter Techniken auf eine Veränderung der diskursiven Ordnung zielen.

Woran aber bemisst man das ‚Richtige‘ und das ‚Falsche‘, was kann ein normativer Maßstab für eine *wissenschaftliche* Intervention sein? In den Institutionen der Politik – das hat Max Weber (1919) bereits früh erkannt – sind der Maßstab die Partei-gewordenen Bedürfnisse und die Ängste der jeweiligen Interessensgemeinschaft, mithin der sozialen Klasse. Wissenschaft bzw. Diskurslinguistik ist aber keine Partei in diesem Sinne. Ihr Maßstab kann nur und muss darum ein ‚wissenschaftlicher‘ sein. Was heißt das? Während Wollensmaßstäbe innerhalb einer politischen Partei heterogen, widersprüchlich und vor allem auch entgegen den Bedürfnissen anderer sozialer Gruppen (mag sie selbst die sog. „Mehrheit“ sein) orientiert sein können, darf dies für wissenschaftliche Wollensmaßstäbe gerade nicht gelten. Parteien können Daten, Fakten und Argumente selektiv zugunsten ihrer Position einsetzen, WissenschaftlerInnen müssen ihre Handlungsempfehlungen oder -forderungen nach Abwägung aller bis dato verfügbaren Sachkenntnisse (einschließlich bestehender rechtlicher wie ethischer Rahmen) transparent begründen. WissenschaftlerInnen können sich dabei irren, in politischen Parteien ist der Irrtum dagegen nur ein Richtungswechsel.

Prinzipiell finden sich in der Literatur zwei Möglichkeiten einer Fundierung diskurskritischer Sollensmaßstäbe: Als *innerlinguistisch* bzw. *diskursimmanent* aufgefasste Kritikmaßstäbe orientieren sich in der Regel am Begriff der funktionalen Angemessenheit (Kilian/Niehr/Schiewe 2016, S. 62–68); es geht um die „Kultivierung eines umsichtigen, undogmatischen und toleranten Umgangs mit Sprache, dessen Notwendigkeit nicht aus bestimmten gesellschaftspolitischen Vorstellungen hergeleitet zu werden braucht, weil er seine Basis in der Selbstreflexivität der natürlichen Sprache selbst hat“ (Wimmer 1988 [1982], S. 301).

Sofern ein *außerlinguistischer* Bewertungsmaßstab formuliert wird, belassen es die AutorInnen bislang überwiegend bei allgemeinen Andeutungen. Oft wird verwiesen auf die „Grundsätze und Werte der Demokratie“ (Römer 2017, S. 70) – „Freiheit“, „Gerechtigkeit“, „Vielfalt“, „Menschenwürde“, die „Grund-

---

[2]Zum Begriff der Diskursintervention bereits Liebert (2004, S. 152) sowie der Beitrag von Liebert in diesem Band.

rechte" (Wengeler 2011, S. 42; Reisigl 2018), „international human and social rights" (van Dijk 2009, S. 63), die „allgemeinen Menschenrechte" (Jäger 2005, S. 68). Auch Feilke et al. (2007, S. 12) bleiben vage, wenn sie ihre als „aufklärerisch" apostrophierten fachlichen Aktivitäten daran messen, inwiefern sie „das wohl verstandene, langfristige und universalistische Bedürfnis der Allgemeinheit nach vernünftigen Verhältnissen [...] beförder[n] [...] und wenn sie den einzelnen dazu befähigen, aus undurchschauten Macht- und Abhängigkeitsbeziehungen herauszutreten."

Das Problem aller an allgemeinen „Werten" – wie „Aufklärung", „Grundrechten" oder „Demokratie" – orientierten Maßstabsexplikationen ist, dass die damit verbundenen Hochwertwörter heute überwiegend semantisch überladen sind (man denke allein an die Legitimierung von Kriegseinsätzen mit dem Argument der „Demokratisierung"), oder zumindest äußerst konkretisierungsbedürftig (Knobloch/Vogel 2015). Zu klären ist also jeweils, was unter „Demokratie", „Menschenrechten" usw. zu verstehen wäre. Eine naheliegende Möglichkeit der Konkretisierung liegt in der Rückbindung dieser Ausdrücke/Begriffe an institutionell in Geltung gesetzte Normtexte – z. B. an den Text einer Verfassung (z. B. Art. 1 GG in Deutschland) oder die allgemeine Erklärung der Menschenrechte. Damit wird der Maßstab verrechtlicht, zugleich gibt man allerdings die Deutung diskurslinguistisch-kommunikationsanalytischer Untersuchungsergebnisse – zumindest teilweise – an die Domäne der Jurisprudenz ab. Ein Blick in die Geschichte des Dritten Reichs macht sofort klar, dass das allein zumindest riskant ist (vgl. auch den Beitrag von Ralph Christensen in diesem Band).

Aus diesem Grund präferiere ich in Anlehnung an Fields und Narr (1992) eine induktive, empirisch-historische Fundierung der oben genannten Hochwert-Begriffe (vgl. Vogel 2013; 2014; Knobloch/Vogel 2015). „Menschenrechte" lassen sich demnach niemals abschließend als ewige, gar angeborene oder natürliche Rechtssätze formulieren. Sie sind vielmehr versprachlichter Ausdruck von konkreten Bedürfnissen in einer konkreten gesellschaftlichen Situation und müssen als solche immer neu von den Beteiligten ausgefochten werden. Fallen Menschenrechte durch ihre Beliebigkeit daher als Maßstab komplett aus? Fields und Narr verneinen das zurecht und verweisen in die Geschichte des sozialen Protests: ein historischer Blick auf die verschiedenen Lebensbereiche, in denen Menschen sich gegen ihre Unterdrückung erhoben haben (von der Auflehnung gegen Sklaverei bis hin zu heutigen Protesten gegen Lohndumping), zeigt, dass quer zu Geschichte und Kulturen wiederkehrende Grundbedürfnisse immer wieder artikuliert wurden. Fields und Narr sehen vier solcher Grundbedürfnisse in der Diskursgeschichte der Menschenrechte:

1. Freiheit – niemand möchte der Sklave eines anderen sein;
2. soziale Anerkennung – anstelle von sozialer Deprivation;
3. sozial-ökonomische Gleichstellung des Einzelnen relativ zu seiner Bezugs-
   gruppe – anstelle von sozialer Dominanz; schließlich
4. das Streben des Einzelnen nach persönlich-individueller Integrität.

Diesen Grundbedürfnissen gerecht zu werden, ist nur möglich in einem gesellschaftlichen Ordnungsrahmen, der eine reflexive Verhandlung dieser Bedürfnisse ermöglicht. Menschenrechte und Demokratie bedingen also einander. Im Ergebnis verstehe ich unter „Demokratie" eine

> soziale Interaktionsform, die dazu dient und historisch situativ dazu geeignet ist, individuelle und potentiell divergierende Bedürfnisse – allen voran das Bedürfnis nach Handlungsfreiheit, sozialer Anerkennung, kontextsensitiver Gleichheit (insb. mit Blick auf Güterverteilung) und persönlicher Integrität – in sozialen Gruppen gewaltfrei und heterarchisch zu vermitteln. Eine solche, als „demokratisch" bezeichnete Interaktionsform erfordert, dass die Beteiligten habituell sowie verfahrensmäßig in die Lage versetzt werden, sich auf Basis von überprüfbaren Informationen eine kollektivierbare Meinung zu bilden und ihre damit verbundenen Bedürfnisse adressatengerecht kommunizieren zu können. (Knobloch/Vogel 2015 mit Rekurs auf Vogel 2014)

Die Diskurslinguistik ist aufgerufen, einen solchen (oder anderen), notwendig auch extralinguistischen Maßstab für die Bewertung diskursiver Ordnungen und Aussagensysteme politischer Öffentlichkeit zu entwickeln und offensiv zu vertreten.[3] Dabei gilt es, diesen Maßstab nicht lediglich normalistisch ‚gegen' die vermeintlichen Ränder des politischen Spektrums zu kalibrieren (wie dies derzeit vielerorts etwa unter dem Schlagwort *Populismus* geschieht), sondern an allgemeine Paradigmen demokratischen Sprechens zu binden. Gelänge es, einen solchen Maßstab zu etablieren, es stünde ein gemeinsamer, begründeter Orientierungs- und Haltungsrahmen zur Verfügung, um auch als (deskriptive) DiskurslinguistIn transparent Position zu als falsch erkannten gesellschaftlichen Verhältnissen oder Praktiken beziehen zu können.

---

[3]Vgl. hierzu die Vorarbeiten u. a. Knobloch/Vogel 2015; Vogel 2013; 2014; Tereick 2016; Römer 2017; Felder 2018 und andere; ein Großteil der Ansätze für extralinguistische Maßstäbe bleiben bisher mit einem allgemeinen Verweis auf „Menschen- und Grundrechte" allerdings zu vage, als dass sie einen Orientierungsrahmen für konkrete kritische Interventionen geben könnten (vgl. dazu resümierend Reisigl/Vogel im Druck).

4　Stolpersteine auf die Straßen der politischen Kommunikation

Sowohl ein Bewertungsmaßstab als auch das Beziehen konkreter Positionen allein im wissenschaftlichen Binnendiskurs sind sinnvoll – und für kollektive Überprüfungen bzw. Korrekturen auch notwendig. Doch damit kann sich eine Diskurslinguistik als engagierte Wissenschaft nicht zufriedengeben. Es reicht auch nicht, darauf zu warten oder zu befördern, dass Massen- und/oder soziale Medien auf die eigenen wissenschaftlichen Ergebnisse aufmerksam werden und bereitwillig als Multiplikatoren fungieren. Die Aufmerksamkeits-ökonomie und damit Eigenlogik dieser Medien wie auch ihrer RezipientInnen ermöglicht in ihrer Mehrheit den Aufbau eines vorübergehenden und kurz-weiligen, verkaufs- oder klickstarken Skandalisierungsevents (Infotain-ment), als Mediatoren einer nachhaltigeren Debatte – im Sinne einer vierten (Kontroll-) Macht im Staate – eignen sie sich immer seltener bzw. nur im Verbund anderer Kommunikationskanäle und Distributionstechniken. Meines Erachtens ist es darum notwendig, über die Analysearbeit hinaus sowohl ein eigenes diskurslinguistisches Informationsportal zu etablieren als auch Formen strategischer Kommunikation (weiter) zu entwickeln, die geeignet sind, die gewohnte Aufmerksamkeitsökonomie und mit ihr die kulturelle Grammatik der medien-nutzenden Bevölkerung gezielt zu irritieren und damit Denk-vorgänge zu aktivieren[4]. Es handelte sich dabei auch um Kommunikations-formen, für die sich Umberto Eco (1986) unter dem Stichwort „semiologische Guerilla" aussprach und die in der politischen Graswurzel-Praxis als „Guerilla-kommunikation" (oder Kommunikationsguerilla) reflektiert und vielfach erfolgreich erprobt wurden (vgl. autonome a.f.r.i.k.a.-gruppe 2002; Blissett/ Brünzels 2012; Schölzel 2014 sowie Schölzel in diesem Band): Techniken, die nicht auf eine Kontrolle von Superstrukturen der Diskursprägung (Medien, politische Institutionen usw.) abzielen, sondern die RezipientInnen zur Selbst-kontrolle öffentlicher Deutungsrahmen anregen – Formen der Verfremdung und der Überidentifizierung, subversive Affirmation, Culture Jamming, Camouflage, Fake, Adbusting usw.

　　Es muss darum gehen, Stolpersteine auf die Straßen der politischen Kommunikation zu setzen: den semiotischen Alltag irritieren, stören, die

---

[4]Vgl. auch den Beitrag zum *Diskursmonitor* von Friedemann Vogel, Fabian Deus, Jan Oliver Rüdiger und Felix Tripps in diesem Band.

kulturelle Grammatik und ihre Dispositive spürbar machen, sensibel machen für die Widersprüche zwischen hochdynamischer öffentlicher Vorderbühne und statischer, den sozialen Status Quo erhaltender Hinterbühne. Ziel muss sein, dem Einzelnen – insbesondere als Teil benachteiligter, subalterner Gruppen – neue Handlungsmöglichkeiten zu verschaffen, indem man zu Bedingungen beiträgt, durch die der Einzelne Gehör findet – im mehrfachen Sinne des Wortes: dass er medial-physisch wahrnehmbar wird; dass seine Argumente verstanden werden; und dass seine Argumente ernst genommen werden müssen.

5   Diskursanalytische Kritik als effektive Praxis

Dies wäre meines Erachtens wünschenswert. Aber was ist davon realistisch? Bislang fehlen uns die Erfahrungen. „Kritik" als die Kunst, nicht dermaßen regiert zu werden? (Foucault 1992, S. 11–12) – dieses Foucaultsche Dictum verstehen wir bislang nur theoretisch. Tatsächlich kann es auch keine Pauschallösung dafür geben, im Gegenteil: Diskursintervention kann immer nur Antwort auf eine konkrete, historische Situation sein, eine Praxis, die den Analytiker selbst als bewusst handelndes, Verantwortung tragendes Subjekt auf dem sozialen Konfliktfeld begreift und objektiviert. Mehr noch: ohne eine persönliche und habituelle Involviertheit oder zumindest Betroffenheit ist eine kontrollierte linguistische Diskursintervention nicht möglich, sondern bleibt unglaubwürdig und oberflächlich, ja schadet der Wissenschaft. Eine erfolgreiche Diskursintervention ist nicht nur auf nüchterne Analyse der diskursiven Bedingungen, auf methodische Aufrichtigkeit und Transparenz angewiesen; sie erfordert auch die Annahme des persönlichen Risikos, als handelndes Subjekt (im Sinne Hanna Arendts) falsch zu liegen, sich rechtfertigen zu müssen oder auch negative Konsequenzen aushalten zu müssen. Das heißt natürlich nicht, man müsste jedes Risiko leichtfertig in Kauf nehmen. Es erwartet niemand, dass sich DiskurslinguistInnen Kopf-an-Kopf prügelnden Neonazis in den Weg stellen. Auch kann man – zumindest bei der hiesigen hochschulpolitischen Großwetterlage – keinem/r prekär beschäftigten WissenschaftlerIn wirklich empfehlen, sich zugunsten einer liberaleren Universitätsstruktur alleine mit dem Rektorat, dem Professorium oder auch einflussreichen rechtskonservativen KollegInnen anzulegen. Und doch bewegen wir uns alle in einem sozialen Umfeld, in dem wir zur Kultivierung öffentlicher Diskurse beitragen können.

6   Fazit

Die sich daraus ergebenden außerordentlichen Rechtfertigungspflichten im Hinblick auf Analysestandards, Bewertungsmaßstab und Kommunikationstechniken machen eine sorgfältige Abwägung von Methoden, Nutzen, Effekten, Transparenzgrad, Verteilung personenbezogener Verantwortlichkeiten, Kooperationen und Abhängigkeiten usw. im interdisziplinären Team notwendig. Vor diesem Hintergrund plädiere ich für den Aufbau eines interdisziplinären „Forschungsnetzwerks zu strategischer Kommunikation, Diskursmonitoring und Diskursintervention" (Arbeitstitel), das kontinuierlich aktuelle diskursive Entwicklungen nach ausgewählten Schwerpunkten begleitet, einen normativen Haltungsmaßstab entwickelt und in die Fachcommunity einbringt, die musterhaften Formen strategischer Kommunikation als Essenz diskursanalytischer Ergebnisse auf einer gemeinsamen Plattform dokumentiert sowie zu koordinierten Schwerpunktthemen intervenierend tätig wird.

Literatur

autonome a.f.r.i.k.a.-gruppe (2002). Kommunikationsguerilla – Transversalität im Alltag (9). Online verfügbar unter https://www.republicart.net/disc/artsabotage/afrikagruppe01_de.htm [Stand: 15.10.2015].

Blissett, L., & Brünzels, S. (2012). Handbuch der Kommunikationsguerilla. 5. Aufl. Berlin, Hamburg: Assoziation A.

Eco, U. (1986). Für eine semiologische Guerilla. In: U. Eco, W. Laade (Hrsg.), Über Gott und die Welt. Essays und Glossen (S. 166–177). 5. Aufl. Unter Mitarbeit von Burkhart Kroeber. München: Hanser.

Feilke, H., Knobloch, C., & Völzing, P.-L. (2007). Was heißt „linguistische Aufklärung" Sprachauffassungen zwischen Systemvertrauen und Benutzerfürsorge. In H. Feilke, C. Knobloch, & P.-L. Völzing (Hrsg.), Was heisst linguistische Aufklärung? (S. 9-20). Heidelberg: Synchron.

Felder, E. (2018). Anmaßungsvokabeln: Sprachliche Strategien der Hypertrophie oder der Jargon der Anmaßung. In M. Wengeler, & A. Ziem (Hrsg.). Diskurs, Wissen, Sprache. Linguistische Annäherungen an kulturwissenschaftliche Fragen (S. 215–240). Berlin: DeGruyter (= Sprache und Wissen (SuW), 29).

Fields, A. B., & Narr, W.-D. (1992). Human Rights as a Holistic Concept. *Human Rights Quarterly*, 14 (1), (S. 1–20).

Gardt, A. (2007). Diskursanalyse. Aktueller theoretischer Ort und methodische Möglichkeiten. In I. Warnke (Hrsg.), *Diskurslinguistik nach Foucault. Theorie und Gegenstände* (S. 27–52). Berlin: DeGruyter.

Hessel, S. (2011). *Empört Euch!* Berlin: Ullstein.

Jäger, S. (2005). Diskurs als „Fluß von Wissen durch die Zeit". Ein transdisziplinäres politisches Konzept. *Aptum. Zeitschrift für Sprachkritik und Sprachkultur* 1, 1, (S. 52–72).

Foucault, M. (1992). *Was ist Kritik?* Berlin: Merve.

Kilian, J., Niehr, T., & Schiewe, J. (^{2}2016). *Sprachkritik. Ansätze und Methoden der kritischen Sprachbetrachtung.* Berlin: VERLAG.

Knobloch, C., & Vogel, F. (2015). „Demokratie" – zwischen Kampfbegriff und Nebelkerze. Was können Sprach-, Medien- und Kulturwissenschaften zur Demokratisierung von Gesellschaft beitragen? *Linguistik online* (73). https://doi.org/10.13092/lo.73.2190.

Liebert, W.-A. (2004). Diskursdynamik in der Risikokommunikation. Eine diskurslinguistische Untersuchung der Trierer Luftschadstoff-Debatte (1974–2001). Deutsche Sprache (ds), 32, Heft 2, (S. 137–161).

Meinhof, U. H., Reisigl, M., & Warnke, I. H. (Hrsg.). (2013). Diskurslinguistik im Spannungsfeld von Deskription und Kritik. Berlin: DeGruyter (= Diskursmuster – Discourse Patterns, 1).

Niehr, T. (2014). Einführung in die linguistische Diskursanalyse. Darmstadt: WBG.

Reisigl, M. (2018). Diskurslinguistik und Kritik. In I. H. Warnke (Hrsg.), Handbuch Diskurs. (S. 173–207) Berlin: Verlag, (= Handbücher Sprachwissen, 6).

Reisigl, M., & Vogel, F. (2020). Kritische Diskursanalyse/CDA. In J. Kilian, J. Schiewe, & T. Niehr (Hrsg.), Handbuch zur Sprachkritik (189-195). Berlin: Springer.

Römer, D. (2017). Wirtschaftskrisen. Eine linguistische Diskursgeschichte. Berlin/Boston: DeGruyter (= Sprache und Wissen (SuW), 26).

Schölzel, H. (2014). Guerillakommunikation. Genealogie einer politischen Konfliktform. Bielefeld: transcript.

Tereick, J. (2016). Klimawandel im Diskurs. Multimodale Diskursanalyse crossmedialer Korpora. Berlin/Boston: DeGruyter (= Diskursmuster – Discourse Patterns, 13).

van Dijk, T. A. (2009). Critical Discourse Studies. A sociocognitive Approach. In R. Wodak, & M. Meyer (Hrsg.), Methods for Critical Discourse Analysis (S. 62–85). London: Sage.

Vogel, F. (2013). Linguistische Diskursanalyse als engagierte Wissenschaft?! Ein Plädoyer für eine „Theorie der Praxis als Praxis". In U. H. Meinhof, M. Reisigl, &I. H. Warnke (Hrsg.), Diskurslinguistikim Spannungsfeld von Deskription und Kritik. (S. 279-298). Berlin/Boston: DeGruyter.

Vogel, F. (2014). Linguistik als Kampfsport. Auf der Suche nach Paradigmen demokratischen Sprechens in Alltag, Medien und Recht. Linguistik online, 69 (7). Online verfügbar unter https://dx.doi.org/10.13092/lo.69.1658, [Stand: 26.04.2020].

Warnke, I., & Spitzmüller, J. (2008). Methoden und Methodologie der Diskurslinguistik – Grundlagen und Verfahren einer Sprachwissenschaft jenseits textueller Grenzen. In I. Warnke, & J. Spitzmüller (Hrsg.), *Methoden der Diskurslinguistik. Sprachwissenschaftliche Zugänge zur transtextuellen Ebene* (S. 3–54). Berlin[u. a.]: DeGruyter.

Weber, M. (1919). *Politik als Beruf. Geistige Arbeit als Beruf. Vier Vorträge vor dem Frei-*studentischen Bund. Zweiter Vortrag. München/Leipzig: Duncker & Humblot. Online verfügbar unter https://de.wikisource.org/wiki/Politik_als_Beruf, [Stand: 26.04.2020].

Wengeler, M. (2011). Linguistische Diskursanalysen – deskriptiv, kritisch oder kritisch durch Deskription? In J. Schiewe (Hrsg.), Sprachkritik und Sprachkultur. Konzepte und Impulse für Wissenschaft und Öffentlichkeit (S. 35–48). Bremen: Hempen.

Wimmer, R. (1988 [1982]). Überlegungen zu den Aufgaben und Methoden einer linguistisch begründeten Sprachkritik. In H. J. Heringer (Hrsg.), Holzfeuer im hölzernen Ofen. Aufsätze zur politischen Sprachkritik (S. 290–316). 2. Aufl. Tübingen: Narr.

Strukturelle Dialogizität

Ekkehard Felder

> *Wer definiert, regiert.*
> *Wer homogenisiert, anti-deliberiert.*
> *Wer dialogisiert, demokratisiert.*
> Wer debattiert, interveniert.

1 Der Diskurs als Instanz zwischen der Welt des Denkens und der der Tat

Wie sehr darf oder muss eine wissenschaftliche Diskursanalyse im gesellschaftlichen Diskurs intervenieren? Und in welcher Form? Und wie unpolitisch ist eine deskriptive Herangehensweise? Diese Fragen werden im Folgenden im Kontext der Wissensherstellung auf der Grundlage von Daten und Fakten erörtert. Etwas als Faktum zu bezeichnen, stellt eine Diskursintervention dar – unabhängig davon, ob sie in deskriptivem oder klar Position beziehendem Duktus vollzogen wird.

Von der Annahme ausgehend, dass die Bürger im diskursiven Umgang mit Wissen und Fachinhalten sowie beim Transfer von Expertenwissen aus verschiedenen Bereichen sich in einer Diskursgemeinschaft bewegen, stellt sich die

---

Erläuterung: deliberieren = öffentlich beraten und aushandeln; dialogisieren = in Dialogform gestalten.

E. Felder (✉)
Germanistisches Seminar, Universität Heidelberg, Heidelberg, Deutschland
E-Mail: ekkehard.felder@gs.uni-heidelberg.de

© Der/die Herausgeber bzw. der/die Autor(en), exklusiv lizenziert durch Springer Fachmedien Wiesbaden GmbH, ein Teil von Springer Nature 2020
F. Vogel und F. Deus (Hrsg.), *Diskursintervention*, Interdisziplinäre Diskursforschung, https://doi.org/10.1007/978-3-658-30559-8_3

linguistische und gesellschaftspolitisch relevante Frage, wie Daten und Fakten innerhalb eines Diskursraumes hergestellt werden (vgl. „Faktizitätsherstellung in Diskursen. Die Macht des Deklarativen" Felder 2013). Ein Blick auf die Ausdrücke *Daten* und *Fakten* stellt Wissen in den epistemologisch schwierigen Zusammenhang von (Vor)Gegebenem (Daten) und Gemachtem (Fakten) – denn dem Wort *Daten* (lat. ‚Gegebenes') liegt das Moment des schon Gegebenen und nur noch Wahrzunehmenden zugrunde, und dem Wort *Faktum* (lat. ‚Gemachtes') wohnt der Aspekt des personenzentrierten Tuns, des Herstellens und damit des Formens inne. Dies gilt es im Folgenden in Bezug auf die Datenbereitstellung und Faktenpräsentation sowie deren Konstitutionsbedingungen zu reflektieren.

2   Wer definiert, regiert!

Herrschaft und Macht werden auch über Semantik ausgeübt. Betrachtet man Sprache als Medium zur Durchsetzung bestimmter Sichtweisen auf gesamtgesellschaftlich umstrittene Sachverhalte in unterschiedlichen Wissensdomänen (z. B. Medizin, Wirtschaft, Architektur, Naturwissenschaft, Technik, Politik, Geschichte, Recht usw.), so offenbaren sich „hinter" fachlichen Auseinandersetzungen gleichsam Auseinandersetzungen um angemessene Bezeichnungen, um Bedeutungszuschreibungen und um die sprachliche Passung abstrakter Sachverhalte. Wir haben es mit einer Auseinandersetzung um Definitionshoheit zum Zwecke der gesellschaftlichen Einflussnahme zu tun – kurzum mit semantischen (Wett-)Kämpfen.

Dadurch macht sich der gesellschaftliche Diskurs abhängig – und zwar von den „Definierern". Denn aus linguistischer Sicht zeigt sich, wie Sprache „vor" der Konstituierung der Sachverhalte die fachspezifischen Wissensrahmen (mit) strukturiert, wie also Wissen durch Sprache entsteht.

Das ist gesellschaftspolitisch so lange kein Problem, wie es Gegenentwürfe gibt – kurz Gegen-Definierer. Perspektivenvielfalt und Multiperspektivität sind Stabilitätsgaranten für demokratische Gesellschaften, sofern sie keinem beliebigen Relativismus anheimfallen und (gemäß dem Grice'schen Kooperationsprinzip) aufrichtig um Wahrheit ringen. Multiperspektivität und die Durchsetzung von Wahrheit schließen sich nicht aus, sondern ersteres ist die Voraussetzung für das zweite – wenn man von Folgendem ausgeht: „Behauptungen mit standpunkttranszendenten Wahrheitsansprüchen sind obsolet, assertorische Aussagen mit objektiviertem Wahrheits- und Gültigkeitsanspruch sind von höchster Relevanz. Diese Aussageformen sind das Schmiermittel demokratischer Diskurse im Paradigma der strukturellen Dialogizität."

(Felder, Ekkehard 2018b: Wahrheit und Wissen zwischen Wirklichkeit und Konstruktion, S. 392.)[1]

3 Wer homogenisiert, anti-deliberiert![2]

Ex negativo lässt sich das dialogische Sprechen in Abgrenzung zum anti-dialogischen Sprechen definieren. Letzteres zeichnet sich durch das Merkmal der Homogenisierung aus – will sagen, dass redetechnisch eine Vielzahl von Interessen, die in sich widersprüchlich sind, als einheitlich (homogen) dargestellt werden. Damit wird das Vorhandensein eines intersubjektiv gültigen Wissensbestandes oder eines monolithischen Willens suggeriert, der für alle in gleicher Weise gelte. Entgegengesetzte und unauflösbare Unterschiede werden kaschiert, ein weiterer Dialog als überflüssig betrachtet. Kommunikation in der Demokratie ist aber dem Geiste nach auf Aushandlung und Dialog angelegt, lebt von Dialogizität.

Demokratie funktioniert, indem wir ständig verhandeln, im Dialog sind, verschiedene Interessen berücksichtigen und zu Lösungen kommen, die nie ohne Widerspruch bleiben. Oder anders formuliert: In der anti-dialogischen Rhetorik wird ein Konsens der Unhintergehbarkeit propagiert, der sich auf das Eigentliche beruft (zur Unhintergehbarkeit als rhetorische Strategie der Anmaßung siehe Felder 2018a und zur Eigentlichkeit als Universalie der Sprachreflexion Gardt 2018). Wer dieses Eigentliche und Nicht-Widersprüchliche zu definieren vermag, wird zwar nicht ausdrücklich gesagt, aber impliziert – nämlich der Redner, der sich dieser Redeweise bedient.

Und was charakterisiert diese Redehaltung und -praxis? Wenn ich auf diese Frage nur in einem Satz antworten dürfte, so würde ich sagen: Die suggerierte Unhintergehbarkeit der vorgebrachten Gesichtspunkte im Duktus des endgültigen Damit-ist-alles-gesagt. Oder anders formuliert: Mit dem eigenen Diskursbeitrag soll eine Weiterführung der Debatten als überflüssig dargestellt werden!

Besonders gefährlich ist die Strategie dann, wenn sie mit vermeintlich unhintergehbaren Hochwertkonzepten wie z. B. dem allgemeinen Wohlstand oder

---

[1]Open Access: https://www.degruyter.com/viewbooktoc/product/495952?rskey=LjcJUN&result=1).

[2]Deliberieren = öffentlich beraten und aushandeln (*deliberare* steht für „beratschlagen, in Bedenken ziehen").

der Authentizität als Letztbegründungsmoment im Diskurs eingesetzt werden (so z. B. das Wort „Nazienkel" von Maxim Biller als Stigmatisierungsstrategie).

4   Wer dialogisiert, demokratisiert!

Strukturelle Dialogizität ist eine Denkfigur, die aus der Antike kommt und in der politischen Rhetorik demnach (eine lange) Tradition hat. In der Gegenwart findet sie in Vertretern wie Jürgen Habermas und Josef Kopperschmidt ihre Zuspitzung: Sie beharren auf der „Symmetrie von Berechtigungen und Verpflichtungen" (Habermas 1971, S. 138) im Diskurs.

Demokratische Kommunikationsstrukturen liegen vor, wenn öffentliche Rede dem Geiste nach auf Aushandlung angelegt ist. Wer beispielsweise behauptet, den Volkswillen zu vertreten, ist durch sein Sprachgebaren weder an der Widerrede noch am Dialog interessiert. Kopperschmidt plädiert unter Bezugnahme auf Habermas für ein Modell der öffentlichen Rede,

> das von der Kommunikations- bzw. Redesituation ausgeht, in der ein Einzelsubjekt als Redner monologisch sein Redeziel zwar zustimmungsfähig zu machen versucht, in der Verständigung [...] aber nur gelingen kann, wenn diese Einzelrede strukturell dialogisch dimensioniert ist, d. h. wenn ihre formale Monologizität durch die gelingende Einbettung in kommunikativ übergreifende Verständigungsprozesse strukturell aufgefangen wird. (Kopperschmidt 1990, S. 495)

Streit oder Kämpfe um Wahrheitsansprüche sind also nicht zu vermeiden, sondern zu kultivieren. Dabei ist an Rainer Wimmers (1982) „linguistisch begründete Sprachkritik" zu erinnern, welche die Reflexion des eigenen Sprachgebrauchs und Kommunikationsverhaltens als strukturelle Grundbedingung der Normenaushandlung postuliert.

5   Wer debattiert, interveniert!

Um solche sprachlichen Wettkämpfe für das Richtige muss es in einer Demokratie gehen. Die linguistische Dienstleistung für eine Demokratie besteht in den folgenden Fragestellungen:

- Welcher Sprachgebrauch setzt sich durch und dominiert damit spezifische handlungsleitende Konzepte im öffentlichen Diskurs?

- Welche Gegenkonzepte werden eingebracht und bilden aus diskurs-linguistischer Sicht agonale Zentren (Felder 2013)?
- Wie lassen sich diese Analyseergebnisse für das zoon politikon als mündigen Staatsbürger fruchtbar machen?
- Welchen Beitrag kann die Sprachwissenschaft zur kommunikativen Grund-ausstattung des Einzelnen beitragen, damit Bürger an demokratischen Aus-handlungsprozessen mittels Diskursintervention partizipieren können?

6   Wer Daten verarbeitet, macht Fakten: Fakten als Interventionsmittel

Diese Fragen verdichten sich in der grundlegenden Frage, wie Wissen entsteht und wie die Faktizitätsherstellung (Felder 2013) für die Rezipienten und Akteure von Diskursinterventionen transparent gemacht werden kann. Denn mit dem Ein-bringen von Fakten intervenieren Diskursakteure. In diesem Zusammenhang ist die in den einführenden Worten angesprochene Unterscheidung von Daten und Fakten hilfreich.

Jede Aussage, dass etwas so oder so sei, stellt einen Wissensanspruch dar, der – prinzipiell gedacht – immer zu belegen ist, um die Basis der Aussage offenzu-legen (und den Vorwurf der Anmaßung zu klären). Kommunikationspraktisch und im Kontext gesamtgesellschaftlicher Diskurse ist dies selbstredend nicht möglich; wir können nicht immer bei Adam und Eva anfangen. Dennoch bleibt die Frage im Raum: Auf welche Wissensbasis kann sich ein Akteur berufen, wenn er einen als hypertroph etikettierten Geltungsanspruch formuliert? Welche empirischen Daten und interpretierten Fakten lassen sich als Gültigkeitsbedingungen anführen?

Beim Anführen von Daten (uninterpretierte Menge an unstrittigen Wissensein-heiten bzw. Informationen) und dem Herstellen von Fakten (Propositionen, um deren Wahrheitsgehalt gestritten werden kann) ist genau zwischen verschiedenen Aspekten zu unterscheiden, die im Folgenden dargestellt werden (vgl. dazu auch schon Felder 2013, S. 14; Felder 2018a, b, S. 384 ff.).

7   Von Tatsachen, Daten und Fakten als Interventionsbeitrag

Ausgangspunkt der terminologischen Überlegungen ist das Wort *Tatsache,* das menschliches Tun (Tat-) und ontisch gegebene Entitäten (-sache) vereint. Der Ausdruck ist laut „Duden – Das Herkunftswörterbuch" (Berlin [5]2014) im 18.

Jahrhundert durch Inspiration des englischen *matter of fact* aufgekommen, das wiederum auf die lateinische Bezeichnung *res facti* rekurriert. Soziale Tatsachen bilden dabei einen Sonderfall, weil sie ausschließlich per Übereinkunft akzeptiert und dadurch sukzessive konventionalisiert werden – sie werden als gesellschaftlich akzeptierte Wirklichkeit konstituiert (Searle 1997). Wissen als Orientierungsgröße menschlichen Verhaltens und Denkens ist auf zweierlei angewiesen: auf Unumstößliches und auf daraus gewonnene Schlussfolgerungen.

Aus diesem Grund sind die beiden Termini *Daten* und *Fakten* (als die beiden zentralen Komponenten des Wissensbegriffs) voneinander abzugrenzen und eine synonyme Verwendung möglichst zu vermeiden, obwohl gerade eine solche Synonymität (beide Ausdrücke stehen für Unumstößliches) sich schon seit einiger Zeit im Sprachgebrauch auszubreiten scheint. Ein Blick auf die Infinitive *facere* (lat. ‚machen‘) und *dare* (lat. ‚geben‘), die den Verbalabstrakta *Faktum* (lat. ‚Gemachtes‘) und *Datum* (lat. ‚Gegebenes‘) zugrunde liegen, stellt Wissen in den epistemologisch schwierigen Zusammenhang von (Vor)Gegebenem (Daten) und Gemachtem (Fakten). Damit wird zugleich deutlich, dass Wissen einerseits aus intersubjektiv unstrittig Gegebenem besteht – also aus Daten als nach allgemein akzeptierten Kriterien gewonnenen, oft gemessenen Größen (Abb. 1). Andererseits basiert Wissen auch auf Gedeutetem – also auf beobachteten Ereignissen sowie anschließend abstrahierten und damit hergestellten Tatsachen als Fakten mit breitem Gültigkeitsanspruch. Streng genommen existieren Daten nur dann, wenn intersubjektiv diese von allen Menschen als existent anerkannt werden, also auf der Basis konventionalisierter Intersubjektivität (z. B. Akzeptanz von Himmelsrichtungen als die Richtung von einem Bezugspunkt (z. B. Standort) zu einem anderen Punkt auf der Erdoberfläche).

Heuristisch ist die folgende Trennung nützlich: Fakten sind von Diskursakteuren sinnvoll Gemachtes und von hoher und breit akzeptierter Plausibilität, die – dessen ungeachtet – aber dennoch von Diskursbeteiligten bestritten werden können (z. B. „Kriege sind die Hauptursache für die gestiegene Zahl der Flücht-

Abb. 1 Ekkehard Felder: Daten und Fakten

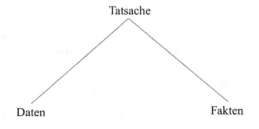

linge im Jahre 2015", „Wirtschaftswachstum trägt zum Wohlstand der Menschen bei"). Daten dahingegen sind unstrittig, also allseits akzeptiert (z. B. „Im Jahr 2014 wurden in der Bundesrepublik Deutschland laut Bundesamt für Migration und Flüchtlinge 202.834 Asylanträge gestellt", „Die Bundesrepublik Deutschland gliedert sich in 16 Bundesländer" oder „Das Phänomen des Stalking ('Nachstellung') ist rechtlich seit 2007 durch § 238 StGB geregelt" oder „Paris ist die Hauptstadt Frankreichs").

Der diskurslinguistische Beitrag im Tableau gesellschaftspolitisch inspirierter Diskuranalysen besteht darin, Kontroversen in Diskursen darauf zurückzuführen, welche Aussagen (Propositionen) als unstrittige Daten im Diskurs allgemein akzeptiert werden und welche Faktizitätsherstellungen (Fakten) umstritten sind (zu Agonalität im Diskurs vgl. Felder 2013 und Mattfeldt 2018). Eine Formulierung wie „Paris ist die Hauptstadt Frankreichs" dürfte als intersubjektiv unstrittig gelten, während ein als Faktum etikettierter Satz wie „Wirtschaftswachstum trägt zum Wohlstand der Menschen bei" in dieser allgemeinen Form Kontroversen auslösen dürfte. Der im Duktus von Objektivität konventionalisierte Sprachgebrauch des Lexems *Fakt* oder *Faktum* zeigt sich eindrücklich bei dem in manchen Medienformaten propagierten sogenannten Faktencheck (z. B. in der Fernsehtalkshow hart aber fair). Man könnte sagen: Ein „Faktencheck" trägt zur Durchleuchtung, nicht aber zur Lösung der Streitfrage bei, ob eine bestimme Aussage (Proposition) intersubjektiv als gültig klassifiziert werden kann. Der Anspruch der „Faktizitätsüberprüfung" (kann also eine Aussage als Fakt bezeichnet werden und sind die entsprechenden Überprüfungen möglich?) ist schwierig, aber nicht unmöglich. Selbst der Umstand, dass sich zwei streitende Diskursakteure nicht darüber verständigen können, was in ihrem Disput als Datum und was als Faktum zu gelten hat, ist für die Rezipienten des Diskurses erkenntnisstiftend.

8   Das Politische im Deskriptiven: Fazit und Ausblick

Wie politisch ist eigentlich die deskriptiv orientierte Wissenschaft bzw. die Linguistik? Diese Frage stand am Anfang der hier gemachten Überlegungen. Sie berührt den Kern wissenschaftlichen Selbstverständnisses. Besonders häufig wird dieser Gesichtspunkt in der sprachwissenschaftlich inspirierten Diskursanalyse diskutiert, besonders dort, wo Critical Discourse Analysis (CDA) und Linguistische Diskursanalyse (LDA) ins Gespräch kommen.

Meines Erachtens zeigt sich die Politizität (ein Kunstwort für den graduell modellierten Charakter politikrelevanten Handelns) wissenschaftlichen Arbeitens zwar auch im Äußern einer Meinung, aber vielmehr in der Auswahl des wissenschaftlichen Gegenstandes selbst und in dem vom Wissenschaftler formulierten Erkenntnisinteresse. So ist der Nachweis, wie sich eine gesellschaftliche Ungerechtigkeit sprachlich manifestiert, ohne Zweifel sehr politisch und verdienstvoll. Nicht minder politisch – wenn auch anders gelagert – ist das Transparent-Machen sprachlich instruierter Wahrnehmungsfolien und damit evozierter Weltbilder und Denkmuster gesellschafts-politisch relevanter Themen. Schließlich ist es uns nur in geringem Ausmaß möglich, über Primärerfahrungen unsere individuelle Wissensformation zu speisen. Wir sind größtenteils auf die symbolvermittelte Wirklichkeitsdarstellung kollektiver Wissenssysteme und der ihnen inhärenten idiomatischen Ordnung angewiesen. Die in den Medienwissenschaften von Sigfried J. Schmidt (1996) in Die Welten der Medien stark gemachte Unterscheidung zwischen Wirklichkeit und Realität ist hierbei heuristisch hilfreich: Unter Wirklichkeit wird die subjektive, mit den originären Sinnen erfahrbare und begreifbare Welt verstanden, Realität ist das medial konstituierte und sprachlich also zwangsläufig gestaltete Szenario davon, die sog. Medienrealität als vermittelte Welt. Vor diesem Hintergrund der Differenzierung sind wir als Medienrezipienten des sog. Informationszeitalters in erheblichem Maße mit Realität konfrontiert, also mit sprachlichen Produkten, die Wirklichkeit zu zeigen vorgeben. In der Rezeption von gesellschaftspolitisch relevanten Ereignissen und Wissensbeständen haben wir es demnach mit gestalteten Materialien in sprachlicher Form zu tun, die individuelle und idiolektal instruierte Wirklichkeiten in kollektiv rezipierte (Medien-)Realität verwandelt haben. Massenmediale Sprach- und Bildzeichen sowie Zeichenverkettungen sind daher ein perspektivierter Ausschnitt von Welt zur interessengeleiteten Konstitution von Realität im Spektrum verschiedener Wirklichkeiten.

Literatur

Dudenredaktion (Hrsg.) (2014). *Duden, das Herkunftswörterbuch: Etymologie der deutschen Sprache*. Mannheim: Dudenverlag.

Felder, E. (2013). Faktizitätsherstellung mittels handlungsleitender Konzepte und agonaler Zentren. Der diskursive Wettkampf um Geltungsansprüche. In E. Felder (Hrsg.), Faktizitätsherstellung in Diskursen. Die Macht des Deklarativen (S. 13–28). Buchreihe Sprache und Wissen, Bd. 13. Berlin/Boston: de Gruyter.

Felder, E. (2018a). Anmaßungsvokabeln: Sprachliche Strategien der Hypertrophie oder der Jargon der Anmaßung. In M. Wengeler, & A. Ziem (Hrsg.), Diskurs, Wissen, Sprache (S. 215–240). Buchreihe Sprache und Wissen, Bd. 29, Berlin/Boston: de Gruyter.

Felder, E. (2018b). Wahrheit und Wissen zwischen Wirklichkeit und Konstruktion: Freiheiten und Zwänge beim sprachlichen Handeln. In E. Felder, & A. Gardt (Hrsg.) Wirklichkeit oder Konstruktion? Sprachtheoretische und interdisziplinäre Aspekte einer brisanten Alternative. (S. 371–398).Berlin/Boston: de Gruyter.

Gardt, A. (2018). Eigentlichkeit. Eine Universalie der Sprachreflexion In M. Wengeler, & A. Ziem (Hrsg.), Diskurs, Wissen, Sprache (S. 92–113). Buchreihe Sprache und Wissen, Bd. 29, Berlin/Boston: de Gruyter.

Habermas, J. (1971). Vorbereitende Bemerkungen zu einer Theorie der kommunikativen Kompetenz. In J. Habermas, & N. Luhmann Theorie der Gesellschaft oder Sozialtechnologie – Was leistet die Systemforschung? (S. 101–141). Frankfurt a.M.: Suhrkamp.

Mattfeldt, A. (2018). Wettstreit in der Sprache. Ein empirischer Diskursvergleich zur Agonalität im Deutschen und Englischen am Beispiel des Mensch-Natur-Verhältnisses. In E. Felder (Hrsg.), Buchreihe Sprache und Wissen, Bd. 32, Berlin/Boston: de Gruyter.

Kopperschmidt, J. (1990). Gibt es Kriterien politischer Rhetorik? Versuch einer Antwort. *Diskussion Deutsch,* 21, (S. 479–501).

Searle, J. (1997). Die Konstruktion der gesellschaftlichen Wirklichkeit. Zur Ontologie sozialer Tatsachen. Reinbek: Rowohlt.

Schmidt, S. J. (1996). Die Welten der Medien. Grundlagen und Perspektiven der Medienbeobachtung. Braunschweig/Wiesbaden: Vieweg+Teubner

Wimmer, R. (1982). Überlegung zu den Aufgaben und Methoden einer linguistisch begründeten Sprachkritik. In H. J. Heringer (Hrsg.), *Holzfeuer im hölzernen Ofen. Aufsätze zur politischen Sprachkritik* (S. 290–313). Tübingen: Narr.

Diskursinterventionen in der Kritik medialer Kontrolle: Vier Thesen

Stephan Packard

1 Einführung

Was kann medien- und kulturwissenschaftliche Forschung zur kritischen Diskursintervention beitragen? Wer Medien verwendet, interagiert mit Machtgefügen. Jeder Mediengebrauch ist zum einen Bedingungen unterworfen, die von politischen Abhängigkeiten und Herrschaftsverhältnissen mitbestimmt werden: Sprechen und gehört zu werden ist keine Selbstverständlichkeit und ist über das Können hinaus ein Dürfen und ein Müssen. Zum anderen ist die Ausübung von Macht regelmäßig an mediale Handlungen gebunden, die von subtiler, indirekter Propaganda bis zu der Unmittelbarkeit des Befehls reichen. Daraus ergeben sich mindestens drei Aufgaben für eine kritische wissenschaftliche Auseinandersetzung mit Medienkulturen: Sie soll deren politische Bedingungen und Wirkungen erforschen; sie soll über die Ergebnisse dieser Forschung aufklären; und sie soll ihre eigene Kommunikation als Intervention in öffentliche Diskurse wiederum nach denselben Maßstäben kritisch reflektieren.

Michel Foucaults Verständnis des Diskurses führt zu einer Diskursanalyse, die für diese Interaktionen sensibel sein kann. Er hat gezeigt, dass das Verhältnis von Diskurs und Macht stets auch Wissen betrifft: Schon daraus ergibt sich eine doppelte Verpflichtung der Wissenschaft zum kritischen Umgang mit den Machtverhältnissen der Kommunikation. Der Umgang mit Wissen ist ihnen nicht nur unterworfen, sondern für sie mitverantwortlich. Die folgenden, medienwissenschaftlichen Thesen

S. Packard (✉)
Köln, Deutschland
E-Mail: packard@uni-koeln.de

schließen hier an und plädieren dafür, die Betrachtung von *Macht, Diskurs* und *Wissen* um ein Konzept der *Medialität* nach Marshall McLuhan zu erweitern, das Medien konsequent in der Oszillation von *message* und *content* begreift. Dies trägt der Doppelung Rechnung, die sich aus der machtabhängigen Kommunikation als Gegenstand der Untersuchung im Verein mit den Machtabhängigkeiten der Untersuchung ergibt. Eine solche Perspektive führt, wie zu zeigen sein wird, unter den verschiedenen Formen der Macht zu einer bestimmten Gruppe von Formationen, die man nach der Vorstellung der mfrz. *contre-rolle,* der Machtausübung durch gegenseitigen Vergleich zweier medialer Dokumente, *Kontrolle* nennen kann (vgl. Seemann 2012). Die folgenden vier Thesen schlagen somit eine Brücke von einer kritischen Analyse von Diskursen zur Erforschung medialer Kontrolle.

Eine solche kritische Analyse medialer Kontrolle kann eine Diskursintervention in mehreren Hinsichten begleiten: Sie kann sowohl den vorliegenden Diskurs als auch die Intervention untersuchen und beschreiben. Sie kann die Emergenz normativer Formationen in beiden Teilen dieser Wechselbeziehung nachvollziehen und, indem sie eine Genealogie der eingesetzten Normen schreibt, deren Kritik dienen. In jedem Fall wird sie bei der Betrachtung jeder Kommunikation nützlich sein, wenn es gilt, womöglich unsichtbar gewordene Kontrolle und damit absichtlich oder unabsichtlich aus dem Blick geratene Machtgefüge in den Bedingungen eines Diskurses deutlich zu machen. Wo diese sichtbar gemacht werden sollen, ist die wissenschaftliche Kritik medialer Kontrolle selbst Inhalt einer notwendigen Intervention in einen Diskurs, der sie verdeckt hielt.

Es wird also zu zeigen sein, dass ein Begriff medialer Kontrolle diese als Gegenstand einer genuin kritischen Medienwissenschaft positioniert, und dass Diskursanalysen wertvolle Zugänge zu seiner Untersuchung bieten. Mit *Exteriorität* und *Ubiquität* sind dann zwei zentrale Begriffe aus der Erforschung medialer Kontrolle nach ihrem Potenzial für Diskursinterventionen zu befragen. Schließlich ist die spezifische kritische Haltung solcher Diskursinterventionen zu charakterisieren, indem sie vor der Folie eines aufklärerischen Projekts betrachtet werden.

2   Mediale Kontrolle ist ein genuiner Gegenstand kritischer Medienwissenschaft

Foucault begreift den Diskurs als Menge möglicher Äußerungen. In *L'ordre du discours* (1971, S. 11) führt er Macht über die Funktion des Ausschlusses ein: Macht definiere negativ, was gesagt werden kann, indem sie andere Äußerungen unmöglich macht. Es gehört zu den besonderen heuristischen Voraussetzungen der daraus entwickelten Diskursanalyse, dennoch streng an der Positivität des Diskurses festzuhalten: Es wird also gerade nicht die verbotene und dadurch verloren gegangene Äußerung untersucht, nicht das, was vielleicht gesagt worden wäre, wenn die Verhältnisse anders gewesen wären. Gegenstand der Untersuchung ist dagegen die Kommunikation unter Macht: das, was nach dem Verbot noch an möglichen Äußerungen übrigblieb, insofern es in den tatsächlich vorliegenden Äußerungen sichtbar wird (vgl. Foucault 1969, S. 109–120).

So wird gewissermaßen eine Innenseite beschrieben, deren Form durch eine Außenseite bestimmt ist, die unsichtbar bleibt. Gegenüber rein negativen Konzepten medialer Kontrolle wird so die Produktivität der Macht in den Blick genommen. Es wird keine ideale Form an sich ungestörter Kommunikation entworfen, die womöglich unabhängiges Wissen transportierte. Hypothetische Modelle kommunikativer Freiheit, die dies doch versuchen, haben einen anderen Nutzen, dessen Verschiedenheit sie als Werkzeug für andere Situationen prädestiniert. Solche Modelle stehen nämlich regelmäßig vor einer zentralen Herausforderung: dem konkreten Rechtfertigungsbedarf, wie die Quellen für jene angenommene Kommunikation ausgesucht werden, wie sie eigentlich hätte sein sollen, und für jene Wahrheit, wie sie eigentlich hätte ausgesprochen werden müssen. Derartige Analysen sind unbedingt in all jenen konkreten Situationen vorzuziehen, in denen ein eindeutig positiver Beleg für eine unzensierte Information vorliegt: Dann ergibt sich ein Filtermodell (vgl. vor allem Herman/Chomsky 1988), in dem die Erforschung der Machtverhältnisse selbst die Kontrolle übernimmt: sie vergleicht etwa einen vorliegenden Zeitungsbericht mit für besser erachteten Quellen, die wiedergeben, was tatsächlich passiert ist. Einer Lüge, die aufgedeckt werden kann, ist zunächst inhaltlich zu widersprechen. Neben der Wahrheit in der Sache ist damit ein Hinweis auf den Filter gegeben, der zunächst zu einer nur teilweisen oder verfälschten Wiedergabe der Wahrheit geführt hat, und dessen Wirkungsweise nun erforscht wird, indem diese mit jener verglichen wird.

Wo aber die Analyse keinen Zugang zu gesicherten Informationen hat oder ihre diskursive Vermittlung auf keinen Konsens darüber zählen darf, welche Quellen der kontrollierten Quelle vorzuziehen seien, entziehen sich die Machtverhältnisse dennoch nicht der Forschung. Während die Filtermodelle den archimedischen Punkt ihrer Untersuchung letztlich außerhalb der repräsentierenden Medien und stattdessen im Wissen über eine zu repräsentierende Realität finden, ist die Untersuchung der bereits diskursiv geformten Kommunikation vollständig den medialen Bedingungen unterworfen, die sie erforschen soll. Sie ist in diesem Sinne nachvollzogene Subjektivierung anderer, aber auch ihrer eigenen

Äußerungsposition. Statt eines als außerhalb der Medien vorgestellten Wahrheits-grundes kann sie in ihre vergleichende Rekonstruktion auf beiden Seiten des Ver-gleichs nur Medienverwendungen einbeziehen.

Mediale Kontrolle ist in diesem Sinne zu definieren als die Ausübung von Kontrolle mit Medien über Medien. Sie umfasst mindestens die drei Aspekte der direkten *Steuerung* geformter oder erzwungener Kommunikation (darunter z. B. Propaganda, Kerygma, Ukas, Beugehaft), der *Überwachung* (u. a. als Zugangs-kontrolle, Verhaltenskontrolle, Identifikation, Observation) und der *Inter-vention* (etwa als Vorzensur, Nachzensur, Korrektur, Emendation, Konfiszierung, Suspendierung usw.). In allen diesen Fällen sind jeweils zwei Positionen in einem Machtverhältnis medial bestimmt: Ein Ukas ist eine Anweisung und also eine medial verfasste Maßnahme, die etwa Tageszeitungen anweist, worüber wie zu berichten sei. Sowohl die technischen, gesellschaftlichen und politischen Bedingungen des Ukas wie der Zeitungsberichte, in denen er sich niederschlägt, sind kulturell verfasste Medienverwendungen. Eine Zugangskontrolle vor einem Archiv, die etwa ein Passwort abfragt, identifiziert Nutzer_innen durch diesen medialen Vorgang und übt damit Kontrolle über die wiederum medial verfasste Verwendung des Archivs aus. Zensurmaßnahmen müssen in beiden Hinsichten erforscht werden: zu ihrem Verständnis ist nicht nur Einsicht in die zensierte Kommunikation nötig, also etwa ein gutes Verständnis des literarischen Texts, der emendiert wurde, sondern ebenso sehr in die kommunikativen Vorgänge, die die Emendation begleitet haben, also in die Sprache der Zensoren.

Die jüngere Generation der Zensurforschung hat begonnen, dem Rechnung zu tragen (Müller 2003), stellt aber gerade in der Literaturwissenschaft immer noch zu oft die Arbeit der Zensur als absurde, völlig unverständliche Eingriffe in einen ansonsten genau verstandenen literarischen Kommunikationszusammenhang dar. Die nachvollziehbare Ablehnung der Zensur steht dann ihrer Erforschung im Wege: Wer Zensoren nur als Idioten erklären kann, hat Zensur nicht erklärt. In diesem Sinne lautet der erste Imperativ an die kritische Diskursanalyse medialer Kontrolle: es ist zu prüfen, ob einer der beiden Teile des medialen Gefüges übersehen wurde. Ist entweder die kontrollierende oder die kontrollierte Kommunikation aus dem Blick geraten, und warum? Dabei ist der entsprechende Mangel nicht nur zu beheben, sondern er dient zugleich als Spur zur Aufdeckung wirksamer Macht-beziehungen, die zu der Invisibilisierung der übersehenen medialen Beteiligten beigetragen haben. Mit der Intervention als dritter Form medialer Kontrolle ist der Platz der Diskursintervention unter dieser Perspektive bereits bestimmt: Auch für sie gilt, dass sie als Kommunikation über Kommunikation auftritt. Wovon sie spricht, ist medial verfasst, und ihr Sprechen auch. Ihre kritische medienwissen-schaftliche Betrachtung setzt an dieser Verdoppelung an.

Auch sonst wird Kontrolle dort zu einem genuinen Gegenstand der Medienwissenschaft, wo ihre doppelte mediale Verfasstheit für die Untersuchung leitend
wird. Denn sie ersetzt die einfache Zweiteiligkeit vieler Machtbeziehungen – die
Ausübung von Macht und die Unterwerfung unter Macht – durch eine genuine
Verschränkung. Doppelte mediale Gefüge sind im Verständnis einschlägiger
Medientheorie keine Zufälligkeit, sondern sie machen die Medialität der beiden
beteiligten Elemente überhaupt erst aus. Wo also die Verdoppelung des Gegenstands systematisch und charakteristisch für die Ausübung von Macht wird, wird
der zunächst äußerliche Bezug auf Medien, die ebenso Werkzeug und Gegenstand
von Machtbeziehungen sein können wie alles andere, zum strukturellen Prinzip:
Denn gerade die Konkurrenz zwischen Operation und Operand (Luhmann
1993; Corsi und Esposito 1999) bzw. zwischen *message* und *content* (McLuhan
1999, Kap. 2) eignet sich zur Beschreibung allgemeiner Eigenschaften von
Medialität. Medialität lässt sich so als Gemeinsamkeit all derjenigen Prozesse
charakterisieren, die von der potenziellen Verwechslung zwischen einem
präsentierten oder verarbeiteten Gegenstand und der Sichtbarkeit der Präsentation
oder Verarbeitung selbst abhängig sind: Ein Bildschirm (message) funktioniert,
indem er etwas anderes als den Bildschirm sichtbar macht (content); eine Zeitung
(message), indem sie von etwas anderem als der Zeitung (content) berichtet. Wer
sich an ein Gespräch als Gespräch (content) erinnert, mag vergessen, ob es ein
Telephonat oder eine Unterhaltung von Angesicht zu Angesicht (messages) war.
Wenn die Untersuchung medialer Kontrolle als erste Herausforderung feststellt,
dass zu oft entweder nur die kontrollierende Instanz oder nur die kontrollierte
Kommunikation in den Blick genommen wird, ist dies also nicht nur abzu-
stellender Notstand, sondern zugleich Spur des zu verstehenden Zusammenhangs.

Für die klassische Begründung der Medienwissenschaft in der Mitte des
20. Jahrhunderts ist eine Bewegung typisch, die ich als ‚revelatorische Geste‘
bezeichnen will (vgl. Packard 2012, S. 4). Sie betreibt eine Wiedersichtbar-
machung der jeweils im Medienvollzug unsichtbar gewordenen Hälfte dieses
Paars: ‚The medium is the message‘: Vergiss das Telephon nicht über dem
Gespräch. ‚Medien werden in Störungen sichtbar‘: Erst wenn das Bild aus-
fällt, sehen wir die Leinwand. Diese Geste war bereits häufig mit einem
kritischen Anspruch verbunden: Machtverhältnisse sollen aufgedeckt, gegen-
sätzliche politische Ansprüche sollen deutlich werden, wenn etwa McLuhan die
unterschiedliche Verwendung des Telephons mit einem Generationenkonflikt
assoziiert, der zwei Lager im Vietnamkrieg definiere (1999, Kap. 27). Damit
ist die Funktionsweise so verstandener Medien von vornherein als aufklärungs-
bedürftig gedacht: Wo sie funktionieren, verdecken sie eine Doppelung, die
wieder aufzudecken Sache ihrer wissenschaftlichen Untersuchung sei. Dieses

Verständnis ihres Gegenstands gibt einer solchen Medienwissenschaft die Form einer kritischen Rede, die freilich häufig keinen wesentlichen politischen Gehalt hat.

Ein enger Begriff von Kontrolle, der seine Herkunft als Abgleich zwischen einem Vorbild und einem Exemplar ernst nimmt, als Vergleich mit einer verbindlichen Liste, einem Gegentext oder einer Vergleichsschrift, situiert Machtgebrauch damit in einem genuin medialen Verhältnis. Als mediale Kontrolle muss spezifisch diejenige Kontrolle verstanden werden, die als Mediengebrauch fungiert und dabei eine Konkurrenz zwischen Gegenstand und Vollzug der Kontrolle verdeckt.

Propaganda etwa zerfällt (vgl. Huang 2018) in sog. ‚harte Propaganda‘, deren wesentliche Funktion die Ausstellung der Kommunikation als Machtbeweis ist *(Wir können unsere Ideologie in den Schulen lehren, weil die Schulen uns gehören!)*, und ‚weiche Propaganda‘, die ihren Machtbezug verbirgt und historisch immer wieder mit PR verwechselbar wird *(Das ist keine Ideologie; wir machen nur Unterricht!)*. Überwachung zerfällt in die sichtbare Überwachung, die Verhaltensänderungen erwirken soll *(Dieses Gebäude wird kameraüberwacht.)*, und die Sammlung von Beweismaterial, die von der Unsichtbarkeit der Überwachung profitiert *(Schattenprofile in sozialen Netzwerken)*. Intervention changiert zwischen dem reinen Appell an allgemeine Regeln *(Wir haben den Text nur geringfügig an allgemeine Kommunikationsregeln angepasst – Zensur findet nicht statt.)* und ausdrückliche Positionierung zensierender Instanzen *(Ich entscheide das, nicht der Autor, denn ich habe die Verantwortung als staatlich bestellter Zensor.)*. Die revelatorische Geste einer medienwissenschaftlichen Beschreibung ist dann der Aufdeckung verdeckter Machtbeziehungen oder der Hinterfragung der Legitimität naturalisierter Machtverhältnisse gewidmet.

Wenn mediale Kontrolle ein eigener genuiner Gegenstand kritischer Diskursanalyse ist, lautet eine erste Untersuchungsfrage also: Wo wird die message, wo der content unsichtbar, und welchen Machtinteressen dient das? Was geschieht, wenn eine Intervention den unsichtbaren Teil wieder sichtbar macht?

3 Zwei Perspektiven einer kritischen Diskursanalyse medialer Kontrolle betreffen die konflikthaft aufeinander verwiesenen Formationen von Ubiquität und Exteriorität

Diese grundsätzliche Frage kehrt in zwei etwas spezifischeren Fragen in der Untersuchung konkreter Fälle medialer Kontrolle immer wieder. Eine Reihe von Studien zur Diskursanalyse medialer Kontrolle hat einige heuristische Werkzeuge für die Beschreibung der beteiligten diskursiven Formationen produziert. Eine solche heuristische Grundlage für die kritische Diskursanalyse medialer Kontrolle ist im Sinne dieser Vorüberlegungen zunächst eine Sensibilität für die Grenzen ihrer diskursiven Verfasstheit und Auflösbarkeit: In konkreten Fällen medialer Kontrolle ist die Frage nach der richtigen Repräsentation des Konflikts regelmäßig selbst konflikthaft.

So zeichnet etwa die in Deutschland verfassungsgemäße Norm, wonach *Zensur nicht stattfindet,* eine beispielhafte Konstellation, in der jede Infragestellung der Legitimität einer staatlichen medialen Kontrolle von vornherein der Selbstbeschreibung dieser Intervention widersprechen muss: der Begriff der Zensur wird so vom deskriptiven zum Kampfbegriff. Zensur liegt nicht mehr dort vor, wo in einer bestimmten Weise interveniert wird, sondern wo diese Intervention in einer bestimmten Weise auf ihre Legitimität hin befragt wird (Schauer 1998). Wo der Konflikt den medialen Charakter der Kontrolle betrifft, wird zur zentralen kritischen Äußerung die revelatorische Geste, die den je verdeckten Anteil einer kontrollierten Medienverwendung offenlegt. Gerade in sog. ‚Western-style democracies‘, in denen Zensur zunächst unter Legitimitätsverdacht steht, kann der Verweis von der einen auf die andere Formation Legitimitätsdefizite aufdecken.

Ich habe dazu in verschiedenen Studien zu Propaganda, Zensur und Überwachung das Begriffspaar von *Exteriorität* und *Ubiquität* vorgeschlagen, das das Changieren der beschriebenen medialen Positionen von der Sichtbarkeit des kontrollierten Gegenstands zur Sichtbarkeit der Kontrolle und zurück fixiert (Packard 2012). So oszillieren Diskurse medialer Kontrolle zwischen zwei Konzepten von Kommunikation, auf deren Grundlage die Legitimität sowie die Möglichkeit von Kontrolle verschieden konzipiert werden.

Sie vergegenständlichen einerseits eine Verhandlung von Legitimität kommunikativer Handlungen und ihrer Kontrolle über Vorstellungen vom Innen und Außen einer Kommunikation: Wer beantworten will, wessen kontrollierender Eingriff in eine Kommunikation immer schon in deren spontanen Ablauf gehört und wessen Eingreifen dagegen als fragliche, zu begründende Intervention von außen gelten soll, konzipiert gerade dadurch unterscheidbare Instanzen in einem Modell der betroffenen Kommunikationssituation *(Exteriorität).* So wird etwa, um ein Beispiel des US-amerikanischen Rechtsphilosophien Frederick Schauer anzupassen (Schauer 1998), den Kurator_innen einer Ausstellung im Allgemeinen zugestanden, dass sie die Bilder für die Ausstellung aussuchen; nicht aber dem Parteioffizier, den ihnen ein Ministerium an die Seite stellt. Die Kuration wird als der Kommunikation intern, der Parteioffizier ihr extern vorgestellt. Aber diese Grenzen können verschieden verhandelt werden unter Appell auf aufzudeckende vermeintliche allgemeinere, ubiquitäre Grundsätze. Der Parteioffizier beruft sich also darauf, die bildende Kunst sei gerade eine politische Angelegenheit und also den Maßnahmen der Partei unterworfen. Künstler_ innen, deren Werke nicht ausgestellt werden, sehen sich als benachteiligt und bezeichnen ihre Kunst womöglich sogar als *zensiert,* indem sie diesen Begriff wie beschrieben nicht im strengen juridischen Sinne, sondern erfolgreich als Signal dafür verwenden, dass die Legitimität medialer Kontrolle in der konkreten Situation neu auszuhandeln sei.

Man mag dem Parteioffizier ebenso wie den Künstler_innen widersprechen wollen, und dafür hätte man sehr gute Gründe. Die Beschreibung der konflikthaften Kommunikationssituation lässt sich in diesen Fällen spezifizieren durch die Frage, wer wie die Grenze der Exteriorität, also die Unterscheidung zwischen der vermeintlich eigentlichen und als vorgängig vorgestellten Medienverwendung und der von außen in sie eingreifenden Intervention zieht; und wie die unterschiedlichen Ansprüche an diese Grenze ausgehandelt oder in Opposition zueinander gestellt werden.

Dagegen wird andererseits eine Vorstellung von generellen Regeln aller oder medial verschiedener Kommunikationen ausgespielt. Bereits der Verweis auf die engere Definition der Zensur in der Rechtsprechung verschiebt den Fokus gerade in dieser Weise: an die Stelle der Frage nach den einzelnen handelnden Personen oder Parteien – Offiziere, Kurator_innen, Künstler_innen – tritt jene nach allgemeiner gültigen Regeln, Definitionen und Bestimmungen. Am Extrem dieser Vorstellung wird gleichsam eine Semiotik ohne Interpretanten imaginiert, in der Zeichen operieren, statt dass Handelnde mit ihnen verfahren: Dann ist die Durchsetzung von Regeln keine kontingente Handlung agierender Instanzen, sondern bloße Anwendung überall und unterschiedslos inhärenter Gesetzmäßigkeiten (*Ubiquität*; vgl. Butler 1998). So wird etwa die Bezifferung des Schadens durch die Aneignung fremden geistigen Eigentums regelmäßig an allgemeinen Annahmen über erwartbare und gerechtfertigte Gewinne orientiert; sie nehmen eine Norm an, die bestimmt, wie viel an welcher Art von kreativer Leistung verdient werden sollte. Deren Festlegung verweist jedoch wiederum auf zu bestimmende externe Instanzen, die die Norm selegieren, entscheiden und gestalten.

Exteriorität und Ubiquität verstehen sich dabei als komplementäre Begriffe, die nur ideologisch als gegenseitiger Ausschluss inszeniert werden. Semiose findet tatsächlich nie ohne Interpretanten statt, Handlungsrollen gehen ihrem Vollzug in der Handlung nicht voraus. Insofern die Rede über Kontrolle stets normativ und kontrovers ist, weil sie widerstreitende Interessen verhandelt, nimmt in der Konkurrenz der beiden Pole die *kritische Differenz* dieses Diskurses Gestalt an.

Ubiquität und Exteriorität werden regelmäßig mit einer revelatorischen Geste einander gegenübergestellt, die sich als ein Echo der enthüllenden Bewegung lesen lässt, mit der die moderne Medienwissenschaft eingesetzt hat. Der Affirmation oder Negation von legitimen Machtinstanzen wird durch den Verweis auf ubiquitäre Regeln, der Argumentation mit diesen Regeln durch den Verweis auf äußere Akteure widersprochen.

Sichtbar wird so etwa die Arbeit der Universalisierung zur Herstellung einer ubiquitären Norm oder die Ideologie der Subjektivierung einzelner externer Akteure. In einer ausführlicheren Studie (Packard 2015) lässt sich etwa an den salvatorischen Klauseln, mit denen Kreative auf YouTube ihre Remixes auf Deutsch und Englisch begleiten, die Ambivalenz ihrer Rollenaushandlung in beiden Hinsichten beleuchten. Typisch sind etwa Formulierungen wie: „I don't own the song, don't own the clips, and I'm not making any profit off of anything." So distanziert sich ein Nutzer namens DaVinci013 von einem Video, in dem er 2009 Szenen und Einstellungen aus der TV-Serie *Criminal Minds* mit Josh Grobans Song *Your Are Loved* neu kombinierte (vgl. ebd.). Die Formulierung ist typisch für eine große Zahl vergleichbarer Fälle, in denen YouTube-User_innen ihr eigenes Verhalten unter Verdacht stellen, immaterielle Eigentumsrechte und insbesondere Copyright-Ansprüche von Produzierenden und Verwertenden populärkultureller Medien verletzt zu haben und nun Konsequenzen entgehen wollen, indem sie sich von ihrem eigenen Produkt distanzieren.

Diskursive Äußerung unter medialer Kontrolle sind solche Klauseln insofern, als die Spur der Machtausübung nicht in der Rekonstruktion einer angenommenen freien Kommunikation, sondern in der geformten Kommunikation besteht, die nur aus den vorhandenen Machtinteressen heraus verständlich ist. Genuin mediale Kontrolle liegt insofern vor, als die Intervention in die Verbreitung des Videos von vornherein als weitere diskursive Ebene eingeführt wird: Die sprachliche Kommunikation begleitet und thematisiert, unterscheidet sich damit aber auch klar von der medialen Form des Videos selbst. Dabei bedienen sich die Kontrollierten selbst des Diskurses der Zensoren und fügen ihn dem womöglich zensierten Video hinzu: Sie argumentieren bereits in der Antizipation eines möglichen Rechtsstreits und bemühen sich um eine juridische Referenz. Man kann nun danach fragen, was durch die doppelte Medialität der Konstellation sichtbar oder unsichtbar wird und welchen Interessen dies dient. Zwei der Auffälligkeiten dieses Genres bestehen in der Verneinung der eigenen kreativen Arbeit und der Annahme einer Norm, die diese Kreativität von vornherein missachtet. Denn die YouTube-User_innen, die sich in dieser Weise schützen wollen, präsentieren sich gerade nicht als selbständige kommunikative Instanzen, deren eigene Leistung ihre Remixes als Werk von unabhängiger Schöpfungshöhe verteidigen könnte. Sie haben sich für eine Grenzziehung entschieden, in denen ihre Position außerhalb des kommerziellen und regulierten Gefüges zu suchen sei: Mit der kommerziellen Verwertung und damit den Konzepten des Eigentums haben sie nichts zu tun (Exteriorität). Damit entscheiden sie sich zugleich für ein Konzept immateriellen Eigentums, das an Verwertungsrechten statt an geleisteter Arbeit hängt, und tragen damit – auch gegen die tatsächliche Rechtslage – eine allgemeine Norm mit, die generell und also sogar dort gelten soll, wo kreative Arbeit von Verwertungsrechten nicht geschützt, sondern missachtet wird (Ubiquität). Die Kreativität des Remixes als eigenes Genre wird so wechselseitig von medialen Konkurrenzverhältnissen verdeckt.

Dieser Fruchtbarkeit der Analyse als heuristischem Werkzeug müssen mindestens zwei kritische Bewegungen folgen: wie sind die Ergebnisse zu vermitteln, und welche Machtverhältnisse gelten für diese Vermittlung? Denn schon an dem kurz anzitierten Beispiel wird deutlich, dass die Position der hier vertretenen Kritik den Ausschluss der beteiligten Kreativen wiederholt – der Diskursanalytiker spricht für sie und gegen ihre explizite Intention; und dass das politische Potenzial der kritischen Analyse zunächst eingeschränkt bleibt – die Eigentumsverhältnisse, aber auch die darüber hinausgehenden Machtansprüche der Verwertungsgesellschaften sind nach der Kritik unverändert.

4   Eine Diskursanalyse medialer Kontrolle ist Zugang zu ihrer Beschreibung und zugleich Testfall ihres kritischen Selbstverständnisses

Für den Wert einer diskursanalytischen Auseinandersetzung, die in durchaus oft problematischer Weise Äußerungen in den Blick nimmt, ohne die Personen direkt zu beteiligen, die sie getan haben, sprechen zunächst dennoch folgende Beobachtungen: Insofern mediale Kontrolle medial vollzogen wird, produziert sie genuine *Diskurse medialer Kontrolle:* Die ‚Rede der Zensoren' oder konkreter die Summe all jener – juridischen, legislativen, exekutiven, politischen, propagandistischen,   feuilleutonistischen,   interpretierenden,   kritischen, ästhetischen, philosophischen (die Liste ist nicht vollständig) – Äußerungen und Äußerungsmöglichkeiten, die mediale Kontrolle beschreiben, vorschreiben oder umsetzen. Sie sind Voraussetzung systematischer Kontrolle; sie bilden eine Spur ihres Geschehens und ihrer Kriterien; sie diskutieren ihre Legitimität und ihre Kategorien. Sie bilden mithin eine sekundäre Medienwissenschaft, indem sie den kontrollierten Medien bestimmte (gefährliche, wünschenswerte oder andere) Eigenschaften und Wirkungen zuschreiben und bestimmte Interventionen und Interaktionen als möglich, effektiv, ineffektiv usf. begreifen. Aus dieser Perspektive ist das Projekt der Untersuchung medialer Kontrolle zunächst tatsächlich eines der Diskursanalyse. Sie ist immer schon ebenso mit den Machtverhältnissen beschäftigt, die eine Äußerungsmöglichkeit bestimmen, als auch mit deren potenziellen Invisibilisierung: Diskursanalyse deckt regelmäßig Machtverhältnisse auf, die in den von ihnen bestimmten Kommunikationen nicht sichtbar waren, aber in ihnen sichtbar gemacht werden können.

Ein etablierter diskursanalytischer Zugang ist aber noch in mindestens zwei weiteren Hinsichten einem kritischen Projekt verbunden: Erstens ist durch die Fokussierung auf die *Historizität* jeder diskursiven Formation die Erinnerung an die Bedingtheit und *Variabilität* der die Diskurse definierenden Machtbeziehungen stets mitzudenken: Die Diskurse sind aus bestimmten Gründen so, wie sie sind, und sie waren schon einmal anders und können also anders sein. Sie sind grundsätzlich, wenn auch nicht notwendig für einzelne gezielte Interventionen, als änderbar zu denken. Und zweitens schließt dieser Ansatz an das kritische, seinem historischen Ursprung nach aufklärerische Projekt der Diskursanalyse überhaupt an, da es im Sinne Foucaults eine genealogische Erzählung konstruiert. Es handelt sich insofern um eine Genealogie als „historisch-philosophische[] Praktik", in der es darum geht, „sich seine eigene Geschichte zu machen: gleichsam fiktional die Geschichte zu fabrizieren, die von der Frage nach den Beziehungen zwischen den Rationalitätsstrukturen des wahren Diskurses und den daran geknüpften Unterwerfungsmechanismen durchzogen ist" (Foucault 1992, S. 26).

Indem das Narrativ der Aufklärung vor einen historischen Hintergrund gestellt wird, entstehen – gewissermaßen anstelle der konkreten Wahrheiten, auf die sich Filtermodelle verlassen – Geschichtsmodelle mit normativen Implikationen. Dass sich die Kreativen auf YouTube in der beschriebenen Weise vorauseilend der Entscheidungsgewalt von Verwertungsunternehmen unterwerfen, ist nicht nur historisch spezifisch für jüngste Internetformate und könnte daher zukünftig auch anders geregelt werden. Die Bezugnahme auf vergleichbare kulturelle Momente in der Konzeption von kommunizierenden Instanzen (Exteriorität) und sie regulierenden übergreifenden Normen (Ubiquität) ist hier als kritische Differenz bestimmt worden: als ein Missverständnis, das die Rolle kreativer Arbeit im Vergleich zu ihren historischen Begleitfaktoren unterschätzt.

Diese starken Gründe für einen diskursanalytischen Zugang als kritisches Werkzeug ändern jedoch nichts an der grundsätzlichen Begrenztheit des Verfahrens, die stets mitzudenken ist und selbst Gegenstand einer Kritik werden muss. Produktiv ist diese Konstellation dann, wenn mit den Grenzen der Diskursanalyse zugleich Elemente der untersuchten Machtverhältnisse hinterfragbar werden. Das ist erstens der Fall in Bezug auf die *Fixierung auf den Diskurs,* der von dem übrigen Dispositiv gegebenenfalls absehen lässt (vgl. den Beitrag Schölzel in diesem Band). Was wird abgeblendet und welchem politischen Interesse dient die Abblendung außerdiskursiver Zusammenhänge? Jacques Rancière hat hier mit dem Begriff der *mésentente* einen Typ von Beobachtungen vorgestellt, die das emphatisch politische Potenzial eines Konflikts gerade dort suchen, wo eine diskursive Auflösung von semantischen Differenzen oder die aufklärende ‚ausgewogene' Repräsentation von divergierenden Interessen den Konflikt nicht lösen können, der in einem fundamentaleren Missverhältnis zwischen den beteiligten Parteien besteht, die gerade nicht gleichermaßen am gleichen Diskurs beteiligt sind (Rancière 1995).

Eine zweite, methodische Grenze der Diskursanalyse besteht in der Negativität des Machtverhältnisses gegenüber den diskursiven Äußerungen in den klassischen Beschreibungen Foucaults. Exemplarisch wird dies am Umgang mit dem Begriff der dann allgegenwärtigen Zensur, die ohne Zensor auftritt. Im Sinne der Aufdeckung medialer Bedingungen muss gegenüber der allgemeinen, stets gegebenen *Diskurskontrolle* der spezifische *Kontrolldiskurs* in den Vordergrund treten, der die konkrete Intervention, die tatsächlich aufgezeichnete Überwachung und die mit Machtansprüchen durchgesetzte gesteuerte Kommunikation auszeichnet. Die Differenz zwischen expliziter und impliziter Kontrolle, etwa in der *Silencing*-Debatte der 1990er (vgl. Post 1998), ist entsprechend nicht allein mit der Beobachtung aufzulösen, dass Machtausübung über Kommunikation keiner expliziten Zensoren bedarf, sondern muss gerade deshalb die Verortung der Diskurse, in denen diese Kontrolle ausgeübt wird, in bestimmten Instanzen problematisieren.

Drittens kann schließlich kein heuristischer Vorteil das Missverhältnis zwischen akademischer Forschung und untersuchter außerakademischer Situation beseitigen: DaVinci013 ist in diesem Beitrag nicht zu Wort gekommen, seine subalterne Rolle ist weiterhin exkludiert. Statt auf allgemeine Überlegungen zu diesen Kommunikationsgefällen und zur Paradoxie der intervenierenden intellektuellen Position in eine politischen Prozess auszugreifen, lassen sich zunächst konkretere kritische Fragen an die Ansprüche an die Vermittlung solcher Ergebnisse und deren Eintritt in eine breitere Kommunikationssituation stellen.

5 Ist die kritische Untersuchung medialer Kontrolle selbst Ausgangspunkt potenzieller medienwissenschaftlicher Interventionen, muss sie andererseits der Kritik der Diskursanalyse medialer Kontrolle unterzogen werden

Den Eingriff des Parteioffiziers und des Kurators zu beschreiben; die Normativität der Wertzuschreibungen immateriellen Güterrechts offenzulegen; die Ideologisierung scheinbar deskriptiver Lehre und die scheinbare Alternativlosigkeit grundsätzlicher kommunikativer Formationen aufzudecken und zu befragen, legt den Verhandlungsspielraum für die Frage nach der Legitimität der jeweiligen medialen Kontrolle offen und klärt zugleich ihre Funktionsweisen und Bedingungen auf. Insofern bietet sich für die Untersuchung medialer Kontrolle die *Aufklärung über mediale Kontrolle* als nächstliegende politische Intervention an. Zugleich ist eine solche Intervention gerade in dem Maße, in dem sie eigenes politisches Gewicht gewinnt, selbst ein Prozess versuchter medialer Kontrolle. Sie kann damit sowohl für ihr Gelingen als auch für ihre Legitimität anhand der gleichen Fragestellungen differenziert und problematisiert werden:

- Inwiefern verdoppelt die Intervention den Gegenstand der Kommunikation, in die eingegriffen werden soll? Entfernt sie sich als sekundäre Theorie über diese Kommunikation von dem politischen Zusammenhang, in dem diese steht, und ist dies wünschenswert (wissenschaftliches Objektivitätsgebot) oder problematisch (ideologische Abstraktion)?
- Welche Bedingungen erlauben oder erschweren im Einzelfall den Vollzug der kritischen, aufklärerischen oder revelatorischen Geste? Was ist jenseits der bloßen Deskription notwendig, um die mediale Invisibilisierung, die der medialen Kontrolle zugrunde liegt, umzukehren?
- Ist die Diskursanalyse gelungen? Sind Corpus, Untersuchungsverfahren, Ergebnisse der politischen Parteinahme angemessen, die so vorbereitet und begründet werden soll? Ist die Wissenschaft gut, die der Intervention der Wissenschaftler_innen Halt geben soll?
- Welche Geschichtsbilder oder systematischen Kategorien bestimmen den Spielraum, den die Intervention in ihrer Darstellung der beschriebenen Medienverwendungen für die Historizität und Variabilität der kritisierten Umstände zulässt?
- Wo verbirgt die Begrenzung der Untersuchung auf genuin mediale oder genuin diskursive Zusammenhänge die tiefere *mésentente* eines kommunikativ

nicht einzuholenden politischen Missverhältnisses? Ist insbesondere eine
guerillahafte Asymmetrie einer kritischen Intervention seitens Amtsinhaber an
staatlichen Universitäten und Diskursführer_innen in etablierten wissenschaftlichen Eliten glaubhaft, bzw. *wann* ist sie das?

- Wo ist die tatsächliche konkrete Exteriorität der kritischen Instanz durch
  einen Appell an eine scheinbare Universalität, wo eine konkret geforderte uni-
  verselle Norm durch einen Appell an eine legitime externe Instanz verdeckt?
  Kann die Kritik zurecht bestimmte allgemeine Regeln für demokratische,
  egalitäre usw. Kommunikation zitieren, ohne sich selbst als fragliche Ent-
  scheidungsinstanz zu positionieren? Kann sie die Legitimität einzelner
  Akteure etwa im Dienste von deren Selbstbestimmung unabhängig von ihrer
  normativen Bewertung vertreten?

In Ergänzung der unmittelbar diskursanalytischen Heuristiken zur genuinen
Medialität der so untersuchten Kontrolle und ihrer aufzudeckenden Exteriorität
und Ubiquität sollten wir jede öffentliche Intervention in den Diskurs, die sich an
diesen Maßstäben orientiert, auch diesen Fragen unterwerfen.

Literatur

Butler, J. (1998). Ruled Out. Vocabularies of the Censor. In R. C. Post (Hrsg.), *Censorship and Silencing. Practices of Cultural Regulation* (247–260). Los Angeles: Getty.

Corsi, G., & Esposito, E. (1999). Form/Medium. In C. Baraldi, G. Corsi, & E. Esposito (Hrsg.), *GLU. Glossar zu Niklas Luhmanns Theorie sozialer Systeme* (S. 58–60). 3. Aufl. Frankfurt/M: Suhrkamp.

Foucault, M. (1971). *L'ordre du discours*. Paris: Gallimard.

Foucault, M. (1969). *L'archéologie du savoir*. Paris: Gallimard.

Foucault, M. (1992). *Was ist Kritik?* Übs. Walter Seitter. Berlin: Merve.

Herman, E. S., & Chomsky, N. (1988). *Manufacturing Consent*. New York: Pantheon.

Huang, H. (2018). The Pathology of Hard Propaganda. *The Journal of Politics,* 80.3, (1034–1038).

Luhmann, N. (1993). Zeichen als Form. In D. Baecker (Hrsg.), *Probleme der Form* (S. 45–69)., Frankfurt/M.: Suhrkamp.

McLuhan, M. (1999). *Understanding Media. The Extensions of Man.* Cambridge, Mass.: MIT.

Müller, B. (2003). *Zensur im modernen deutschen Kulturraum.* Tübingen: Max Niemeyer.

Packard, S. (2012). Draußen und Überall. Zwei heuristische Begriffe zur Diskursana-lyse medialer Kontrolle. Mediale Kontrolle unter Beobachtung 1.2 http://www.medialekontrolle.de/wp-content/uploads/2012/12/Packard-Stephan-2012-12.pdf. Zugegriffen: 29. November 2019.

Packard, S. (2015). Non fecit: Produzierender Fan und Ware. Eine Perspektive auf die Verhandlung digital vernetzter Kreativität in Diskursen medialer Kontrolle. *Das Argument,* 311, (68–75).

Post, R. C., (Hrsg.) (1998). *Censorship and Silencing. Practices of Cultural Regulation.* Los Angeles: Getty.

Rancière, J. (1995). *La Mésentente.* Paris: Galilée.

Seemann, M. (2012). Kontrolle und Kontrollverlust. *Mediale Kontrolle unter Beobachtung* 1.1. http://www.medialekontrolle.de/wp-content/uploads/2012/04/Seemann-Michael-2012-4. pdf. Zugegriffen: 29. November 2019.

Schauer, F. (1998). The Ontology of Censorship. In R. C. Post (Hrsg.) *Censorship and Silencing Practices of Cultural Regulation* (S. 147–168).

Von der Diskursintervention zu den öffentlichen Kontroversen

Hagen Schölzel

1 Einleitung

Die These, die dieser Beitrag diskutieren möchte, lautet kurz zusammengefasst folgendermaßen: Viele politische Diskurse der jüngeren Vergangenheit und der Gegenwart operieren vor allem im Rahmen zweier unterschiedlicher Diskursordnungen: Es existieren einerseits *herrschende Diskurse,* wenn etwas in systematischer Weise öffentlich und politisch deutlich bestimmt wird und nicht kontrovers sein soll, oder andererseits *hegemoniale Diskurse,* wenn etwas programmatisch relativ Unbestimmtes dank großer Reichweite und Resonanz politische Relevanz erlangen soll. Auch wenn anscheinend beide Begriffe häufig als synonym betrachtet werden, stützt sich meine Argumentation auf die Beobachtung, dass diskursive Herrschaft und diskursive Hegemonie zwei deutlich unterscheidbare Formen sind, die man in der Diskurstheorie insbesondere mit den Arbeiten Michel Foucaults einerseits und Ernesto Laclaus andererseits verbinden kann. Im ersten Fall werden bestimmte Sachpolitiken als unhinterfragbare Wahrheiten prozessiert, als etwas, das alternativlos erscheinen soll, indem andere Themen, andere Sprecher oder auch andere Vorgehensweisen aus den relevanten Diskursen ausgeschlossen werden. Hier versucht der „Wille zur Wahrheit" Herrschaft auszuüben (vgl. Foucault 2007, S. 11). Im zweiten Fall werden politische Kollektive um inhaltlich unterbestimmte, programmatisch weitgehend entleerte Slogans versammelt, in die unterschiedliche politische Erwartungen oder

H. Schölzel (✉)
Institut für Kommunikationswissenschaft, Friedrich-Schiller-Universität Jena, Jena, Deutschland
E-Mail: hagen.schoelzel@uni-jena.de

© Der/die Herausgeber bzw. der/die Autor(en), exklusiv lizenziert durch Springer Fachmedien Wiesbaden GmbH, ein Teil von Springer Nature 2020
F. Vogel und F. Deus (Hrsg.), *Diskursintervention,* Interdisziplinäre Diskursforschung, https://doi.org/10.1007/978-3-658-30559-8_5

Identitäten hineinprojiziert werden können und die eine symbolische Abgrenzung der Gruppe leisten sollen. Solche emphatischen Anrufungen wirken wie (äußerst) „leere Signifikanten", die „im Grenzfall […] zu reinem gemeinschaftlichen Sein [führen können], unabhängig von jeder konkreten Manifestation" (Laclau 2002, S. 72). Angesichts einer dermaßen zweigeteilten kulturellen Grammatik[1] plädiert dieser Beitrag für öffentliche Auseinandersetzungen um kontroverse „Streitsachen", um die sich Politik drehen sollte (vgl. Latour 2005).

2   Alternativlose Politik und emphatische Kollektivierung

Die angedeutete dichotome Ordnung der gegenwärtigen politischen Diskurse lässt sich anhand folgender Beispiele illustrieren: Für den ersten Fall, der vermeintlich alternativlosen Politik bzw. der herrschenden Diskurse, steht exemplarisch und wahrscheinlich prägend für viele (nicht nur westliche) Gesellschaften in den letzten Jahrzehnten das sog. TINA-Prinzip. Margret Thatchers berühmtberüchtigte Phrase „There Is No Alternative" diente in den frühen 1980er Jahren der Legitimierung ihrer neoliberalen Politik des Thatcherismus, deren sozialpolitische Härten als alternativlos erscheinen sollten. Das TINA-Prinzip ist seit dem Thatcherismus eng verknüpft mit dem, was Foucault die neoliberale Gouvernementalität genannt hat. Diese Regierungsrationalität und -programmatik der wirtschaftlichen, gesellschaftlichen und politischen Transformation im Zeichen einer ökonomischen Optimierung impliziert ein spezifisches Wissensregime, in dem die Ökonomie wie eine „zweite Natur" erscheint (Latour 2016, S. 310). Das heißt, ökonomischen Gesetzmäßigkeiten soll dieselbe Härte und Unhinterfragbarkeit zueigen sein, wie den Gesetzen der „ersten" Natur, also bspw. der Physik. Im Rahmen eines solchen Diskurses wird die Ökonomisierung zu einer politischen Rationalität, die tatsächlich alternativlose Regierungsprogramme hervorzubringen scheint. Diese Politik wird durch Experten- und Beraterdiskurse untermauert, d. h. durch diskursive Techniken der Erzeugung von Alternativlosigkeit, so dass im Zeichen der (Quasi-Natur-)Gesetzlichkeit der Ökonomie bzw. des Marktes jede potenzielle politische Kontroverse um (nichtökonomische) Sachfragen und (wirtschaftspolitische) Handlungsalternativen

---

[1]Mit ‚Kultureller Grammatik' ist eine auf spezifische Weise organisierte Diskursordnung gemeint, vgl. Schölzel 2013, S. 36).

disqualifiziert und abgeschnitten bzw. dem Maßstab der ökonomischen Rationalität unterworfen werden kann. Wir haben ein Problem im Hochschulwesen? Der Wettbewerb um Forschungsgelder und Studierende wird das regeln! Wir haben Probleme in der Lebensmittelproduktion? Der Markt bzw. die Verbraucher können das lösen! Usw. Im Rahmen dieses herrschenden Diskurses ist bereits bekannt, wie anstehende Probleme bearbeitet werden können – wenn nicht im Sinne einer bereits bekannten optimalen Lösung der Probleme, dann doch im Sinne eines bereits bekannten, optimalen Verfahrens der Problembearbeitung, nämlich nach den Regeln der Ökonomisierung, durch deren Befolgen systematisch die optimale Problemlösung emergieren soll.

Auf der anderen Seite, der emphatischen Kollektivierung rund um leere Signifikanten bzw. der hegemonialen Diskurse, kann man sehr gute Beispiele anhand zahlreicher (Wahl-)Kampagnen der zurückliegenden Jahrzehnte beobachten, in denen politische Kollektive gleichsam neu hervorgezaubert wurden, ohne dass ein gemeinsamer programmatischer Nenner notwendigerweise erkennbar wurde. Denken wir etwa an „Die neue Mitte" der SPD-Bundestagskampagne 1998, an Barack Obamas „Yes, we can" während seiner Präsidentschaftskampagne 2008, an das „Wir haben die Kraft" der Union aus CDU und CSU im Bundestagswahlkampf 2009 oder auch an die durch den Bertelsmann-Konzern initiierten „Du bist Deutschland"-Kampagne Mitte der 2000er Jahre (vgl. Holly 2009). Selbstverständlich kann Werbung in Form von Kampagnenslogans niemals eine politische Programmatik umfassend zum Ausdruck bringen und sicherlich sind solche Werbeaussagen im Kontext einer programmatisch unterfütterten Kampagne auch nicht völlig sinnlos. Doch ihr spezifischer Sinn besteht gerade darin, inhaltlich unterbestimmt zu sein, um Raum für unterschiedliche Deutungen und das Hineinprojizieren unterschiedlicher Erwartungen zu eröffnen. Um dabei nicht gänzlich beliebig zu erscheinen, werden zentrale Slogans in Politikkampagnen einerseits ergänzt um sich bewerbende Personen, z. B. „Wählen Sie den Außenminister" (Joschka Fischer/Bündnis 90/Die Grünen/2002), „Der Sachse" (Stanislaw Tillich/CDU Sachsen/2009), „Kanzlerin für Deutschland" (Angela Merkel/CDU/CSU/2013) etc. Und andererseits werden Versatzstücke politischer Programmatiken angeboten, die aber gerade nicht als relevante Entscheidungshilfen in kontroversen Problemlagen angesehen werden können, sondern die diverse politische Programmatiken zu transzendieren suchen und künftige Entscheidungsspielräume offenhalten sollen, bspw. „Wir haben die Kraft für Sicherheit und Freiheit" (Wolfgang Schäuble/CDU/2009) oder, als satirischer Extremfall, der gleichwohl zu einem gewissen Wahlerfolg führte, „Ja zu Europa, nein zu Europa" (Martin Sonneborn/Die Partei/2014).

Es dürfte kein Zufall sein, dass einige dieser Kampagnen in der Vergangenheit neben der emphatischen Anrufung eines relativ unbestimmten Kollektivs zugleich mit einem relativ diffusen Aufruf zur Veränderung verbunden wurden, ohne dass dies notwendig mit einer sachpolitischen Auseinandersetzung um kontroverse Programmatiken einhergehen musste. Der vage Ruf nach einem Politikwandel wurde sogleich wieder relativierend eingefangen, um nicht in die Tiefe einer echten Kontroverse eindringen zu müssen. Bspw. zur „Neuen Mitte" der SPD 1998 gehörte in diesem Sinne ein „Wir wollen nicht alles anders, aber vieles besser machen", ein Slogan, den man fast gleichlautend auch zur Bundestagswahl 2002 von Edmund Stoiber (CDU/CSU) oder von Bodo Ramelow (Die Linke) im Thüringer Landtagswahlkampf 2014 hören konnte. Und Obamas Leitslogan in der Wahlkampagne 2008 lautete zunächst „Change we can believe in", bevor „Yes, we can" größere Popularität erlangte. Solche emphatischen aber vagen Anrufungen laufen Gefahr, die Erwartungen, die sie zunächst wecken mögen, perspektivisch zu enttäuschen.

Die hier vorgebrachten Beispiele sind freilich nur Indizien, nicht das Ergebnis systematischer Auswertungen. Sie dienen der Illustration der beiden typischen Muster der „herrschenden Diskurse" und „hegemonialen Diskurse", denen man mit einer gewissen Regelmäßigkeit begegnen kann. *Beide* Varianten sind problematisch, weil sie den Weg hin zu einer kontroversen Diskussion umstrittener Sachfragen abschneiden, wenngleich auf unterschiedliche Weise: Während in dem einen Fall Kontroversen im Namen bestimmter Wahrheiten stillgestellt werden (die Berufung auf Gesetze der ersten oder zweiten Natur oder andere unverfügbare bzw. fundamental unhinterfragbare Entitäten, z. B. religiöse Wahrheiten), wird im anderen Fall ein Sprachspiel gleich-gültiger Aussagen initiiert, das Erwartungen in bevorstehende Entwicklungen weckt, die systematisch enttäuscht werden müssen.

3   Diskursinterventionen zwischen Wahrheitsspielen und Sprachspielen

Eine ähnlich dichotomes Muster, wie die zweigeteilten politischen Diskurse rund um Wahrheitsspiele oder rund um Sprachspiele, zeichnet sich in der westlichen politischen Philosophie bereits seit der antiken Unterscheidung zwischen einer Wahrheitspolitik (in Platons Philosophenstaat) und einer politischen Überredungskunst (der Rhetorik der Sophisten) ab. Wir haben es also mit einer lange verwurzelten kulturellen Grammatik zu tun, in der typischerweise beide Muster artikuliert werden können. Und diese scheinen nicht nur für die oben skizzierten

Varianten der herrschenden Diskurse und der hegemonialen Diskurse zu gelten, sondern auch für kritische Diskurse, die jenen entgegentreten. Doch wie prägen sich diese Konfrontationen in der Geschichte der Diskursintervention aus?

Nehmen wir als Ausgangspunkt das Phänomen der Guerillakommunikation, das insbesondere in den 2000er Jahren am Beispiel von Kommunikationsguerilla und Guerillamarketing häufig thematisiert wurden (vgl. Schölzel 2013). Dabei handelt es sich dabei um überraschende, kreative, innovative bzw. disruptive Diskurspraktiken, die angesichts problematisierter Asymmetrien in der Öffentlichkeit, z. B. der meinungsbildenden Macht weniger Massenmedien oder den übermächtigen Werbekampagnen von Konzernen und deren Lobby- und Politikberatungsorganisationen, einen Anspruch der Selbstbehauptung und der Emanzipation oder des Wettbewerbs aus unterlegener (Markt-)Position formulierten. Ein Merkmal solcher Guerillakommunikation ist, dass es sich häufig um taktische Interventionen in jeweils spezifische Diskursordnungen (bzw. in Kulturelle Grammatiken) handelt. Die Formen der zeitgenössischen Guerillakommunikation rekurrieren dabei auf zahlreiche Vorbilder, z. B. die „Spaßguerilla" der 1970er und 1980er Jahre in Deutschland (Teune 2008) oder die „Diskursguerilla" der mexikanischen Zapatistas seit den 1990er Jahren (Huffschmid 2004) oder frühere Varianten der kreativen Werbung. Geht man etwas weiter zurück in die Geschichte der Guerillakommunikation, dann stößt man unweigerlich auch auf klassische künstlerische Avantgardebewegungen, deren künstlerische und politische Interventionen in den „Kriegsschauplatz Öffentlichkeit" (Lindemann 2001) als Inspiration für die späteren kommunikativen Guerilla-Formen rezipiert wurden. Ich möchte hier ganz kurz auf die Interventionen der Dada-Bewegung und des Surrealismus eingehen, die mir nicht nur für eine Genealogie der Guerillakommunikation, sondern auch für ein Verständnis der oben skizzierten zweigeteilten Diskursordnung der Gegenwart von besonderem Interesse zu sein scheinen.

Jede der klassischen Avantgarden agierte in Bezug auf eine bestimmte diskursive Ordnung, von der sie sich absetzte bzw. zu der sie sich komplementär herausbildete. Die in kulturell-politischer Hinsicht besonders wirksamen dadaistischen Diskursinterventionen des Dagegen-Seins in den 1910er-Jahren in Europa und speziell in Deutschland bildeten das inverse Gegenstück zu der damals herrschenden Diskursordnung der staatlich-militärisch-patriarchalen Autorität. Der autoritäre Anspruch, den die herrschenden gesellschaftlichen und politischen Diskurse zur Zeit des Ersten Weltkriegs formulierten, kommt zum Beispiel in der Trias „Für Gott – Kaiser – Vaterland" paradigmatisch zum Ausdruck. Der enge Verweiszusammenhang von kirchlicher Legitimation, monarchischer Herrschaft und staatlicher Ordnung etablierte das Zentrum der gesellschaftlichen und politischen Diskurse und orientierte die kulturelle Grammatik der Zeit in Form herrschender Diskurse: Was die Obrigkeit, ob Kaiser, Pfarrer oder Familienvater, sagte, war im Rahmen dieser Diskursordnung legitimer Weise nicht zu hinterfragen. Diesen herrschenden Diskursen setzte die Dada-Bewegung einen interventionistischen Diskurs entgegen, der rund um ein bis auf das Äußerste entleertes Zentrum kreiste. Das Wort „Dada" ist insofern ein typischer (äußerst) leerer Signifikant, als es einerseits weitgehend sinnfrei ist, andererseits aber gleichwohl mit verschiedenen Bedeutungen aufgefüllt werden kann, was bspw. in dem Slogan „Dada ist nichts, das heißt alles" gut zum Ausdruck gebracht wurde. Doch steht Dada vor allem für eine radikale Sinnentleerung seines Diskurses, wodurch die Bewegung versuchte, jede Autorität symbolisch zu untergraben, und mit der sie beanspruchte, die fest gefügten Beziehungen der herrschenden Diskurse in Bewegung zu versetzen. Unter der Prämisse, dass eine demokratische Gesellschaftsordnung spezifische Anforderungen an die Ordnung des öffentlichen Diskurses richtet, der Ausdrücke von Pluralität, Variabilität, Abweichung und Veränderung ermöglichen muss, lassen sich die Diskursinterventionen der Dada-Bewegung als ein „Ausgangspunkt moderner Demokratie" (Laclau 2002, S. 78) in Deutschland interpretieren.

Die dadaistischen Interventionen, so beschreiben es die historischen Quellen, liefen ab einem bestimmten Zeitpunkt im wahrsten Sinne des Wortes ins Leere, weil ihnen nach dem Ersten Weltkrieg mit dem Zusammenbruch der etablierten Ordnung ihr Gegner in Gestalt herrschender Diskurse abhanden gekommen war. Da der Dada-Diskurs jedoch keine (substanzielle) Programmatik bzw. kein (neues gehaltvolles) Sinnzentrum anbieten wollte oder konnte, trat an die Stelle der Dada-Bewegung in Frankreich in der ersten Hälfte der 1920er Jahre der Surrealismus, der sich als eine spezifische Reaktion auf die wahrgenommenen Defizite der dadaistischen Sinnentleerungen entwickelte. Die Pariser Surrealisten, deren Interventionen oberflächlich zunächst in Vielem den dadaistischen Interventionen glichen und die auch häufig durch dieselben Protagonisten betrieben wurden, bemühten sich angesichts des Leerlaufs der dadaistischen Interventionen um eine Re-Fundierung ihrer kritischen Diskurse. Sie suchten das Sinnzentrum ihrer Diskurse allerdings nicht in einer transzendenten herrschenden Autorität (wie Gott, Kaiser oder Vaterland), sondern in der immanenten Wahrheit des unbewussten Denkens jeder einzelnen Person, wobei sie darin gleichwohl eine übergreifende (zugleich individual- und sozialpsychologische) Ordnung zu erkennen meinten. Der Surrealismus ist in diesem Sinne eine spezifische Ausprägung einer damals verbreiteten Suche nach neuen fundierenden Prinzipien, aus der in den 1920er Jahren bzw. nach dem Ersten Weltkrieg verschiedene politische Bewegungen hervortraten, die ihre Politiken jeweils auf spezifischen Wahrheitsansprüchen aufbauten. Indem er seine Wahrheit allerdings aus dem unbewussten Denken jeder einzelnen Person zu entwickeln suchte, bildete der Surrealismus dennoch eine Form der kritischen Diskursintervention aus, die sich gegen andere, transzendente Wahrheitsansprüche richten konnte.

Als eine unter zahlreichen Varianten der Kritik (vgl. Jaeggi/Wesche 2009) kann also ein Geltungsanspruch einer alternativen Wahrheit gegenüber einem herrschenden Diskurs artikuliert werden, bspw. in Form einer spezifischen Wahrheitsmanifestation, wie sie im Anschluss an Foucaults Ausführungen zur „Parrhesia", der wahrhaftigen Äußerung der eigenen Meinung, derzeit intensiv diskutiert wird (Gehring/Gelhaar 2012, Wieder 2019, Folkers 2019, Hoppe 2019, Posselt/Seitz 2019, Bohlender 2019, Suntrup 2019). Solche (subjektiven) Wahrheitsmanifestationen sind den (Objektivität erzeugenden) Wahrheits-politiken der herrschenden Diskurse genau entgegengesetzt, indem sie deren übergreifende Herrschaftsansprüche mit eigenen alternativen Wahrheits-ansprüchen konfrontieren. Und sie verweisen auch auf die Kontingenz, d. h. die Nicht-Notwendigkeit jeder konkreten Gesellschaftsordnung, zu der Alter-nativen immer möglich sind. Weil die Parrhesia eine direkte Beziehung zu einer (unterdrückten) Wahrheit knüpft und diese artikuliert, operiert sie jedoch selbst innerhalb des Musters der Wahrheitsdiskurse und formuliert entsprechend einen Herrschaftsanspruch (mindestens den Anspruch auf ein selbst bestimmtes bzw. selbst beherrschtes Leben).

Auf der anderen Seite der Sinn destabilisierenden und entleerenden Formen lassen sich kritische Interventionen ausmachen, die Wahrheitsansprüche nicht zu ersetzen oder neu zu formulieren, sondern zu untergraben oder auszuhöhlen ver-suchen. Zwar wurde argumentiert, dass solche Diskursinterventionen ebenfalls auf ein Wahrheitsproblem bezogen bleiben (Hentschel/Krasmann 2018), bspw. wenn in einer satirischen Fernsehsendung mit einer montierten Kostümierung Donald Trump als korrupter Diktator vorgestellt und damit tatsächlich *de*maskiert werden soll, sei ein Moment der Wahrheit aufzufinden. Solche Satire laufe auf die Manifestation eines „desire for truth and a reopening of the political" hinaus (Hentschel/Krasmann 2018, S. 7). Doch bleibt der eigene Ort der Wahr-heit solcher Diskursinterventionen weitgehend unbestimmt oder „leer", d. h. es werden Interventionen durchgeführt, die bestimmte Herrschaftsansprüche zurückweisen, indem deren kritikwürdige Wahrheit zum Vorschein gebracht wird. Umso unbestimmter die spezifische eigene Positionierung bleibt (wie im Fall Dadas), desto klarer lautet die Botschaft solcher Diskursinterventionen daher, dass es „die" Wahrheit nicht gibt und dass Wahrheitsdiskurse, die bestimmte Sagbarkeiten als unbestreitbar darstellen, nicht nur wegen ihrer spezifischen Inhalte, sondern wegen ihrer Ordnung eines herrschenden Diskurses per se ein

Plausibilitätsdefizit aufweisen. Es handelt sich bei solchen Sinn entleerenden Diskursinterventionen also nicht um Formen der Wahrheitsmanifestation bzw. eines parrhesiastischen Sprechens, weil sie keine direkte Bezugnahme auf einen eigenen substanziellen (unterdrückten) Wahrheitsanspruch formulieren.

Es wurde oben bereits argumentiert, das viele Formen des (politischen) Marketings als hegemoniale Diskurse zu begreifen sind, d. h. auch sinnentleerte, gleichsam satirische Diskurse sind nicht notwendig Formen einer kritischen Diskursintervention. Neben dem theoretischen Argument der gleichartigen, um leere Signifikanten organisierten Diskursordnung, gibt es Indizien dafür, dass satirische Diskursinterventionen empirisch mit Formen populistischer Politik eng zu führen sind. Erkennbar sind sie z. B. im Erfolg satirischer Parteien oder Bewegungen in verschiedenen Wahlkämpfen der Gegenwart. Als noch weitgehend satirische Diskursinterventionen kann man etwa die relativ erfolgreichen Kampagnen Martin Sonneborns und der Partei „Die Partei" in den Europawahlen 2014 und 2019 interpretieren. Doch beispielsweise die parodistische Bezugnahme der SPD und ihres damals wenig bekannten Spitzenkandidaten Thorsten Schäfer-Gümbel im hessischen Landtagswahlkampf 2009 auf Obamas „Yes we can"-Kampagne und die Ikonographie seines Wahlkampfs, die mit dem Slogan „Yo isch kann" und einer entsprechenden Gestaltung der Wahlwerbung recht erfolgreich angeeignet wurden, oder auch die Wahlerfolge der 5-Sterne-Bewegung in Italien, die aus einer Initiative des Kabarettisten Beppe Grillo hervorgegangen ist, und der Wahlsieg des seit Ende Mai 2019 amtierenden ukrainischen Präsidenten Wolodymyr Selenskyj, der die Rolle des Präsidenten zuvor in einer satirischen Fernsehsendung verkörpert hatte, verweisen deutlich in Richtung einer Engführung von satirischer Diskursintervention und hegemonialer Politik.

Beide skizzierten Varianten der Kritik, Wahrheitsmanifestation und Sinnentleerung, können wirksame Formen der Diskursintervention sein. Doch laufen erstere Gefahr, dass ihre gegen herrschende Diskurse gerichtete Kritik in die Artikulation selbst nicht infrage zu stellender Geltungsansprüche umschlägt, mit denen womöglich eigene Herrschaftsansprüche angemeldet werden. Und letztere laufen Gefahr, in rein sprachspielerischen Manövern zu enden, die keinen bestimmbaren Unterschied machen.

4   Die idiotischen Diskurse des Rechtspopulismus

Kann man die dichotome kulturelle Grammatik aus herrschenden Diskursen und hegemonialen Diskursen auch für eine Analyse des rechten Populismus gebrauchen? Zunächst ist noch einmal ganz allgemein festzustellen, dass herrschende Diskurse und hegemoniale Diskurse eher als theoretische Idealtypen zu verstehen sind, die, obwohl sie unterschiedlichen Mustern folgen, in der Praxis nicht vollkommen losgelöst bzw. unabhängig voneinander existieren. Wie oben angedeutet kann ein (Regierungs-)Diskurs der alternativlosen neoliberalen Politik in der Praxis sehr gut kombiniert werden mit einem (Werbe-)Diskurs der sinnentleerten Slogans. Und eine Kritikform der äußersten Sinnentleerung kann, wie erwähnt, auch in eine re-fundierende Kritik übergehen.

Am Beispiel des rechtspopulistischen Diskurses zur Frage der Klimaerwärmung als einem drängenden Problem der Gegenwart, das politisch bearbeitet werden muss, lassen sich zwei markante Diskursmanöver ausmachen, die ebenfalls dem seltsamen Doppelleben der zeitgenössischen kulturellen Grammatik zu entsprechen scheinen. Es handelt sich einmal um eine sehr bekannt gewordene Twitter-Botschaft Donald Trumps vom 6. November 2012, aus einer Zeit lange vor seiner Präsidentschaftskandidatur, in der er behauptet: „The concept of global warming was created by and for the Chinese in order to make U.S. manufacturing non-competitive" (Trump 2012). Bemerkenswert an dieser Botschaft ist zweierlei, nämlich dass die Autorschaft des Konzepts Klimaerwärmung ‚den Chinesen' zugeschrieben wird und dass der Fokus auf eine vermeintliche Wirksamkeit des sprachlichen Ausdrucks „Klimaerwärmung" gelenkt wird, so als handele es sich um ein reines Sprachspiel, das auf keinen nichtsprachlichen Sachverhalt Bezug nimmt. Dabei dürfte der sprachliche Ausdruck „Klimaerwärmung" in seinem Herkunftsdiskurs der Klimawissenschaften eine einigermaßen präzise Beziehung zu dem ermöglichen, was mit ihm artikuliert wird, nämlich dass alle gesammelten Daten eine Erwärmung des Klimas des Planeten Erde anzeigen. Er ist damit für diesen Zweck womöglich geeigneter, als andere Ausdrücke, die dasselbe mit zusätzlichen Konnotationen verbinden, etwa die eher alarmistische Zuspitzung „Klimakatastrophe" oder die diffuse Relativierung „Klimawandel". Durch die Verknüpfung des Ausdrucks mit einer unklaren Autorschaft ‚der Chinesen' und einer behaupteten Wirksamkeit der ‚Wettbewerbsverzerrung zugunsten der Chinesen' wirkt Trumps Tweet wie eine noch diffusere Artikulation, die völlig von dem Sachverhalt wegführt, der zunächst artikuliert wurde. Es sind gerade Trumps Verknüpfungen, die die Problematik der Klimaerwärmung in ein hegemoniales Sprachspiel transformieren, indem sie es mit echten Fiktionen und einer diffusen wirtschaftspolitischen Frage verknüpfen.

Etwas anders verhält es sich mit Alexander Gaulands Stellungnahme zur Klimaerwärmung im Sommerinterview des ZDF. Auf die Frage nach einer Klimapolitik der AfD antwortete er dort:

„Man kann keine Lösungsvorschläge bringen. Wir glauben nicht, dass das sehr viel mit dem CO2-Ausstoß durch die Industrieproduktion und durch menschliches Tun zu tun hat. Wir hatten früher Heißzeiten, wir hatten früher kalte Zeiten, längst vor der Industrialisierung. Ja, es gibt einen Klimawandel. Dass der Mensch dazu viel beitragen kann, glaube ich nicht. […] Ich glaube nicht, dass es gegen den Klimawandel irgendetwas gibt, was wir Menschen machen können" (ZDF 2018).

Anders als Trump, der „Klimaerwärmung" zu einem Element in einem Sprachspiel mit Auswirkungen auf Wirtschaftsprozesse umdefiniert, wird in Gaulands Diskurs auf den ersten Blick der Klimawandel zu einem vollkommen übermächtigen, außersprachlicher Naturprozess, der jeder menschlichen Interventionsmöglichkeit prinzipiell entzogen wird – sowohl hinsichtlich der Ursachen der Erwärmung als auch hinsichtlich des Umgangs mit ihren Auswirkungen. Jedoch hat dieser (behauptete) Naturprozess nichts gemeinsam mit einer naturwissenschaftlichen Tatsache, d. h. mit einem Sachverhalt, zu dem man über verschiedene wissenschaftliche Verfahren einen nachvollziehbaren und stabilisierten Zugang gewonnen hat. Um seinen (um Herrschaft bemühten) Diskurs eines apolitischen Klimawandels abzusichern, muss Gaulands Diskurs mit Glaubensbekenntnissen als Quellen dieser spezifischen Wahrheit operieren.

Die Beispiele zeigen: Indem der Diskurs der menschengemachten Klimaerwärmung als ‚Erfindung der Chinesen' oder als ‚reiner Naturprozess' artikuliert wird, wird er aus der Beziehung zu dem sehr gut gesicherten wissenschaftlichen Wissen gelöst und stattdessen mit anderen Dingen verknüpft (Fiktionen, Glauben). Weitgehend unsinnige Sprachspiele werden als unbestreitbar gekennzeichnet (als sog. ‚alternative Fakten'), während gesicherte epistemische Dinge als angeblich gegenstandslose Sprachspiele (z. B. als sog. „Klimalüge", als „fake news" oder als „Lügenpresse") in Zweifel gezogen werden. Die Logik dieser Diskurse besteht in einer Inversion der etablierten dichotomen Diskursordnung und wirkt in Richtung einer Zerstörung der gesicherten, nachvollziehbaren Bezugnahmen auf außersprachliche Sachverhalte und der Verbreitung paranoider Weltsichten. Handlungsrelevante Sachverhalte werden zu vermeintlichen (gegenstandslosen) Erfindungen oder zu angeblich übermächtigen (Natur-) Prozessen umdefiniert, während echte Lügen zu vermeintlichen (alternativen) Fakten stilisiert werden. Das Ergebnis ist ein idiotischer Diskurs, der politische Problemlagen aus der öffentlichen Kontroverse herauszuhalten versucht und der anscheinend auf das Hervorbringen neuer autoritärer Herrschaftsformen zielt, die öffentlich verhandelte Politik ersetzen sollen.

5 Schluss: Von der Diskursintervention zu den öffentlichen Kontroversen

Wenn wir über Diskurse und diskursive Interventionen sprechen, dann sind damit in der Regel Fragen der sprachlichen Artikulation bzw. der symbolischen Interaktion oder eines auf diese Weise verfassten und archivierten Wissens gemeint. In diesem Sinne sind Diskurse Wissensordnungen und/oder etablierte Redeweisen sowie damit verbundene (medial prozessierte) Kommunikationstechniken. In diesem Beitrag wurde ein markantes dichotomes Muster der politischen Diskurse der Gegenwart diskutiert, d. h. die Gegenüberstellung und das Zusammenspiel von herrschenden und hegemonialen Diskursen. Was kennzeichnet deren Logiken? Während herrschende Diskurse bestimmte Dinge als nicht hinterfragbar darstellen und damit aus der politischen Debatte heraushalten, da beispielsweise unbestreitbare Fakten oder die Wahrheit nicht verhandelt werden könnten, laufen die um Hegemonie ringenden Diskurse Gefahr, an einer öffentlichen Bearbeitung relevanter Problemlagen vorbeizugehen, weil sie auf Sprachspiele beschränkt bleiben. Beide Varianten schränken politische Kontroversen ein bzw. gehen an ihnen vorbei und befinden sich in einer grundlegenden Plausibilitätskrise (vgl. Latour 2008). Und sie bieten womöglich Anknüpfungspunkte für die Herausbildung des gegenwärtigen idiotischen Diskurses des Rechtspopulismus, der die etablierte Diskursordnung aus herrschenden und hegemonialen Diskursen gleichsam invertiert (siehe auch der Beitrag von Andreas Liebert in diesem Band).

Eine politische Öffentlichkeit, die Tatsachen als unumstritten annimmt, produziert eine amputierte Politik bzw. eine verkürzte politische Debatte, die nicht nur nicht wünschenswert, sondern auch den kontroversen Dingen, die politisch bearbeitet werden müssen, nicht angemessen ist (bspw. Marres 2018). Auf der anderen Seite droht eine reine Konzentration auf die Sprachspiele einer Symbol- oder Kampagnenpolitik sich im Spiel der Signifikanten zu verlieren und damit an relevanten Problemlagen des sozio-materiellen Zusammenlebens vorbeizugehen (bspw. Latour 2007). Womöglich führt ein Weg heraus aus diesen Dichotomien in Richtung öffentlicher Kontroversen um tatsächlich vorhandene sachliche Differenzen, in denen echte Politikalternativen herausgearbeitet werden, die auch dann existieren, wenn man evidente Sachverhalte wie die menschengemachte Klimaerwärmung in Rechnung stellt. Welche Art der Energieerzeugung, welche Art der Mobilität, welche Art der Ernährung usw. wollen wir haben? Wie sollen die Folgen der Erwärmung eingehegt werden? Wie wird all das finanziert? D.h. Politik kann nicht länger auf alternativlosen Wahrheiten aufbauen oder durch emphatische Anrufung Kollektive erzeugen, sondern sie müsste sich um „Streitsachen" drehen und in Richtung einer „Dingpolitik" entwickelt werden (Latour 2005; vgl. Schölzel 2017). Es geht also darum, den Fallstricken der Dichotomie aus herrschenden und hegemonialen Diskursen auszuweichen, indem in öffentlichen Kontroversen verschiedene reale Perspektiven des künftigen Zusammenlebens – also echte Alternativen zum Status quo – erkundet und entschieden werden. Wenn solche Sachpolitiken heute eher hinter den Kulissen öffentlicher Diskurse erarbeitet werden, z. B. in Beratungsgremien, in Verwaltungsinstitutionen, in Parlamentsausschüssen o. ä., während herrschende und hegemoniale Diskurse öffentliche Auseinandersetzungen prägen, dann muss es nun darum gehen, den Streit um sachpolitische Alternativen öffentlich auszutragen, gerade weil die Verfahren und Resultate dadurch komplizierter und komplexer, d. h. vielfältiger, umfassender und verschiedenen Menschen und kontroversen Dingen angemessener werden können.

Literatur

Bohlender, M. (2019). Zwischen Wahrheitspolitik und Wahrheitsmanifestation. Zur Genealogie des ‚Kommunistischen Manifests'. In O. Marchart & R. Martinsen (Hrsg.), *Foucault und das Politische. Transdisziplinäre Impulse für die politische Theorie der Gegenwart* (S. 257–280). Wiesbaden: Springer VS.
Folkers, A. (2019). Veridiktion und Denunziation. Foucaults Genealogie der Kritik und die Politik der Wahrheit. In O. Marchart & R. Martinsen (Hrsg.), *Foucault und das Politische. Transdisziplinäre Impulse für die politische Theorie der Gegenwart* (S. 87–107). Wiesbaden: Springer VS.
Foucault, M. (2007). *Die Ordnung des Diskurses*. Frankfurt a. M.: Fischer.
Gehring, P. & Gelhaar, A. (Hrsg.) (2012). *Parrhesia. Foucault und der Mut zur Wahrheit*. Zürich: Diaphanes.
Hentschel, C. & Krasmann, S. (2018). ‚Truth is where the funny lies'. On the desire for truth in serious times. *Behemoth – A Journal on Civilisation, 11(2)*, (S. 2–17).
Holly, W. (2009). Gemeinschaft ohne Solidarität: Zur paradoxen Grundstruktur der ‚Du bist Deutschland'-Kampagne. In S. Habscheid, C. Knobloch (Hrsg.), *Einigkeitsdiskurse* (S. 154–175). Wiesbaden: VS Verlag für Sozialwissenschaften.
Hoppe, K. (2019). Wahrsprechen und Bezeugen. Politik der Wahrheit nach Michel Foucault und Donna Haraway. In O. Marchart & R. Martinsen (Hrsg.), *Foucault und das Politische. Transdisziplinäre Impulse für die politische Theorie der Gegenwart* (S. 161–183). Wiesbaden: Springer VS.
Huffschmid, A. (2004). *Diskursguerilla: Wortergreifung und Widersinn. Die Zapatistas im Spiegel der mexikanischen und internationalen Öffentlichkeit*. Heidelberg: Synchron.
Jaeggi, R. & Wesche, T. (Hrsg.) (2009). *Was ist Kritik?* Frankfurt a. M.: Suhrkamp.
Laclau, E. (2002). Was haben leere Signifikanten mit Politik zu tun? In E. Laclau (Hrsg.), *Emanzipation und Differenz* (S. 65–78). Wien: Turia+Kant.

Latour, B. (2005). *Von der Realpolitik zur Dingpolitik oder Wie man Dinge öffentlich macht*. Berlin: Merve.

Latour, B. (2007). *Elend der Kritik. Vom Krieg um Fakten zu Dingen von Belang*. Zürich: Diaphanes.

Latour, B. (2008). *Wir sind nie modern gewesen. Versuch einer symmetrischen Anthropologie*. Frankfurt a. M.: Suhrkamp.

Latour, B. (2016). Onus Orbis Terrarum: About a Possible Shift in the Definition of Sovereignty. *Millennium – Journal of International Studies, 44(3)*, (S. 305–320).

Lindemann, U. (2001). Kriegsschauplatz Öffentlichkeit. Die Sturmtrupps, Partisanen und Terroristen der künstlerischen Avantgarde. In H. L. Arnold. (Hrsg.), *Aufbruch ins 20. Jahrhundert. Über Avantgarden* (S. 17–36). München: Boorberg.

Marres, N. (2018). Why We Can't Have Our Facts Back. *Engaging Science, Technologie, and Society, 4*, (S. 423–443).

Posselt, G. & Seitz, S. (2019). Sprachen des Widerstands. Zur Normativität politischer Artikulation bei Foucault und Rancière. In O. Marchart & R. Martinsen (Hrsg.), *Foucault und das Politische. Transdisziplinäre Impulse für die politische Theorie der Gegenwart* (S. 185–209). Wiesbaden: Springer VS.

Schölzel, H. (2013). *Guerillakommunikation. Genealogie einer politischen Konfliktform*. Bielefeld: transcript.

Schölzel, H. (2017). Die Komposition politischer Öffentlichkeiten. Konturen einer Kommunikations- und Mediensoziologie in den Arbeiten Bruno Latours und der Akteur-Netzwerk-Theorie. *Medien- und Kommunikationswissenschaft, 65(2)*, (S. 313–329).

Suntrup, J.Ch. (2019). Die ‚Dramatik des wahren Diskurses'. Zum analytischen und politiktheoretischen Gehalt von Foucaults Parrhesia-Vorlesungen. In O. Marchart & R. Martinsen (Hrsg.), *Foucault und das Politische. Transdisziplinäre Impulse für die politische Theorie der Gegenwart* (S. 329–352). Wiesbaden: Springer VS.

Teune, S. (2008). Wie ein Fisch im Wasser der Zeichenwelt. Spaßguerilla seit den 1960er Jahren. *Psychologie & Gesellschaftskritik, 32(4)*, (S. 39–67).

Trump, D.J. (2012). *The concept of global warming*. https://twitter.com/realdonaldtrump/status/265895292191248385. Zugegriffen: 26. Juni 2019.

Wieder, A. (2019). Kritik, Widerstand und die Erben des Kynismus. Wahrsprechen und politische Praxis beim späten Foucault. In O. Marchart & R. Martinsen (Hrsg.), *Foucault und das Politische. Transdisziplinäre Impulse für die politische Theorie der Gegenwart* (S. 65–85). Wiesbaden: Springer VS.

ZDF. (2018). ZDF-Sommerinterview mit Alexander Gauland. https://www.zdf.de/politik/berlin-direkt/berlin-direkt---sommerinterview-vom-12-august-2018-100.html. Zugegriffen: 26. Juni 2019.

Diskursintervention und Politisches Engagement

David Salomon

1   Engagement

„Das Bundesministerium für Familie, Senioren, Frauen und Jugend versteht sich auch als Engagementministerium. Wir sehen es als unsere Aufgabe, bürgerschaftliches Engagement mit guten Rahmenbedingungen zu unterstützen, nachhaltig zu fördern und die Anerkennungskultur weiter zu stärken",

zitiert die Homepage des BMFSJ in einer Bekanntmachung von 2016 den Staatssekretär Dr. Ralf Kleindiek, zuständig – wie es dort gleichfalls heißt – für die „zusammen mit zahlreichen Vertreterinnen und Vertretern aus Zivilgesellschaft und Wirtschaft" erarbeitete „Engagementstrategie" des Ministeriums.[1] „Engagement", so lässt sich aus diesem und vergleichbaren Dokumenten ersehen, ist politisch gewollt und förderungswürdig. Wer sich engagiert, „wirkt mit", „bringt sich ein", ist bereit, dem Gemeinwesen etwas zu opfern: Zeit, Arbeitskraft, Energie. Entlohnt wird solche Aktivität mit der Befriedigung, etwas geleistet zu haben, und mit Anerkennung für das Geleistete. „Engagement" (in diesem Sinn) ist ein „Hochwertwort". Das mit ihm bezeichnete erscheint unkritisierbar.

---

[1] https://www.bmfsfj.de/bmfsfj/aktuelles/alle-meldungen/bundesfamilienministerium-startet-engagementstrategie/97500?view=DEFAULT

D. Salomon (✉)
Hannover, Deutschland
E-Mail: d.salomon@ipw.uni-hannover.de

© Der/die Herausgeber bzw. der/die Autor(en), exklusiv lizenziert durch Springer Fachmedien Wiesbaden GmbH, ein Teil von Springer Nature 2020
F. Vogel und F. Deus (Hrsg.), *Diskursintervention*, Interdisziplinäre Diskursforschung, https://doi.org/10.1007/978-3-658-30559-8_6

Gerade im Lob des „Engagements" – oder etwas altbackener – des „Ehren-amts" wird oftmals die geradezu im Wortsinn „hemdsärmelige" Forderung artikuliert, etwas zu tun, statt „nur" zu reden, sich zu beteiligen, statt „nur" zu räsonieren, tätig dafür zu wirken, dass es „besser" wird, statt „nur" zu meckern. Neu ist ein solcher Diskurs nicht. In der Aufforderung zu Praxis (statt Theorie), Mitwirkung (statt Protest) steckte stets die Aufwertung einer bestimmten Handlungsweise zuungunsten einer anderen. In den sechziger Jahren zeigte sich das etwa in der häufig zu hörenden Forderung, lieber etwas für den Aufschwung im Wirtschaftswunderland zu leisten, statt seine Energie in Straßenschlachten mit der Polizei zu verschwenden[2]. Ganz ähnlich lässt sich auch die Aussage des FDP-Vorsitzenden Christian Lindner zu den Demonstrationen von „Fridays for Future" interpretieren, derzufolge die Jugendlichen – noch unfähig „alle globalen Zusammenhänge, das technisch Sinnvolle und das ökonomisch Machbare" zu verstehen – statt zu den Demonstrationen in die Schule gehen sollten, um sich dort „über physikalische und naturwissenschaftliche sowie technische und wirtschaftliche Zusammenhänge informieren". Nicht jedes „Engagement" also wird also gelobt[3], wobei gerade der Diskurs um FFF – in dessen Kontext Lindner eher Spott auf sich zog – als Paradebeispiel dafür verstanden werden kann, wie versucht wird, Opposition durch eine Umarmungsstrategie zu neutralisieren und Protesten durch Lob die Spitze zu nehmen.

2   Aktivierung

Zumeist freilich ehrt der hegemoniale Engagementdiskurs noch immer „konstruktive" Tätigkeiten, „praktisches" Sich-Einbringen für das „Gemein-wohl": Gerade in diesem „Packen-wir's-an"-Pragmatismus liegt – wie Kritiker zurecht hervorheben – die Verbindung von Engagementdiskurs und neo-liberaler Ideologie, sobald er eine Politik des Rückbaus staatlich zur Verfügung gestellter Infrastrukturen flankiert (Nonnenmacher 2011; Wohnig 2017). Es ist tatsächlich nicht schwer, in vielen Sonntagsreden zum Lob von Ehrenamt, Bürgerengagement und Selbsttätigkeit letztlich Sparprogramme für öffentliche Haushalte aufzuspüren. Wo etwa im Rahmen von pädagogischen Projekten mit

---

[2]Karikiert wurde diese Argumentation etwa in Franz Josef Degenhardts Lied „Vatis Argu-mente" mit dem Refrain „Ärmel aufkrempeln, zupacken, aufbauen". (https://www.song-texte.com/songtext/franz-josef-degenhardt/vatis-argumente-53cf1389.html).
[3]Zu diesem Aspekt siehe insbesondere Nonnenmacher 2011.

wohlklingenden Namen wie „Engagement lernen" oder „Service learning" –
Kinder und Jugendliche Spielplätze renovieren, kann der kommunale Haushalt
sparen (Nonnenmacher 2011, S. 93 f.; Wohnig 2017, S. 113 ff.), wo Rentner,
die nicht zum alten Eisen zählen wollen, die ganz Alten mit Selbstgekochtem
beliefern, können die Zuschüsse für „Essen auf Rädern" gestrichen werden, wo
Bildungspaten Migrantenkindern ehrenamtlich Nachhilfe geben, braucht es
weniger Deutschkurse (Rößler 2014, S. 94) usw. Die geforderte Engagementkultur passt – mit anderen Worten – exzellent zu jener „‚aktivierende[n]'
Wende wohlfahrtsstaatlicher Politik", die Stephan Lessenich als Bestandteil
der „Rechtfertigungsordnung des neuen, flexiblen Kapitalismus" analysiert[4]:
„Im Zentrum der aktivierungspolitischen wohlfahrtsstaatlichen Programmatik
steht der tendenzielle Übergang von der ‚Staatsversorgung' zur Selbstsorge,
von der öffentlichen zur privaten Sicherungsverantwortung, vom kollektiven
zum individuellen Risikomanagement. Immer aber geht es dabei nicht nur
um Aktivität an – und für – sich, sondern um die individuelle Bewegung in
‚höherer', sozialer Absicht." (Lessenich 2009, S. 163) Wie Lessenich weiter
ausführt, handelt es sich bei der von ihm kritisierten Aktivierung nicht allein
um die „totale Mobilmachung", die Ulrich Bröckling im Anschluss an Foucault
im Leitbild eines „unternehmerischen Selbst" ausmacht, das vom Einzelnen permanente Selbstökonomisierung verlangt (Bröckling 2015): „Denn
ergänzt wird die fortschreitende Ökonomisierung durch eine parallele Subjektivierung des Sozialen: Die Sorge um das Soziale, seine Sicherung und
Stärkung, wird in die Verantwortung der Subjekte gelegt – nicht mehr vorrangig
in die ‚öffentliche Hand' staatlicher Instanzen, auch nicht nur in die ‚unsichtbare Hand' von Marktmechanismen und Preissignalen, sondern zuallererst in die
tätigen Hände jedes und jeder Einzelnen von ‚uns'. […] Mit der zunehmend in
Anspruch genommenen Eigenverantwortung der Subjekte für ihr Wohlergehen
übernehmen sie selbst – persönlich, lokal, im Kleinen – wohlfahrtsstaatliche
Funktionen ökonomisch-sozialer Steuerung. Damit wird in der Tat das Private
– in einem ganz anderen als dem ehedem mit dieser Parole verbundenen Sinn –
politisch." (Lessenich 2009, S. 165–166) Der herrschende Engagementdiskurs
hebt dieses Prinzip der Eigenverantwortung oder Selbstsorge auf eine kollektive,
organisiert-altruistische Ebene, die gleichwohl weder dem staatlich-öffentlichen,
noch dem privatwirtschaftlichen Sektor angehört. Wie Alexander Wohnig

---

[4]Hierzu siehe auch Wohnig 2017, S. 113 ff., der sich in seiner Kritik des Engagementdis-
kurses im Kontext politischer Bildung und sozialen Lernens zentral auf Lessenich bezieht.

herausstellt, ist der Begriff des Engagements dabei mit verwandten Begriffen
wie „Partizipation" vernetzt: „Insgesamt scheint eine starke Verschiebung von
politischer Partizipation im Sinne von Teilnahme hin zu sozialer Partizipation im
Sinne der Übernahme sozialer Verantwortung und sozialem Engagement vorzu-
herrschen [...]." (Wohnig 2015, S. 206)

Kommt dem geforderten Engagement somit durchaus eine (sozial)
politische Entlastungsfunktion zu, die das „private" Engagement politisch
macht, so erscheint es – in einem anderen Sprachspiel – zugleich weitgehend
entpolitisiert, geradezu als Alternative zu einem politischen Gestaltungs-
anspruch „von unten". Um eine übliche politikwissenschaftliche Wendung
zu bemühen, geht es im *politischen* Kontext um „allgemeine Verbindlichkeit" (Patzelt 2003, S. 25) oder anders formuliert: Politik (durchaus nicht nur
im engen Sinn politischer Institutionen) beginnt dort, wo bindende Normen
implementiert oder aufgesprengt werden, kurz: Wo (allen) anderen etwas vorgeschrieben werden soll oder Menschengruppen in Opposition zu (bestehenden
oder geplanten) allgemeinverbindlichen Vorschriften stehen. Auf eine einfache
Formel heruntergebrochen erscheint als politisches Engagement dann solches,
das entweder darauf zielt, allgemeine Verbindlichkeit zu schaffen, gegen solche
allgemeinverbindlichen Normen protestiert oder ihnen Widerstand entgegen-
setzt. Der Engagementkultur im aktivierenden Sozialstaat fehlt ungeachtet
ihrer Orientierung am „Gemeinwohl" eine solche aufs Allgemeine gerichtete
Perspektive. Im Gegenteil mildert sie soziale Verwerfungen ab, indem sie sie als
bedauerliche Einzelfälle behandelt, hierdurch besondert und gerade nicht darauf
zielt, etwa soziale Rechte zu etablieren, strukturellen Mangel zu beseitigen oder
die herrschenden Produktionsverhältnisse zu verändern. Alexander Wohnig hat
dies am Beispiel der Diskussion um die Bedeutung der „Tafel" nachgezeichnet,
die ohne ein Anrecht zu begründen mittlerweile doch beinahe zu so etwas wie
einer Säule bundesdeutscher Sozialpolitik geworden ist (Wohnig 2017, S. 143 ff.).

3   Politik

Auch wenn Engagement und Partizipation wie oben erwähnt verwandte
Begriffe sind, sollte man sie nicht vorschnell als Synonyme interpretieren. Dies
gilt insbesondere dort, wo nicht allein von sozialem Engagement und sozialer
Partizipation die Rede ist, sondern politisches Engagement und politische
Partizipation in den Fokus des Interesses treten. Auch wenn weite Partizipations-
begriffe, die jedwede politische Tätigkeit umfassen, in politikwissenschaftlichen
Kontexten nicht unüblich sind (etwa Deth 2009, S. 141), spricht viel für eine

enge Begriffsverwendung, die *Beteiligung* an (wie immer normierten) politischen Prozessen von Praxen aktiver *Verweigerung* des Mittuns oder von Widerstandsaktionen unterscheidet, die gleichwohl Formen von *Engagement* bleiben. Anders als bloß soziales Engagement, das auch im mehr oder minder Privaten gedeihen kann, zielt politisches Engagement allerdings stets auf *Öffentlichkeit,* wenn auch in einer konfliktiv strukturierten, „antagonistischen Gesellschaft" (Abendroth 1967) die Grenzen zwischen sozialem und politischem Engagement stets fließend sind. Soziales Engagement erfüllt nicht nur oft politische Funktionen – etwa die oben benannte „Entlastung" öffentlicher Haushalte –, sondern wird selbst zum Politikum, wenn es im öffentlichen Raum Anstoß erregt. Politisch in einem engen Sinn wird es, sobald die Akteure des Engagements sich des Umstands, Anstoß zu erregen oder erregen zu können, *bewusst* werden, in ein *reflexives* und *aktives* Verhältnis hierzu treten, dazu übergehen, allgemeinverbindliche Normen zu fordern und die aus dem Konfliktpotential entstehende Aufmerksamkeit dabei nutzen, ihrer Forderung Nachdruck zu verleihen. An einem konkreten Beispiel erläutert: Es ist PEGIDA, AfD und CSU gelungen, die „Willkommenskultur" zum Politikum werden zu lassen. Zum politischen Engagement wird sie dort, wo sich ihre Akteure aktiv zu dieser Rolle verhalten, indem sie etwa gegen Asylrechtsverschärfungen opponieren. Auch neoliberal instrumentalisierte, karitative Praxis kann politisch werden, wenn die instrumentalisierten Akteure die gesellschafts- und sozialpolitische Entlastungsfunktion ihres Engagements zugunsten administrativer Instanzen selbst als Missbrauch ihrer Hilfsbereitschaft skandalisieren. Zugespitzt ließe sich folgende These formulieren: Ein politisches Engagement, das nicht auch Diskursintervention wäre, ist – wenigstens in modernen Gesellschaften und unter den Bedingungen moderner Massenöffentlichkeit – nicht vorstellbar, so vielfältige (legale und illegale) Formen es auch annehmen kann. Umgekehrt gilt, dass Diskursintervention nur dann gelingen kann, wenn – um mit einer Formulierung Brechts zu spielen – die „Ansichten und Absichten" (Brecht 1988 ff., S. 86) reflektiert werden, die ihr Richtung geben.

4 Intellektuelle

Auch wenn der hier bisher skizzierte Begriff des politischen Engagements selbst zunächst nicht an eine bestimmte normative Programmatik gebunden ist, so entstammt er doch bürgerlich-revolutionären und sozialistischen Traditionen. Die Anfänge dieses Diskurses liegen (spätestens) in der Französischen Revolution und dem in ihr praktisch gewordenen Denken bürgerlicher Aufklärung. Die von

hier ausgehende, immer wieder krisen- und aporienvermittelte Entwicklung
progressiven und universalistischen Engagements wurde von Marxens Feuer-
bachthesen über die Intellektuellentheorien Gramscis und Sartres bis hin zu
Horkheimers Unterscheidung von traditioneller und kritischer Theorie und seiner
gemeinsam mit Adorno formulierten These von einer „Dialektik der Aufklärung"
immer wieder reflektiert, problematisiert und revidiert. Diese Liste von Referenz-
autoren ist freilich so unvollständig, wie die Positionen der erwähnten Theoretiker
heterogen sind. Gemeinsam ist ihnen ein Begriff von Wissenschaft und Kunst –
man denke etwa an Sartres Konzeption „engagierter Literatur" (Sartre 1981) – als
einer Praxis, die selbst *engagiert*, also intervenierende, im öffentlichen Konflikt
stehende Tätigkeit sei.

Auf seine Disziplin, die politische Wissenschaft, bezogen, die er als „*politische
Soziologie*" begriffen wissen wollte, formulierte Wolfgang Abendroth diesen
Gedanken auf prägnante Weise: „Politische Soziologie ist – ob sie das will oder
nicht – praxisbezogen. Sie ist es nicht nur, weil politische *Praxis* ihren *Gegenstand* bildet, auch wenn sie politische Theorien ideologiekritisch analysiert oder
selbst politische Theorien entwickelt. Sie ist es ebenso, weil sie selbst, indem sie
politische Praxis analysiert oder eine politische Theorie ausarbeitet der politischen
Praxis dient und sie verändert." (Abendroth 1967, S. 11) Gerade weil jedes
öffentliche Reden *über* Politik selbst politische Konsequenzen zeitigt, oder –
in der Sprache der Diskurstheorie – zum politischen Diskurs beiträgt, ist jedes
Neutralitätspostulat dem Reden über Politik, sei es „journalistisch", „literarisch"
oder „wissenschaftlich", unangemessen: „Deshalb ist politische Wissenschaft
notwendig *Subjekt* des politischen Prozesses und als solches Parteinahme in der
politischen Praxis." (Abendroth 1967, S. 11) Die Unmöglichkeit einer neutralen
Politikwissenschaft steht für Abendroth dabei keineswegs in einem Gegensatz zur
Forderung nach wissenschaftlicher Objektivität oder – um auch diesen Begriff
genannt zu haben – zum Wahrheitsanspruch wissenschaftlicher Praxis: „*Fingierte
‚*Neutralität' der politischen Soziologie führt zu (ihr meist unbewußter) Parteilichkeit *gegen* die kritische Vernunft zugunsten der *jeweiligen* Machtverhältnisse
oder gar zugunsten des Dezisionismus beliebiger ‚charismatischer' ‚Führer'.
Maximale Annäherung an objektive Erkenntnis und wirkliches Begreifen des
politischen Prozesses in seiner Geschichtlichkeit und seinem Gerichtetsein auf
die Zukunft ist der politischen Soziologie also nur möglich, wenn sie auf diese
bloße Fiktion *aktueller* Objektivität und Neutralität bewußt verzichtet, ihren
Ort klar kennzeichnet und dadurch zur Diskussion (und sich selbst damit der
Kritik) stellt, also *unverhüllt* für ihre Konsequenzen Partei nimmt." (Abendroth

1967, S. 12) Die Transparenz der normativen Implikationen wissenschaftlicher Intervention konstituiert gerade jene Öffentlichkeit, in der wissenschaftliche Forschung kritisierbar und diskutierbar wird. Mehr noch: (Scheinbare) Neutralität und (behaupteter) Normativitätsverzicht führen zu einer letztlich pseudowissenschaftlichen Selbstimmunisierung. Die in der Selbstreflexion des eigenen *normativen* Standpunkts sich artikulierende Bereitschaft, sich nicht nur einer fachlichen Methodenkritik, sondern auch einer gesellschaftspolitischen Kritik wissenschaftlicher Praxis zu stellen, konstituiert hingegen wissenschaftliche Intervention zugleich als einen Bestandteil politischer Öffentlichkeit in der Demokratie und begründet die Möglichkeit eines gleichermaßen wissenschaftlichen wie politischen Engagements.[5] Traditionellerweise lassen sich zwei Formen eines solchen Engagements unterscheiden. Der klassische Intellektuelle, wie er in der Dreyfus-Affäre in Erscheinung trat, nutzt die im ‚eigenen' Bereich (der Literatur, der Wissenschaft usw.) erworbenen Fähigkeiten (und Meriten) dazu, sich in allgemeine Belange einzumischen und in einem konkreten öffentlich diskutierten Streitfall weniger als Experte denn als Citoyen Position zu beziehen (Winock 2007). Die zweite Variante intellektuellen Engagements, die theoretisch insbesondere von Autoren wie Michel Foucault und Pierre Bourdieu reflektiert wurde, macht innerhalb der eigenen (fachlichen) Diskurswelt die Geltungsgrenzen von Begriffen, Konzepten und Handlungsaufforderungen kenntlich und etabliert so Diskursintervention als eine Form der öffentlichen Selbstkritik wissenschaftlicher oder künstlerischer Disziplinen, Methoden und Institutionen (Bourdieu 1991; Foucault 2017). Dabei wäre es verfehlt beide Varianten als sich ausschließende Möglichkeiten intellektuellen, politischen Engagements zu verstehen. So lassen sich etwa bei Michael Burawoy Elemente beider Varianten intellektuellen Engagements rekonstruieren, wenn er schreibt, das Ziel einer durchaus disziplinär gedachten öffentlichen Soziologie sei es, „eine öffentliche Debatte über Fragen von öffentlichem Interesse, über die Ziele der Gesellschaft zu generieren" (Burawoy 2015, S. 30).

---

[5]Wobei auch hier auf die freilich schon vielfach reflektierte Notwendigkeit verwiesen sei, Methodenkritik und die Kritik politisch-normativer Positionierungen auseinanderzuhalten. Was geschehen kann, wenn man beides vermengt, lässt sich an der obskuren Tendenz interessierter Kreise, die empirischen *Ergebnisse* der naturwissenschaftlichen Klimaforschung, politisch kritisieren zu wollen, studieren.

5   Öffentlichkeit

All diesen Varianten intellektuellen Engagements gemein ist, dass sie eine
Sphäre öffentlicher Auseinandersetzung voraussetzen und bereit sind, die
Existenz einer solchen Sphäre gegen Angriffe und Erosion zu verteidigen. Denn
ein grundsätzliches Problem für (intellektuelle) Diskursinterventionen besteht
im neuesten „Strukturwandel der Öffentlichkeit" (Habermas 1993). Neben die
althergebrachte Problematik von kommerzialisierter Meinungsmacht, die im
Berlusconiimperium ihre geradezu staatsmonopolistische Selbstkarikatur hervor-
brachte, tritt zunehmend, und keineswegs auf den Bereich von *social media*
beschränkt, die Parzellierung unterschiedlicher Nischenöffentlichkeiten, die stets
alles für alle bereithalten und dabei niemals alle erreichen. Diese gleichermaßen
vermachtete wie parzellierte Öffentlichkeitsstruktur institutionalisiert einerseits
repressive Toleranz und wird andererseits permanent von Skandalisierungen
und Moralisierungen begleitet, die ihrerseits modischen Zyklen folgen. Gerade
intellektuelles Engagement droht in Formen einer „simulativen Demokratie"
(Blühdorn 2011) zu erstarren, die es unmöglich machen, gesellschaftliche
Wirkungen zu zeitigen. An die Stelle breiter öffentlicher Diskussion treten
Bespiegelungen, in denen diejenigen, die von sich selbst glauben, wissenschaftliche, künstlerische oder journalistische Elite zu sein, sich selbst und
gegenseitig bestätigen, für „Qualität" zu stehen. Diese Konstellation lässt sich
mit einigem Recht als eine „Postdemokratisierung der Öffentlichkeit" (Ritzi
2014) bezeichnen, bleiben doch – wie sich in Anlehnung an die einschlägigen
Formulierungen Colin Crouchs sagen lässt – die traditionellen Institutionen
der Demokratie (hier: Pressefreiheit, Meinungsfreiheit, Kunstfreiheit usw.)
weitgehend intakt und verlieren zugleich ihre gesellschaftliche Funktion und
Substanz (Crouch 2008, S. 10). Es ist in der Tat auffallend, dass etwa die große
Litanei über die Bedeutung von „Qualitätsmedien" just in einer Zeit anhebt,
in der Korrespondentennetze erodieren, der Zusammenbruch des Anzeigen-
markts die hergebrachten Geschäftsmodelle untergräbt und das Zeitungssterben
die Lichtungen im Blätterwald nahezu täglich größer werden lässt. Diskursintervention in einer solchen Situation muss daher zugleich eine Diskussion um
Eigentumsverhältnisse und Gesellschafterformen medialer, künstlerischer und
wissenschaftlicher Apparate, kurz: um die Öffentlichkeitsstruktur selbst führen.
Dass eine Öffentlichkeit, die als Arena des Konfliktaustrags fungiert, dabei
selbst zum normativen Horizont klassischen intellektuellen Engagements gehört,
ist insbesondere dann alles andere als trivial, wenn es in Diskursinterventionen

darum geht, der Verschiebung öffentlicher Debatten nach rechts entgegenzu-treten. Auch wenn es – zumal in Deutschland – durchaus nahe liegt, den Aufstieg der AfD und der sich in ihrem Umfeld tummelnden „Rechtsintellektuellen" vor dem historischen Hintergrund des deutschen Faschismus (als Bewegung und an der Macht) zu deuten, so wird der Nazivergleich zumindest dort zum „hilflosen Antifaschismus" (Haug 1970), wo er die in der Bundesrepublik lange gepflegte Illusion nährt, der Nazifaschismus sei ein aus voriger deutscher Tradition isolierbarer Sonderfall. Das „Neue" an der AfD besteht gerade darin, dass sie eine Formation zu etablieren sucht, in der sich das postfaschistische Segment des einstmals in der CDU organisierten Konservatismus mit offen völkischen Strömungen verbinden kann. Gerade vor dem Hintergrund von Debatten um eine „illiberale Demokratie" bzw. eine auf Plebiszite und Homogenitätsmythen gestützte Legitimationsideologie ist es nützlich, daran zu erinnern, dass ein gemeinschaftsideologischer Konservatismus seit je einer als sozialem Konflikt-feld strukturierten Öffentlichkeit feindlich begegnete. So sehr sich rechte Bewegungen auch (aus taktischen Gründen oder im Falle einiger Intellektueller vielleicht sogar aus ehrlicher Überzeugung) auf den Pluralismus kontroversen Meinungsaustauschs berufen mögen, letztlich widerspricht eine soziale Konflikte und politische Auseinandersetzungen ermöglichende Ordnung der Konzeption einer auf ethnischer, kultureller, religiöser oder wie immer gegründeter Merkmalsgleichheit beruhenden nationalen Gemeinschaft im Grundsatz. Ein auf den Erhalt und Ausbau von Demokratie gerichtetes politisches Engagement steht derzeit mithin auch vor der Aufgabe, die Öffentlichkeit selbst an zumindest zwei Fronten zu verteidigen: gegen ihre postdemokratische Auszehrung durch einen nach der Schwächung sozialistischer und sozialdemokratischer Gegenkräfte zunehmend erschöpften Liberalismus auf der einen und gegen die anti- oder pseudodemokratische Infragestellung demokratischer Konfliktordnung durch eine „neue" Rechte auf der anderen Seite. Dort wo rechte Kräfte bereits Macht erlangt haben, sind selbst basale Institutionen auch eines bloß liberaldemokratischen Republikanismus wie Pressefreiheit oder eine von der Regierung unabhängige Justiz vor Angriffen nicht sicher. Zunehmend zeigt sich so – wenn auch zum Teil aus anderen Gründen als in der Weimarer Republik, die er vor Augen hatte – wie zutreffend Wolfgang Abendroths These war, dass ohne eine Ausweitung des Demokratischen in die Gesellschaft selbst, ohne eine Erweiterung der politischen zur sozialen Demokratie, auch die politische Demokratie auf tönernen Füßen steht (Abendroth 2006 ff., S. 415 f.).

Literatur

Abendroth, W. (2006ff.). Demokratie als Institution und Aufgabe. In M. Buckmiller (Hrsg.) W. Abendroth. *Gesammelte Schriften*, Bd. 2. (S. 407–416). Hannover: Offizin.

Abendroth, W. (1967). Politische Wissenschaft als politische Soziologie. Zur Einführung. In W. Abendroth. *Antagonistische Gesellschaft und politische Demokratie. Aufsätze zur politschen Soziologie* (S. 9–13). Neuwied u. Berlin: Luchterhand.

Blühdorn, I. (2011). *Simulative Demokratie. Politik nach der postdemokratischen Wende.* Berlin: Suhrkamp.

Bourdieu, P. (1991). *Die Intellektuellen und die Macht.* Hamburg: VSA.

Brecht, B. (1988ff.). Kleines Organon für das Theater. In Bertolt Brecht. *Werke. Große kommentierte Berliner und Frankfurter Ausgabe.* Bd. 23. (S. 65–97.) Berlin und Weimar: Suhrkamp und Aufbau.

Bröckling, U. (2015). Totale Mobilmachung. Menschenführung im Qualitäts- und Selbst-management. In U. Bröckling, S. Krasmann, & T. Lemke (Hrsg.), *Gouvernementalität der Gegenwart. Studien zur Ökonomisierung des Sozialen* (S. 131–167). Frankfurt am Main: Suhrkamp.

Burawoy, M. (2015). Soziologie – Going Public, Going Global. In M. Burawoy (Hrsg.), *Public Sociology.Öffentliche Soziologie gegen Marktfundamentalismus und globale Ungleichheit* (S. 23–50). Weinheim, Bergstr: Beltz.

Crouch, C. (2008): *Postdemokratie.* Frankfurt am Main: Suhrkamp.

Deth, J. W. v. (2009): Politische Partizipation. In V. Kaina & A. Römmele (Hrsg.), *Politische Soziologie. Ein Studienbuch* (S. 141–161). Wiesbaden: VS Verlag für Sozial-wissenschaften.

Foucault, M. (2017). *Die Ordnung des Diskurses.* Frankfurt am Main: Fischer Taschen-buch.

Habermas, J. (1993). *Strukturwandel der Öffentlichkeit. Untersuchungen zu einer Kate-gorie der bürgerlichen Gesellschaft; mit einem Vorwort zur Neuauflage 1990.* Frankfurt am Main: Suhrkamp.

Haug, W. F. (1970). *Der hilflose Antifaschismus. Zur Kritik der Vorlesungsreihen über Wissenschaft und NS an deutschen Universitäten.* Frankfurt am Main.: Suhrkamp.

Lessenich, S. (2009). Mobilität und Kontrolle. Zur Dialektik der Aktivgesellschaft. In K. Dörre, S. Lessenich, & H. Rosa (Hrsg.), *Soziologie Kapitalismus Kritik – Eine Debatte* (S. 126–177). Frankfurt am Main: Suhrkamp.

Nonnenmacher, F. (2011. Handlungsorientierung und politische Aktion in der schulischen politischen Bildung. Ursprünge, Grenzen und Herausforderungen. In B. Widmaier & F. Nonnenmacher (Hrsg.), *Partizipation als Bildungsziel. Politische Aktion in der politischen Bildung* (S. 83–100). Schwalbach/Ts: Wochenschau. Patzelt, W. J. (2003). *Einführung in die Politikwissenschaft. Grundriß des Faches und studiumbegleitende Orientierung.* 5., erneut überarb. und wesentlich erw. Aufl. Passau: Wiss.-Verl. Rothe.

Patzelt, W. J. (2003). *Einführung in die Politikwissenschaft. Grundriß des Faches und studiumbegleitende Orientierung.* 5., erneut überarb. und wesentlich erw. Aufl. Passau: Wiss.-Verl. Rothe.

Ritzi, C. (2014). *Die Postdemokratisierung politischer Öffentlichkeit. Kritik zeit-genössischer Demokratie – theoretische Grundlagen und analytische Perspektiven.* Wiesbaden: Springer VS.

Rößler, S. (2014). Die Kühlkette darf nicht unterbrochen werden – zu Fehlkonzept Politische Bildung. In A. Eis & D. Salomon (Hrsg.), *Gesellschaftliche Umbrüche gestalten. Transformationen in der Politischen Bildung* (S. 91–103). Schwalbach am Taunus: Wochenschau.

Sartre, J.-P. (1981). *Was ist Literatur?* Hamburg: Rowohlt.

Winock, M. (2007). *Das Jahrhundert der Intellektuellen.* Konstanz: UVK.

Wohnig, A. (2015). Aktuelle Perspektiven auf Engagement und Folgen für politische Bildung. In M. Götz, B. Widmaier, & A. Wohnig (Hrsg.), *Soziales Engagement politisch denken. Chancen für Politische Bildung* (S. 201–218). Schwalbach am Taunus: Wochenschau.

Wohnig, A. (2017). *Zum Verhältnis von sozialem und politischem Lernen. Eine Analyse von Praxisbeispielen politischer Bildung.* Wiesbaden: Springer VS.

Die Verfassung als Maßstab für Diskursinterventionen

Ralph Christensen

1 Kann die Verfassung Maßstäbe liefern?

Der verfassungsrechtliche Staatsbegriff hat seit den 50er Jahren eine Entwicklung vom Obrigkeitsstaat über den Wohlfahrtsstaat zum heutigen Gewährleistungsstaat durchgemacht. Dieser will nur die Voraussetzungen der gesellschaftlichen Selbstorganisation garantieren. Eine Aufforderung zur Verwissenschaftlichung des Diskurses geht über seine Aufgaben hinaus. Das wäre Wohlfahrt oder eher ihr Gegenteil. Eine Gewährleistung für die Offenhaltung des Diskurses im schwachen Sinne wäre eventuell aus der Verfassung ableitbar. Das Grundgesetz hat allerdings die Grundrechte abgekoppelt von den Grundpflichten, mit der sie in der Weimarer Rechtsverfassung noch verbunden waren. Dies war eine bewusste Entscheidung wegen dem damit verbundenen Missbrauchsrisiko. Im Dritten Reich hatten Bürger nur Rechte, soweit sie Pflichten gegenüber dem Volksganzen zu erfüllen hatten. Das Verhältnis von Pflicht und Recht wurde also umgekehrt. Selbst in der DDR wurde den Bürgern die Meinungsfreiheit garantiert, verbunden mit der Pflicht, sich eine richtige Meinung zu bilden. Deswegen hat das Grundgesetz in den Katalog außer bei Art. 14 keine Grundpflichten aufgenommen, sondern stattdessen begründungsbedürftige Schranken für Freiheiten. Das heißt, ein Wissenschaftler darf, aber er muss nicht in gesellschaftliche Diskurse intervenieren.

R. Christensen (✉)
Mannheim/Bonn, Deutschland
E-Mail: ralph.christensen@t-online.de

© Der/die Herausgeber bzw. der/die Autor(en), exklusiv lizenziert durch Springer Fachmedien Wiesbaden GmbH, ein Teil von Springer Nature 2020
F. Vogel und F. Deus (Hrsg.), *Diskursintervention,* Interdisziplinäre Diskursforschung, https://doi.org/10.1007/978-3-658-30559-8_7

Auch der Wissenschaftsbegriff selbst liefert keinen Maßstab. Die Leitbegriffe
der Grundrechte sind Verweisungsbegriffe. Sie definieren nicht, was Religion,
Kunst oder Wissenschaft ist. Als Kunst im normativen Sinne der Verfassung
gilt, was im Kunstbetrieb im soziologischen Sinne als Formensprache anerkannt
ist. Genauso ist es beim Begriff der Wissenschaft: Die Wissenschaftsfreiheit
garantiert die auf wissenschaftlicher Eigengesetzlichkeit beruhenden Prozesse,
Verhaltensweisen und Entscheidungen beim Auffinden von Erkenntnissen, ihrer
Deutung und Weitergabe (BVerfGE 47, S. 327 ff., 367). Das heißt, die Verfassung
liefert keinen Maßstab für Wissenschaftlichkeit. Sie optiert weder für Max Weber,
noch seine Gegner. Das heißt, sie legen eben keine bestimmte Wissenschafts-
theorie fest, sondern überlässt diese Entwicklung der Wissenschaft selbst.

Fraglich ist aber, ob sich nicht aus dem „Geist der Verfassung" ein Maßstab
für Interventionen gegen Rassismus und Intoleranz ergibt. Der Geist der Verfassung ist erstens ein Gespenst und zweitens umstritten. Zunächst zum Gespenst:
Die Verfassung wird nicht von einem einzigen Gedanken beherrscht. Dieser
könnte sonst alle Zweifelsfragen entscheiden und wäre für jeden Fall die absolute
Deduktionsgrundlage. Er könnte dies allerdings nur, wenn er nicht selber Teil des
Spiels würde. Das heißt also, er müsste vollkommen leer sein. Ganz tot ist dieser
Geist aber nicht, er geht um als Gespenst. Dieses stachelt auf gegen Usurpatoren
des Geistes. Seine Waffe ist die Gewaltenteilung. Denn die Verfassung ist auf der
Rechtsevolution ein relativ neuer Schritt. Sie ist reflexives Recht, welches die
Frage erlaubt, ob Gesetze Recht oder Unrecht sind. Das Reflexionspotential der
Verfassung könnte somit ein Maßstab sein.

2 Die Verfassung als Forderung nach diskursiver Gewaltenteilung

Wenn man ein Satzsystem (Latour 2001, S. 140 ff., 148 ff., 251 ff.) beschreibt,
kann man unter dem Aspekt der Arbeits- oder Gewaltenteilung drei Komponenten
unterscheiden. Die einbeziehende Gewalt stellt die Frage, wie viele Sätze im
System aufgenommen werden sollen. Die ausschließende Gewalt stellt die Frage
nach deren Verträglichkeit und die reflektierende Gewalt stellt die Frage, ob sich
aus der Dialektik von Einschluss und Ausschluss ein Entwicklungsprozess ergibt.

Im juristischen Satzsystem dienen die Grundrechte als einschließende
Gewalt, denn sie erlauben die Produktion neuer Sätze und Verhaltensstrategien.
Der Topos der Einheit der Rechtsordnung fungiert dagegen als ausschließende
Gewalt, an der die Verträglichkeit dieser Innovationen geprüft wird. Während die
Grundrechte diese Varianz ermöglichen, dient der Ganzheitsgesichtspunkt der

Selektion. Ob es eine Entwicklung gibt und damit eine reflektierende Gewalt, hängt davon ab, ob das Verhältnis von Einschluss und Ausschluss stabil ist oder variiert. Wenn man die Einheit der Rechtsordnung sehr stark fasst, ist das Verhältnis von ausschließender und einschließender Gewalt schon vorentschieden und eine reflektierende Gewalt wäre überflüssig. Das Funktionieren der diskursiven Gewaltenteilung setzt voraus, dass die Form des Ganzen nicht schon semantisch entschieden ist. Deswegen führt die Grundrechtskollision zum Problem der holistischen Dimension juristischer Semantik.

Hier soll nicht bestritten werden, dass eine Semantik Bezug zum Ganzen braucht, also holistisch zu fassen ist. Bedeutung ist jedoch keine intrinsische Eigenschaft irgendwelcher Sprachelemente, sondern eine relationale Eigenschaft. Einen Satz zu verstehen, heißt eine Sprache zu verstehen. Aber es stellt sich die Frage, ob dabei das Ganze der Sprache als Grammatik verfügbar sein muss, oder ob sie nicht eher den Horizont für praktische Verständigungsprozesse bildet. Das erste wäre ein starker, das zweite wäre ein schwacher Begriff von Holismus. Ein starker Holismus argumentiert top down und hat fertige Maßstäbe anwendbar, ein schwacher Holismus entwickelt bottom up und liefert Maßstäbe, die diskutierbar bleiben.

2.1 Grundpositionen der Verfassungstheorie

Die Art, wie man das Verhältnis von einschließender und ausschließender Gewalt ordnet, kennzeichnet die in der deutschen Staatsrechtslehre vertretenen Positionen. Carl Schmitt glaubt nicht, dass das Recht gegenüber der einschließenden Gewalt der Grundrechte seine Einheit selbst garantieren kann. Diese Aufgabe wird in die Politik externalisiert.

Rudolf Smend (zu den Freiheitsrechten als Gesamtzweck und neuem Staatsethos vgl. schon Rudolf Smend 1927, S. 105) dagegen will den Ausschließungsmechanismus in die Grundrechte selbst verlegen als immanenten Wertbezug. Damit erlegt er Ihnen die Bürde der Integration in den Staat als prozedurale Einheit auf. Die reflektierende Gewalt fehlt bei beiden Denkern, weil sie die staatliche Einheit als Endzweck betrachten.

Erst in der Reinen Rechtslehre von Hans Kelsen ist jedenfalls der Ort der reflektierenden Gewalt zu erkennen. Die Einheit der Rechtsordnung ergibt sich hier aus einer Grundnorm. Damit ist etwas Wichtiges gewonnen. Denn die schwierige Einordnung der Grundnorm war immer ein theoretischer Stachel für Entwicklungen innerhalb der Reinen Rechtslehre. In diesem Begriff kreuzen sich das neukantianische Motiv einer transzendental-logischen Bedingung

für Rechtserkenntnis und die an Hans Vaihingers „Philosophie des Als-Ob"
anschließende Lesart der Grundnorm als Fiktion. Die Grundnorm als Fiktion
ermöglicht eine juristische Metaphorologie (vgl. Somek 1996, S. 15) und
damit eine Beobachtung der von den Juristen bei der Widerspruchsbeseitigung
produzierten Sätze. Carl Schmitt erlag deren Verführungskraft und setzte
eine wirkliche Einheit des Rechts als notwendige Bedingung. Demgegenüber kann Kelsen von seiner Theorie aus den Umschlag von Sätzen in Ontologie beobachten. Man gewinnt durch Kelsen also einen Aussichtspunkt. Er
markiert die für jede Rechtsordnung grundlegende Notwendigkeit, die Auflösung von Widersprüchen und damit das Verhältnis von einschließender und
ausschließender Gewalt als Entwicklung zu beobachten. Es lässt sich von hier aus
die Frage stellen, wohin die praktischen Entscheidungen über den Einschluss und
Ausschluss von Sätzen führen. Schließen sie den Horizont oder öffnen sie ihn.

2.2   Die Position des Bundesverfassungsgerichts

Als Ausgangspunkt für das Verständnis der Grundrechte als Werte wird häufig
die Lüth Entscheidung des Bundesverfassungsgerichts genannt. Es ging dabei um
einen Boykottaufruf gegen einen Heimatfilm, der in den fünfziger Jahren von Veit
Harlan, dem Regisseur des NS-Propagandafilms Jud Süss gedreht worden war.
Wegen seinem Boykottaufruf war Erich Lüth von den Zivilgerichten letztinstanz-
lich zu Schadensersatz verurteilt worden. Die Lüth-Entscheidung ist Anfang und
Ende zugleich. Sie beendet den expliziten Bezug des Bundesverfassungsgerichts
auf die zeitgenössische Wertphilosophie, indem sie die Wertordnung mit Ver-
fassungsimmanenz belegt. Mit der Lüth-Entscheidung beginnt die Ausarbeitung
der objektiv rechtlichen Seite der Grundrechte. Die 50er Jahre waren noch Teil
einer Wendesituation, die nach einer neuen geistigen Orientierung verlangte. Das
Bundesverfassungsgericht ist insoweit Beispiel für ein Gericht, „das nach einer
Wende von einem diktatorischen oder autoritären Regime zur Demokratie Motor
der neuen Ordnung geworden ist." Das Stichwort „Wertordnung" verspricht in
dieser Lage nicht nur Akzeptanz, sondern auch Stabilität. Zudem signalisierte
es ein Lernen aus der Geschichte, denn die freie Persönlichkeit als Höchstwert
hebt sich gerade von dem Hintergrund der menschenverachtenden Praxis des
totalitären Regimes ab. Zudem konnte man es als Konsequenz und Verarbeitung
der Weimarer Republik verstehen, dass deren Wertrelativismus jetzt durch eine
Wertbejahung ersetzt werde. Insbesondere die Grundrechte boten sich für diesen
Wertbezug an, weil eine der wesentlichen Kritikpunkte an der Weimarer Reichsverfassung deren Leerlaufen war.

2.3 Wertepyramide statt Verfassung

Die in den 50er Jahren entwickelte Lehre von der Drittwirkung der Grundrechte im Privatrecht (Sie behauptet die Geltung der Grundrechte zwischen den Bürgern) setzt holistisch an und operationalisiert den Holismus mithilfe der aus der Philosophie importierten Kategorie der Totalität. Die Rechtsordnung wurde bei der Begründung der Drittwirkungslehre als Wertpyramide oder Wertrangordnung angesehen, an deren Spitze die Grundrechte und Art. 1 GG stehen. Von dieser Spitze her lassen sich dann Konflikte zwischen einzelnen Elementen entscheiden. Das ist eine starke Form des holistischen Arguments. Die Bedeutung liegt danach allein beim Ganzen und nicht etwa im reflexiv erweiterten Horizont des Einzelnen. Das Konzept geht davon aus, dass man das einzelne Recht vertikal ins Ganze der Rechtsordnung einfügt. Das Ganze ist dabei bestimmbar und beherrschbar und man kann von der Sinnmitte einer geordneten Totalität her dem einzelnen Anspruch seinen Platz zuteilen.

Allerdings zeigt sich, dass die Abwägung als zentrales Theorem zur Erfassung von Grundrechtskollisionen nicht geeignet ist. Die Skalierung setzt ein homogenes Medium voraus, um Presse oder Kunst mit den Belangen eines Gewerbebetriebs vergleichen zu können. Dieses Medium soll das Ganze des Rechts sein, welches die Verschiedenheit der Rechtsgüter aufhebt. Aber das Ganze verschwindet, wenn man es beansprucht. Im Ergebnis zeigt sich also, dass die zentralen Theoreme der herkömmlichen Lehre zur Erfassung der praktischen Arbeit der Gerichte nicht geeignet sind. Weder die methodische Figur der Abwägung, noch ihre rechtstheoretische Grundlage in der Konzeption der Einheit der Rechtsordnung vermögen die Komplexität der praktischen Arbeit der Gerichte aufzunehmen. Die Abwägung ist lediglich eine delegierende Metapher, weil die Heterogenität der in kollidierenden Positionen sich in der Bestimmung des Ganzen wiederholt. Weil man das Ganze als homogenes Medium aber braucht, um Religion gegen Presse oder Kunst gegen Gewerbebetrieb abwägen zu können, funktioniert die angebotene Technik nicht. Daher vollzieht sich die ganze Arbeit der Gerichte im blinden Fleck der Theorie. Die Einheit der Rechtsordnung ist keine Deduktionsgrundlage und die Abwägung keine Operationalisierung, die geeignet wäre, das praktische Vorgehen der Gerichte zu erfassen. Die juristische Selbstbeschreibung bedarf einer Präzisierung im Hinblick auf die holistische Dimension ihrer Semantik.

2.4   Die Verabschiedung der Werte

Schon in der Lüth-Entscheidung gibt es eine Divergenz von rhetorischer Einkleidung und praktischer Argumentation. Von einer Wertpyramide geht weder
die Verfassung noch das Gericht aus. Zwar findet sich im Lüth-Urteil folgende
Formulierung: „Innerhalb dieser Wertordnung, die zugleich eine Wertrangordnung ist, muss auch die hier erforderliche Abwägung zwischen dem Grund-
recht aus Art. 5 Abs. 1 Satz 1 GG und den seine Ausübung beschränkenden
Rechten und Rechtsgütern vorgenommen werden." Aber dieses abstrakte
Bekenntnis zu einer Wertrangordnung hat keine argumentativen Konsequenzen.
Vielmehr fährt das Gericht fort: „Für die Entscheidung der Frage, ob eine Auf-
forderung zum Boykott nach diesen Maßstäben sittenwidrig ist, sind zunächst
Motive, Ziele und Zwecke der Äußerung zu prüfen; ferner kommt es darauf an,
ob der Beschwerdeführer bei der Verfolgung seiner Ziele das Maß der nach den
Umständen notwendigen und angemessenen Beeinträchtigung der Interessen
Harlans und der Filmgesellschaft nicht überschritten hat." Auch im Folgenden
wird die Wertrangordnung nie Argument, sondern es werden nur konkrete
Umstände herangezogen. Die Entscheidung über die Gültigkeit der vorgetragenen
Argumente hängt also gerade nicht von einer Wertrangordnung ab. Mittlerweile konnte die Forschung auch nachweisen, dass sich das Gericht nicht auf
diese philosophische Grundrichtung festlegen wollte. (Henne/Riedlinger 2005,
S. 249 ff.) Bei ausführlicher Lektüre zeigt sich, dass das Gericht trotz termino-
logischer Anleihen bei der philosophischen Werttheorie die eigentlichen Grundlagen nie ausdrücklich rezipiert hat. Die Werte waren nur Geburtshelfer für
die Entwicklung der objektiven Dimension der Grundrechte. Man muss also
die rhetorische Einkleidung von der inhaltlichen Argumentation des Gerichts
unterscheiden. Zunächst ist auffällig, dass der Bezug des Gerichts auf die
philosophische Wertlehre nur in der Antragsbefugnis auftaucht. In der Begründet-
heitsprüfung erfolgt die eigentliche Argumentation, und diese ist vollkommen
unabhängig von Werten und deren philosophischer Begründung. Wenn die bisher herrschende Selbstbeschreibung des Rechts zutreffend wäre, müsste die
Begründung der Grundrechte und ihrer Drittwirkung in einem Hinweis auf eine
vorgegebene Wertordnung des Grundgesetzes liegen. Tatsächlich wird diese Wertordnung aber in den Rechtsverfahren nicht diskutiert. Sie bildet höchstens die
Abschlussformel einer vorherliegenden Argumentationsdynamik. Gestritten wird
über den möglichen Ausgleich bei Kollision zwischen unterschiedlichen sozialen,
humanen und natürlichen Logiken. Wir bewegen uns dogmatisch auf dem Gebiet
der Verhältnismäßigkeit, und inhaltlich geht es um die Geltung der von beiden

Seiten vorgebrachten Argumente. Die Wertordnung als Entscheidungsgröße würde entsprechend ihrer Herkunft eine phänomenologische Wesensschau voraussetzen. Die methodische Frage wäre dann, wie viel von der Entfaltungsdynamik eines sozialen Teilsystems kann man wegdenken, ohne dass das soziale Ganze in seiner Funktion zerstört wird. Das Auftreten einer solchen Methode lässt sich in den Begründungen der Gerichte aber gerade nicht nachweisen. Stattdessen werden Sachargumente vorgebracht, vom Gegner widerlegt und in die je eigene Position integriert. Die Urteilsbegründung nimmt dieses Material durch explizit gemachte Bezugnahme und Nichtbezugnahme auf. Die Gerichte veranstalten keine gemeinsame Wesensschau. Sie moderieren vielmehr eine soziale Interaktion, bei der Argumente ausgetauscht werden.

Die Praxis der Rechtssprechung verfolgt also das Ziel der Kohärenz: Die Gerichte wollen ihr Urteil ins Ganze der Rechtsordnung und die Kette bisheriger Entscheidungen harmonisch einfügen. Die Kohärenz kann aber am Ganzen der Rechtsordnung nicht gemessen werden, weil dieses nicht verfügbar ist. Die Gerichte nehmen deswegen eine praktische Entparadoxierung vor, indem sie eine relative Kohärenz feststellen. Kohärenz ist kein Urmeter außerhalb der Argumentation, keine selbstständige Größe. Sie besteht vielmehr in der Auseinandersetzung mit den ins Verfahren eingebrachten Beispielen.

2.5 Keine Zusammenlegung von einschließender und ausschließender Gewalt

Die Zusammenlegung von ausschließender und einschließender Gewalt steht bei Smend unter dem Leitbegriff der Integration: „Die Verfassung ist die Rechtsordnung des Staats, genauer des Lebens, in dem der Staat seine Lebenswirklichkeit hat, nämlich seines Integrationsprozesses. Der Sinn dieses Prozesses ist die immer neue Herstellung der Lebenstotalität des Staates, und die Verfassung ist die gesetzliche Normierung einzelner Seiten dieses Prozesses." (Smend 1994, S. 189). Wenn Smend hier von Totalität redet, geschieht dies nicht zufällig. Zwar soll die Einheit des Staates nicht einfach vorausgesetzt, sondern hergestellt werden. Aber diese Einheit ist kein indefiniter Horizont. Sie ist vielmehr eine definierte Größe als Totalität des staatlichen Lebens. Der Erlebnisinhalt als gefühlte Einheit der Integration ist ein Zugeständnis an den Zeitgeist. Die Form aber, in der das Erlebnis seinen Halt findet, ist die von Hegel paradigmatisch formulierte Metaphysik des Buches (Christensen/Lerch 2005, S. 55 ff.). Diese Verknüpfung von Erlebnis und Totalität ist als Neuhegelianismus in den 20er Jahren Zeitgeist und prägt auch maßgeblich die Position von Karl Larenz, der später die hermeneutische Reformulierung dieser Theorie als Wertungsjurisprudenz liefern wird. (Ruppert 2005, S. 327 ff.) Auch bei Smend bleibt Pluralismus bis in die 50er Jahre hinein negativ konnotiert, weil er alle Unterschiede vollkommen dem Ziel der herzustellenden Einheit unterordnet.

Sein Ausgangspunkt war das Verstehen von Verfassungstexten aus dem politischen Zusammenhang heraus. Der Begriff Integration erlaubt ihm den Übergang vom hermeneutischen Problem in die hegelianische Struktur der Totalität. Der Begriff fungiert als Steuergröße und Maßstab für das Ganze und soll gleichzeitig eine bestimmbare Bedeutung haben. Diese gegensätzlichen Anforderungen kann der Begriff nicht in sich aufheben. Er oszilliert und löst sich auf: „Smend nimmt an, dass die Einsicht in die Integrationsfunktion der Verfassungsnormen nicht nur die allgemeine Vermutung für ihre unmittelbare Rechtswirksamkeit begründe, sondern auch Fingerzeige für die richtige Auslegung schwieriger Sätze geben könnte. Dies ist aber ein Irrtum. Integrationswirkung hat ein Verfassungssatz gleichermaßen, ob er nun in diesem oder jedem Sinne auszulegen ist, es kann also mit der Integrationswirkung keine Einzelfrage der Auslegung beantwortet werden." (Thoma 1929, S. 11). Thoma benennt hier richtig das Problem der textuellen Strategie in den Schriften von Smend. Der Begriff der Integration wird überlastet und damit leer. Er gleitet in die sanfte Ironie des transzendentalen Signifikats, welches nachträglich bestimmt, was es von Anfang an gesteuert haben will.

2.6   Die Rolle der reflektierenden Gewalt

Man kann die Grundrechte nicht als Werte verstehen und ihnen die Aufgabe der Integration aufbürden. Sie bilden die einbeziehende Gewalt. Die ausschließende Gewalt liegt in der Systematik ihrer Schranken. Aus der Sicht der reflektierenden Gewalt sind diese aber nur gerechtfertigt, wenn sie den Prozess der Einbeziehung neuer Sätze offen halten. Wir brauchen keine Mauer, sondern ein System beweglicher Barrikaden, die uns den Rückweg in eine politisch vorentschiedene Einheit abschneiden.

Eine politische Gemeinschaft muss also die Einheit, die sie braucht, als leeren Signifikanten vor sich herschieben. Nur dann kann im demokratischen Prozess darüber diskutiert werden. Wenn man den Begriff der Einheit mit Werten inhaltlich füllt, gelangt man in eine totalitäre Ordnung. Nur im Rahmen dieses schwachen Holismus kann man das Verhältnis von einschließender und ausschließender Gewalt auch auf Varianz hin beobachten. Nur in diesem schwachen Holismus ist Platz für eine reflektierende Gewalt. Verfassungskritiker respektieren diese Gewaltenteilung, Verfassungsfeinde wollen sie abschaffen.

3 Fazit

Allgemein sind bei der Berufung auf das Recht gewisse Vorsichtsmaßnahmen zu empfehlen. Das Recht ist primär eine Funktion der Macht. Es gilt immer noch der alte Grundsatz „might makes right". Eine schlichte Berufung auf Menschenrechte ist gelinde gesagt naiv. Die Menschenrechte werden seit Marx' Schrift zur Judenfrage etwa von Ernst Bloch, Christoph Menke und anderen einer grundlegenden Kritik unterzogen. Sie sichern zuerst einmal dem Bourgeois das sichere Genießen seines Eigentums. Nur die Gestaltungsrechte des politischen Citoyen können als Gegenrechte die Figur der subjektiven Rechte aus ihrer Umklammerung durch die bürgerliche Ideologie lösen. Ein Anknüpfen muss also immer kritisch erfolgen.

Um aus Grundrechten Gegenrechte zu machen, bedarf es also großer Anstrengungen. Man muss vor allem vermeiden, sich der juristischen Ideologie von Einheit, juristischem Menschenbild usw. anzuschließen. Die Kraft, um das Recht aus der Verknüpfung mit der Macht zu befreien, liegt nur zum kleinen Teil in seinem Inneren. Sie muss von Außen kommen. Das Vorbild bleibt hier die Bürgerrechtsbewegung in den USA. Man mobilisiert die Rechtsordnung gegen ihre eigene Ideologie. Die Kraft dazu muss aus der Gesellschaft kommen.

Literatur

Christensen, R., & Lerch, K. D. (2005). Performanz – Die Kunst, Recht geschehen zu lassen, in: K. D. Lerch (Hrsg.), *Die Sprache des Rechts*, Band 3, Recht vermitteln (S. 55 ff). Berlin/New York: de Gruyter.

Henne, T. & Riedlinger, A. (Hrsg.) (2005). *Das Lüth-Urteil, aus (rechts-)historischer Sicht.* Berlin: Duncker & Humblot.

Latour, B. (2001). *Das Parlament der Dinge.* Frankfurt am Main: Suhrkamp.

Ruppert, S. (2005). Rudolf Smends Grundrechtstheorie. In T. Henne & A. Riedlinger (Hrsg.), *Das Lüth-Urteil, aus (rechts-)historischer Sicht* (S. 327 ff.). Berlin: Duncker & Humblot.

Smend, R. (1927). Bericht, Archiv des öffentlichen Rechts, N.F., 105.

Smend, R. (1994). Verfassung und Verfassungsrecht. In: ders., *Staatsrechtliche Abhandlungen und andere Aufsätze*, Berlin: Duncker & Humblot.

Somek, A. (1996). *Der Gegenstand der Rechtserkenntnis* Baden-Baden: Nomos.

Thoma, R. (1929). Die juristische Bedeutung der grundrechtliche Sätze der Deutschen Reichsverfassung im Allgemeinen. In H. C. Nipperdey (Hrsg.), *Die Grundrechte und Grundpflichten der Reichsverfassung* (S. 9 ff). Berlin: Duncker & Humblot.

Empirie und Diskursintervention: Für eine deskriptive Fundierung politischer Interventionen am Beispiel deutscher Militäreinsätze

Dorothee Meer

1 Einleitung

Die Entwicklungen im Anschluss an das öffentlich-mediale Auftreten von Greta Thunberg seit August 2018 und die sich hieran anschließende Schüler/innen-bewegung #FridaysForFuture haben neben dem Aspekt der ‚diskursiven Über-raschung' vor allem unterstrichen, dass es eine fatale Differenz zwischen unserem Wissen um politisch relevante Gegebenheiten und unserem Handeln gibt (vgl. Tino Heim in diesem Band). Mit den Worten von Greta Thunberg klingt dies im Interview mit Anne Will vom 31.03.2019 wie folgt:

> I cannot understand how you can have that double standards. If I think something is important (.) I (ca. 2 Sek. Pause) I spend one hundred percent of my energy on that. And I can't do THAT at the same time (ca. 3 Sek. Pause) as I do the opposite (ca. 1 Sek.) as people do today.[1]

Das Erschreckende an der Einfachheit der Überlegungen Thunbergs zum Umgang westlicher Gesellschaften mit den vielfältigen Aspekten des

---

[1] (https://daserste.ndr.de/annewill/videos/Interview-mit-Greta-Thunberg-Ich-bin-Realistin-Ich-sehe-Fakten,interviewthunberg100.html. Zugegriffen: 23. Mai 2019).

D. Meer (✉)
Germanistisches Institut, Bochum, Deutschland
E-Mail: dorothee.meer@ruhr-uni-bochum.de

© Der/die Herausgeber bzw. der/die Autor(en), exklusiv lizenziert durch Springer Fachmedien Wiesbaden GmbH, ein Teil von Springer Nature 2020
F. Vogel und F. Deus (Hrsg.), *Diskursintervention,* Interdisziplinäre Diskursforschung, https://doi.org/10.1007/978-3-658-30559-8_8

Klimawandels ist die Tatsache, dass die „wissenschaftlichen Fakten"[2] zum Klimawandel und seinen Folgen (#Scientists4Future) – wie die 16-jährige Schwedin nicht müde wird zu betonen – seit den 1960er Jahren mit zunehmender Deutlichkeit nicht nur bekannt, sondern auch medial verbreitet vorlagen, ohne dass dies ernsthaft etwas am Verhalten der großen Mehrheit der Menschen in westlichen Gesellschaften geändert hätte. In diesem Sinne lässt sich mit Packard (i. d. Bd.) feststellen, dass die *mediale Kontrolle* versagt hat und es keinen zusätzlichen relevanten *Kontrolldiskurs* gegeben hat.

An diese Feststellungen anschließend stellt sich mit Blick auf die Möglichkeiten von Diskursinterventionen die Frage, wie die ganz offensichtlich in hohem Maße erfolgreichen diskursiven Verdrängungsmechanismen funktionieren,[3] die es ermöglichen, dass hegemonialen politischen Konzepten, von denen man zumindest ahnen muss, dass sie die erkannten Probleme eher vergrößern als lösen, wider besseres Wissen Vertrauen geschenkt wird, anstatt hörbar öffentlich politische Veränderungen zu fordern. Vor dem Hintergrund dieser Frage wird es mir im Weiteren thematisch nicht um den Klimawandel gehen, sondern um einen anderen thematischen Zusammenhang, in dem sich „doppelte Standards" beobachten lassen. Im Mittelpunkt steht das militärische bzw. polizeiliche Engagement der Bundesrepublik im Rahmen der europäischen Grenzbehörde Frontex. Konkret soll es um den Konsens der hegemonialen deutschen Medien gehen, dass das Problem der massenhaften Flucht in einem „Europa ohne Grenzen nach innen" nur gelöst werden könne, „wenn es uns gelingt, die Außengrenzen gemeinsam zu sichern", wie in einem von den deutschen Medien und Horst Seehofer mehrfach verbreiteten Zitat von Sebastian Kurz deutlich wird.[4]

Aus analytischer Sicht ist dabei entscheidend, dass die „doppelten Standards", die den diskursiven Umgang mit Fragen des Zusammenhangs zwischen „Flucht" und „europäischem Grenzschutz" prägen, weniger als Folge spezifischer psychischer Dispositionen begriffen werden können.[5] Vielmehr soll in

---

[2]Siehe hierzu die Differenzierung zwischen „Fakten" und „Daten" im Beitrag von Felder (i. d. Bd).

[3]Packard spricht in diesem Zusammenhang von „weichen Formen der Propaganda" (i. d. Bd.).

[4](https://www.deutschlandfunk.de/europaeischer-grenzschutz-eu-parlament-segnet-frontex.1773.de.html?dram:article_id=446550. Zugegriffen: 25. Mai 2019).

[5]Dass Thunberg dies vor dem Hintergrund ihrer eigenen Situation annimmt, ist sowohl altersangemessen wie subjektiv nachvollziehbar. Diskursanalytisch tragfähig ist diese Erklärung *alleine* nicht, wie im Weiteren gezeigt werden soll.

einer ersten empirisch orientierten Annäherung gezeigt werden, dass die hier verhandelten politisch relevanten „Haltungen" diskursiv systematisch erzeugt werden und im Zusammenhang mit den realen Gefahren aktueller Krisen in hohem Maße geeignet sind, (individuell und kollektiv) „geglaubt zu werden". Psychische Dispositionen kommen somit als „Effekt" diskursiver Gegebenheiten in den Blick.

Ausgehend von der Behauptung, die Flüchtlingskrise könne nur durch den Schutz der europäischen Außengrenzen gelöst werden, wird in einem ersten Schritt am Beispiel eines exemplarisch ausgewählten Berichts über den Besuch des nordrhein-westfälischen Innenministers Reul an der EU-Grenze in Nordgriechenland Anfang Mai 2019 exemplarisch aufgezeigt, dass die hegemoniale Medienberichterstattung ein erkennbares Interesse daran hat, die deutschen Aktivitäten im Rahmen der europäischen Grenzschutzbehörde Frontex diskursiv als unbestreitbare Notwendigkeit zu vereindeutigen (Abschn. 2). Dies geschieht u. a. dadurch, dass eine *Handlungsnorm behauptet* wird, die einer systematischen Analyse nicht standhält.[6]

Hieran anschließend soll anhand eines zweiten empirischen Beispiels, der Militäroperation „Sophia", die in der Zeit zwischen 2015 und 2019 unter der Führung der EU im Mittelmeer mit deutscher Beteiligung stattgefunden hat, aufgezeigt werden, dass notwendige Informationen für abweichende diskursive Positionen medial häufig nicht „verheimlicht" werden.[7] Vielmehr ist im Zusammenhang mit der erläuterten Militärintervention eine diskursiv erzeugt hohe Bereitschaft zu beobachten, das Thema deutscher Militäreinsätze als Ausdruck humanitären Engagements zu begreifen (Abschn. 3).

Abschließend wird die Frage diskutiert, welche diskurslinguistischen Handlungsmöglichkeiten (Interventionen) sich aus dem den vorhergehenden

---

[6]Fiehler spricht bezogen auf die Nutzung von Gesprächsdaten im Rahmen von Fortbildungsmaßnahmen in solchen Fällen von „präskriptiven Normen" (Fiehler 1999, S. 32). Da ich mit Gloy (2012, S. 23) davon ausgehe, dass Normen nicht einfach empirisch vorliegen, sondern auf der Grundlage empirischer Daten interpretativ erschlossen werden müssen, werde ich im Weiteren von *(diskursiv) behaupteten handlungsleitenden Normen* sprechen. Dabei wird es darum gehen, diese von *empirisch belegbar tatsächlich handlungsleitenden Normen* zu unterscheiden. Fiehler bezeichnet letztere als deskriptive Normen (Fiehler 1999, S. 32), eine terminologische Entscheidung, die für die vorliegenden Daten nicht glücklich ist, da beide Normtypen empirisch deskriptiv erschlossen werden müssen.

[7]Wie im Bereich des Klimawandels ist das Bemerkenswerte an solchen Fällen, dass gegenteilige Informationen tatsächlich nicht im eigentlichen Sinne verschwiegen werden (vgl. dazu Packard und Heim; i. d. Bd.).

Beobachtungen ableiten lassen. Dabei geht es mir darum, die Relevanz einer empirisch fundierten Diskursanalyse für die Offenlegung handlungsleitender Normen zu unterstreichen und auf Anschlussfragen zu denkbaren Diskursinterventionen zu beziehen (Abschn. 4).

Es muss an dieser Stelle betont werden, dass dieser Beitrag ausschließlich als ein empirisch unterstütztes Nachdenken über die Möglichkeit von Diskurinterventionen zu begreifen ist. Es wird hier in keiner Form der Anspruch erhoben, empirisch ausreichend abgesicherte Befunde zu präsentieren. Vielmehr geht es darum, denkbare Forschungsvorhaben gedanklich vorzubereiten.

2   Frontex-Einsätze an den EU-Außengrenzen

Kilkis. Herbert Reul steht in Jeans und in klobigen Schuhen im blühenden Klatschmohn. Sein Blick schweift über die noch verschneiten Gebirgsketten am Horizont. An weniger diesigen Tagen könnte der NRW-Innenminister bis zum Olymp schauen. Nicht einmal die in dieser Jahreszeit als besonders hungrig geltenden Schlangen behelligen Reul an diesem Donnerstagmittag hier oben in der entlegenen griechischen Präfektur Kilkis, etwa 50 km nördlich von Thessaloniki. (WAZ, 03.05.2019)

Bei diesem Bericht aus der WAZ vom 04.05.2019 handelt es sich weder um eine Urlaubsreise des Innenministers von Nordrhein-Westfalen, noch um eine philologische Reflexion des Verhältnisses gegenwärtiger Politiker zur antiken Mythologie. Und auch eine zoologische Abhandlung über Schlangen in Nordgriechenland liegt nicht vor, wie der an den zitierten Abschnitt folgende nächste Satz bereits andeutet: „Direkt vor dem Besucher aus Deutschland glänzen die Stacheldrahtkronen des Grenzzauns zu Nordmazedonien in der Sonne." (ebd.) Konkret wird hier berichtet über eine dreitägige Dienstreise Reuls an die nordgriechische Grenze, an der deutsche Polizisten im EU-Auftrag „Grenzsicherung" betreiben. Die Motive hierfür werden in der WAZ zunächst nur angedeutet:

Reul ist drei Tage lang nach Nordgriechenland gereist, weil die Ruhe trügt. ‚Kilkis ist leider das Tor zur Balkanroute, der Flaschenhals Europas', sagt Fotini Gkagkaridou, die Leiterin der Dienststellen Idomini und Evzoni. Auf den ersten Blick erinnern nur noch Kleidungsfetzen und Massen an Sardellendosen am Wegesrand an die humanitäre Katastrophe von 2015/16, als sich von hier aus täglich 4000 Menschen auf den Weg nach Norden gemacht haben (ebd.).

Der Hinweis auf die „Kleidungsfetzen und Massen an Sardellendosen" lassen die menschliche Katastrophe der Fluchtbewegungen der Jahre 2015/16 als ein

Ereignis der Vergangenheit kurz aufblitzen, bevor dann im Weiteren im Gegenzug der Einsatz der europäischen (hier konkret: deutschen) Grenzpolizisten an der nordgriechischen Grenze diskursiv zu einer innereuropäischen Unterstützungsaktion aufgebaut wird. Fragen an die Sinnhaftigkeit des Einsatzes sind vor diesem Hintergrund kaum mehr formulierbar, wie u. a. das folgenden Zitat Reuls im analysierten Bericht unterstreicht:

> ‚Wir können nicht nur schlaue Worte darüber verlieren, dass die EU-Außengrenzen gesichert werden müssen, selbst aber nicht bereit sein, zu helfen‘ sagt Reul. Es ärgert den CDU-Mann, dass in Deutschland kaum jemanden noch zu interessieren scheint, wie der Migrationsdruck nach Europa Länder wie Griechenland weiterhin fordert (ebd.).

Sowohl das Zitat Reuls (als auch dessen weitere diskursive Verwertung im vorliegenden Beitrag) behauptet deutlich eine *handlungsleitende Norm*: Es *muss* aus Reuls Perspektive darum gehen, ‚armen‘ europäischen Ländern wie Griechenland beim Schutz der EU-Außengrenzen zu helfen. Was hier normativ als Form der europäischen Hilfsbereitschaft von Reul gefordert wird, unterstreicht der Beitrag zusätzlich aus der Perspektive des in Kilkis für die europäische Grenzbehörde Frontex tätigen nordrhein-westfälischen Polizeihauptkommissars Strahl:

> Wenn Stahl erklären soll, was ihn motiviert, griechischen Kollegen bei Grenzpatrouillen zur Hand zu gehen, wirkt dieser durchtrainierte und braungebrannte Mann plötzlich berührt. Deutschland sei in der glücklichen Lage, keine EU-Außengrenzen bewachen zu müssen. Seine tapferen Kollegen in Ländern wie Italien und Griechenland hätten einfach Unterstützung verdient. ‚In der Frage bin ich überzeugter Europäer‘ sagt er (ebd.).

Während aus philologischer Sicht an den zitierten Auszügen vor allem interessant ist, wie der Mythos europäischer Unterstützungsarbeit narrativ inszeniert wird, geht es vor dem Hintergrund der Fragestellung dieses Beitrags jedoch vor allem um die Frage, wie es gelingt, die Aufmerksamkeit durch die normativ behauptende Aufladung des Frontexeinsatzes von den humanitär entscheidenden Informationen des beschriebenen Geschehens abzulenken: Was heißt es, wenn im weiteren Verlauf des Beitrags erwähnt wird, dass der „Seeweg über das Mittelmeer weitgehend dicht ist" (ebd.)? Was heißt es, wenn darauf hingewiesen wird, dass noch immer 150.000 Menschen Kilkis durch Schleuserbanden vermittelt passieren (ebd.). Was heißt es, wenn Reul ankündigt, dass er die Anzahl der Polizisten verdoppeln will (ebd.)? Hier kann man dem Diskurs bei „Schwerstarbeit" zusehen, bei diskursiver Arbeit, die darauf abzielt, die Formulierung relevanter Fragen zu verhindern (siehe dazu Link 2017, S. 50).

Was in dem exemplarisch ausgewählten Zeitungsbericht diskursiv systematisch marginalisiert wird (obgleich es erwähnt wird), ist die Tatsache, dass das Ziel der europäischen Grenzschutzbehörde Frontex darin besteht, Flüchtlinge durch den Einsatz polizeilicher und (notfalls) militärischer Mittel aus Europa fernzuhalten.[8] Doch statt zu beschreiben, was bei einem illegalen Grenzübertritt von Flüchtlingsgruppen in Kilkis, bei einem „international-europäischen Polizeieinsatz" also, passiert, wird die Geschichte europäischer Unterstützungsarbeit durch das reiche Deutschland erzählt, das dem vorliegenden WAZ-Beitrag folgend ‚selbstlos' seine eigenen Probleme „im Inneren" hinten anstellt, um (dem ‚armen') Griechenland zu helfen (WAZ, 04.05.2019).

Die diskursive Strategie, die Medienbeiträge wie diesen ebenso prägen wie Reden und Stellungnahmen hegemonialer Politiker, ist die Strategie der *Humanisierung deutscher Militäreinsätze* spätestens seit dem Beginn des Einsatzes deutscher Soldaten in Afghanistan.[9] Was damit jedoch diskursiv geschieht, ist das, was Stephan Packard im Blick hat, wenn er auf Formen der „weichen Propaganda" verweist, die deshalb nicht als Propaganda deutlich werden, weil ihre mediale Inszenierung ihren eigentlichen Gegenstand (hier: die Durchsetzung der Militarisierung der Flüchtlingsfrage) verdeckt bzw. – wie im vorliegenden Fall – marginalisiert (Packard: i. d. Bd.). Vor dem Hintergrund einer solchen Sicht wird der Einsatz deutscher Polizisten im vorherigen Beitrag zwar als Form des „polizeilichen Grenzschutzes" thematisiert, gleichzeitig jedoch als *innereuropäischer Hilfe* interpretiert. Dabei ist in Artikeln, wie diesem, durchgängig zu beobachten, dass die *behauptende Formulierung handlungsleitender Normen* wie ‚Hilfe', ‚Kooperation' oder ‚Unterstützung' die Tatsache verdecken, dass es um Flüchtlingsabwehr geht.

Die Effizienz derartiger diskursiver Strategie soll im nächsten Schritt anhand eines zweiten Blicks auf die aktuelle deutsch-europäische Außenpolitik anhand der deutschen Beteiligung an der Marineoperation „Sophia" analytisch präzisiert werden.

---

[8]Vgl. dazu das Papier der europäischen Kommission von 12.09.2018, in dem die Pläne des damaligen Kommissionsvorsitzenden Junckers zum Ausbau des europäischen Grenzschutzes mit dem Ziel der Flüchtlingsabwehr, wenn nötig, auch unter Waffeneinsatz, deutlich werden (http://europa.eu/rapid/press-release_MEMO-18-5715_en.htm. Zugegriffen: 26. Mai 2019).

[9]Siehe dazu die normalismustheoretisch begründeten Überlegungen u. a. in Link 2017, S. 49.

3   Die Seeoperation „Sophia" zwischen Militäreinsatz und Flüchtlingsrettung

Das primäre Ziel der europäischen Seeoperation „Sophia", die nach Angaben eines Faktenberichts der europäischen Kommission (vom 04.10.2016) am 22.05.2015 begann, bestand darin, im Mittelmeer mit 7 Operationseinheiten, 4 Hubschraubern, 3 Flugzeugen und einem Gesamtpersonal von 1771 Soldat/innen aus 25 europäischen Ländern Schleuserbanden im Mittelmeer zu bekämpfen.[10] Ohne hier näher auf die Operation (bis zu ihrem Ende im Frühjahr 2019) eingehen zu können, lässt sich anhand der deutschen Medienberichterstattung von Beginn an aufzeigen, dass dieser materiell wie nominell eindeutig militärische Einsatz diskursiv immer wieder als Hilfsaktion zur Flüchtlingsrettung dargestellt wurde.

Wie im vorhergehenden Abschnitt soll auch hier nur exemplarisch angedeutet werden, dass es bei der Operation darum ging, probeweise ein europäisches Interventionsinstrument zu entwickeln, das es perspektivisch erlaubt, Flüchtlinge an der Einreise nach Europa zu hindern. In diesem Sinne wird anhand des folgenden Beitrags auf Tagesschau.de vom 07.10.2015[11] gezeigt, dass sich die diskursive Verarbeitung der Operation in den Medien von Beginn an zwischen der *Militarisierung der Flüchtlingskrise* und der *Humanisierung militärischer Aktionen* hin und her bewegt hat.

Dies zeigen bereits wenige Auszüge aus dem folgenden Beitrag, der mit einem Bild der an der Operation Sophia beteiligten Bundeswehr-Fregatte „Schleswig-Holstein" beginnt (Abb. 1).

Nachdem diese bildlich und sprachlich deutlich als Militäreinsatz markierte Operation eingeführt ist, findet sich im zweiten Abschnitt desselben Berichts das Bild eines Säuglings und direkt darunter die Zwischenüberschrift „Freundlicher Name für harte Mission" (Abb. 2).

Das eigentlich Interessante an diesen Auszügen ist die Tatsache, dass die Humanisierung der militärischen Aktion im Sinne von doppelten Standards von Tagesschau.de so offensichtlich und explizit benannt wird: Dies macht nicht

---

[10](https://ec.europa.eu/home-affairs/sites/homeaffairs/files/what-we-do/policies/securing-eu-borders/fact-sheets/docs/20161006/eu_operations_in_the_mediterranean_sea_en.pdf. Zugegriffen: 23. Mai 2019).

[11]https://www.tagesschau.de/ausland/mittelmeer-schlepper-eunavfor-103.html. (Zugegriffen: 26. Mai 2019).

Abb. 1 Dorothee Meer. (Copyright: Haaren, Marion von, Frank Genauzeau. 2015. Mit Soldaten gegen Schlepper. https://www.tagesschau.de/ausland/mittelmeer-schlepper-eunavfor-103.html. (Zugegriffen: 26. Mai 2019))

Abb. 2 Dorothee Meer. (Copyright: Haaren, Marion von, Frank Genauzeau. 2015. Mit Soldaten gegen Schlepper. https://www.tagesschau.de/ausland/mittelmeer-schlepper-eunavfor-103.html. (Zugegriffen: 26. Mai 2019))

nur die Zwischenüberschrift „Freundlicher Name für harte Mission" deutlich, sondern auch der Hinweis, dass es darum gehe, „in den Köpfen der Normal-bürger" angenehme Konnotationen zu verankern (ebd.). Man kann somit noch nicht einmal sagen, dass versucht worden wäre, medial den Eindruck zu erwecken, es ginge nicht um einen Militäreinsatz. Im Gegenteil wird *als tat-sächlich handlungsleitende Norm* herausgestellt, dass es darum geht, eine „harte Mission" freundlich erscheinen zu lassen.

Das Potenzial dieser hier explizit benannten Doppelstrategie bestätigt sich beim Blick in die weitere Berichterstattung zu Sophia. So finden sich immer wieder Beiträge, in denen die *Kopplung militärischer und humanitärer Diskurs-elemente* im Rahmen der europäischen Diskussionen um Sophia als Argument angeführt wird, der Intervention einen deutlicher militärisch ausgerichteten Auf-trag zu erteilen. So stellte beispielsweise ein Bericht im Morgenmagazin der ARD vom 26.07.2017 heraus, dass die Operation Sophia gescheitert sei, weil *nur* Flüchtlinge gerettet worden wären. Diese weitverbreitete Diagnose wird mit dem Auszug aus einem Interview vom 18.07.2017 mit dem damaligen österreichischen Außenminister Kurz unterstrichen, der herausstellt, dass die Rettungspraxis der Operation beendet werden müsse, um Flüchtlingen nicht weiter ein „Ticket nach Europa" anzubieten.[12]

Diagnostisch belegen diese wenigen empirischen Hinweise eine im Ansatz ähnliche Strategie, wie die im letzten Abschnitt bereits beschriebene, jedoch bei gesteigerter Komplexität: Es werden handlungsleitende Normen behauptet („es sollen Schlepperbanden gejagt werden" und „es sollen Flüchtlinge gerettet werden"), die auf die unmittelbare *Kopplung der Flüchtlingskrise an den militärischen Diskurs* abzielen (siehe dazu Link 2017, S. 54 ff.). Dabei zielt die Gleichzeitigkeit der beiden Behauptungen in der diskursiven Praxis auf ein flexibles Changieren zwischen dem Argument, es werde alles zur Flüchtlingsrettung getan und der Forderung, man müsse militärisch härter gegen Schlepper vorgehen. Diese Strategie fungiert somit als ein flexibel einsetzbares Dispositiv, um militärische Interventionen zu humanisieren und sie damit in der allgemeinen Wahrnehmung zur Grundlage der europäischen Flüchtlingspolitik machen zu können.

Damit soll diesen Abschnitt abschließend gefragt werden, warum die angedeutete Doppelstrategie von den hegemonialen Medien öffentlich so selten benannt bzw. hinterfragt worden ist. So hätten doch u. a. die Nachfrage auf der Hand gelegen, warum europäischen Regierungen parallel zur Operation Sophia massiv gegen Schiffe aus dem Bereich der zivilen Seenotrettung vorgegangen sind. Ebenso hätte es sich gelohnt, medial hörbar zu fragen, welchen Sinn die Rettung von Menschen mit Kriegsschiffen hat, die für diesen Zweck in vielerlei Hinsicht ungeeignet sind. Vor dem Hintergrund dieser medial nur selten gestellten Nachfragen, soll im letzten Abschnitt aufgezeigt werden, welchen Nutzen die Offenlegung der Differenzen bzw. Widersprüche zwischen behauptet handlungsleitenden Normen und empirisch beobachtbaren politischen Handeln für mögliche Diskursinterventionen hat.

---

[12](Unter dem Kürzel „TV-20170726-0616-4901.websm.h264-moma" aus der Mediathek der ARD am 27.01.2019 heruntergeladen.).

4 Zur deskriptiv fundierten Analyse handlungsleitender Normen als Möglichkeit für Diskursinterventionen

Im Bisherigen ist es darum gegangen, einen Blick auf die diskursive Verarbeitung deutscher Aktivitäten im Bereich der Sicherung europäischer Außengrenzen zu werfen. Dabei hat sich angedeutet, dass es sich weder beim europäischen Polizeieinsatz an der nordgriechischen Grenze um die Sicherung des sozialen Friedens in Griechenland handelt, noch beim Marineeinsatz deutscher Schiffe und Soldaten im Rahmen der Militäroperation Sophia um die behaupteten Formen humanitärer Seenotrettung. So konnte exemplarisch in Medienberichten und Politikeräußerungen gezeigt werden, dass handlungsleitende Normen unterstellt werden, die diskursiv nachvollziehbar nicht die Basis konkreter politischer Handlungen darstellen.

Stattdessen scheint es vielmehr darum zu gehen, die Flüchtlingsbewegungen nach Europa an militärische Dispositive zu knüpfen, die dazu genutzt werden (können), Flüchtlingen den Weg nach Europa mit (polizeilichen bzw.) militärischen Mitteln zu verweigern. Sollte sich diese Annahme auch durch die systematische Analyse größerer Korpora (von Reden, administrativen Erklärungen und medialen Texten) bestätigen, so würde ein solcher Befund aus empirischer Sicht unterstreichen, dass die dominant handlungsleitende Norm der aktuellen deutschen und europäischen Außen- und Sicherheitspolitik, die militärisch abgesicherte Flüchtlingsabwehr darstellt.[13]

Insgesamt haben die analysierten diskursiven Ausschnitte über dieses Resümee hinaus folgende deskriptiv gestützten (und nicht nur behaupteten) handlungsleitenden Normen deutlich werden lassen:

---

[13]Aus dieser Perspektive kommt auch die permanente Diskussion um den „katastrophalen" Zustand der Bundeswehr aus einer doppelten Perspektive in den Blick: So beantwortet die Diagnose in keiner Form die Frage, ob die Bundeswehr überhaupt das Verteidigungsinstrument der Zukunft sein soll. Vielmehr scheint es darum zu gehen, die militärischen Möglichkeiten der Bundesrepublik zu marginalisieren, während gleichzeitig die Vorbereitungen für eine europäische Interventionsarmee getroffen werden, wie die Berichte über die Rede von Angela Merkel im EU-Parlament in Straßburg am 13.11.2018 deutlich unterstreichen (siehe dazu exemplarisch u. v. a. https://www.welt.de/politik/ausland/article183784098/Rede-vor-EU-Parlament-Merkel-fordert-echte-europaeische-Armee-Buhrufe-und-Applaus.html. Zugegriffen: 27. Mai 2019).

- Vermeide es, durch Deine medialen Verlautbarungen den Blick auf Fluchtursachen zu lenken!
- Vermeide es, den Blick auf die Opfer der Flüchtlingskrise zu lenken!
- Stelle stattdessen die humanitäre bzw. kooperativ helfende Ausrichtung militärischer Aktivitäten in den Mittelpunkt!
- Legitimiere die deutsche und europäische Außen- und Militärpolitik durch die Behauptung, sie sei für den innereuropäischen/-deutschen Frieden zwingend.

Wäre ein umfassenderes Textkorpus Grundlage dieses Beitrags gewesen, so ließe sich die hier nur angedeutete Liste tatsächlich handlungsleitender Normen sicherlich erweitern (vor allem auch um den Zusammenhang zwischen der westlichen Klimapolitik und Fluchtbewegungen). Was aber schon die wenigen Überlegungen dieses Beitrags hervortreten lassen, ist die Tatsache, dass sich eine deutliche Kluft zwischen den *tatsächlich handlungsleitenden Normen* hegemonialer Politik und den behaupteten handlungsleitenden Normen auftut.

Doch bevor abschließend die Schlussfolgerungen erörtert werden, die sich hieraus für die Möglichkeiten einer politisch engagierten wissenschaftlichen Diskursanalyse ergeben, soll zumindest ein kurzer Blick auf die Gründe für den Erfolg der beobachtbaren Strategien gelenkt werden. Was bewegt Menschen jenseits von Aspekten des Machterhalts oder rassistischer Einstellungen dazu, den beschriebenen diskursiven Strategien (teils gegen besseres Wissen) Vertrauen zu schenken. Warum ist es im Bereich der ‚politischen Mitte' bezogen auf den hier thematisierten Fokus diskursiv scheinbar kaum möglich, die tatsächlich handlungsleitenden Normen der deutschen Außenpolitik zu benennen. Würde dies passieren, würden beispielsweise regelmäßig die Zahlen der im Mittelmeer ertrinkenden Flüchtlinge genannt oder würden, wie am 02.09.2015 im Fall des ertrunkenen dreijährigen Jungen Aylan Kurdi einmalig geschehen, in den hegemonialen Medien Bilder von ertrunkenen Opfern gezeigt, so würde vermutlich allzu deutlich werden, dass die behaupteten handlungsleitenden Normen deutscher Politik im Kern kontrafaktische Behauptungen darstellen.

Jenseits der dann kaum noch zu verdrängenden Diskussion um die systematische Verletzung *ethischer Normen* bestände die durchaus nicht von der Hand zu weisende Gefahr, dass ein medial nüchterner Blick auf die Krisen dieser Welt, die die Ursachen für Fluchtbewegungen bilden, eine Entwicklung verstärkt, die sich 2015/16 bereits als „Panik" angedeutet hat. Hier könnten Gründe liegen, die die Basis der weitverbreiteten Bereitschaft bilden, offensichtlich ethisch und politisch nicht akzeptable Handlungsweisen zu dulden bzw. als vermeintlich alternativlos hinzunehmen. Hier wird es höchste Zeit darüber nachzudenken, ob der Imperativ von Thunberg „I want you to panic" nicht in der Tat auch für den hier angesprochenen Zusammenhang gilt und das in dem Sinn, in dem es Thunberg meint: Als Aufforderung, real wirksame Zusammenhänge wahrzunehmen und (endlich) zu reagieren.

Anders als im Bereich der Technik- und Naturwissenschaft (#Scientists4Future) muss sich die (Diskurs-)Linguistik allerdings vorwerfen lassen, dass sie nicht bereits seit Jahren auf die in diesem Beitrag angedeuteten Probleme hingewiesen hat. Und insoweit stellt sich abschließend die Frage, was zu tun ist. An dieser Stelle bieten sich aus meiner Sicht dreierlei (unmittelbar realisierbare) Ansatzpunkte an:

1. Als Linguist/in könnte die erste und (ganz pragmatisch) naheliegendste Reaktion darin bestehen, sich dem Problem empirisch deskriptiv zu nähern, um es damit zumindest im Rahmen des wissenschaftlichen Diskurses aus dem Bereich des „Verschwiegenen" oder „Unaussprechlichen" zu lösen. Da bei einem Thema, wie dem vorliegenden, nicht zwingend erwartbar ist, dass Projekte mit Forschungsgeldern unterstützt werden, wird es darum gehen müssen, im Rahmen kleinerer und langsamerer Zusammenschlüsse, an überschaubaren, aber methodisch abgesicherten Datenmengen zu arbeiten. Das Ziel sollte dabei darin bestehen, das grundlegende Handwerkszeug der (Diskurs-)Linguistik anzuwenden, um behauptete oder belegbare handlungsleitende Normen politischer Akteure (korpus- und textbasiert) zu analysieren.

2. Leitend muss aus einer solchen Sicht sein, dass (Diskurs-)Linguist/innen zumindest dort, wo sie es sich aufgrund ihrer beruflichen Position leisten können, damit aufhören, aus Angst vor dem wissenschaftlichen Abseits die wichtigen Fragen an die relevanten Korpora nicht zu stellen. Nur so kann es gelingen, die diskursiven Gründe zu erfassen, die blind und/oder stumm machen: seien es Fragen der Wohlstandsgefährdung, Fragen nach der eigenen Verantwortung oder Denormalisierungsängste (siehe dazu Link 2018, S. 23 f.). Positiv formuliert: Es geht darum, durch die Auswahl unserer Korpora und die Perspektivierung unserer Forschungsfragen die Aufmerksamkeit auf die (diskursiv verdeckten oder marginalisierten) Konflikte ethischer und politischer Natur zu richten.

3. In einem hieran anschließenden Schritt muss es darum gehen, sich entweder aktiv politisch als Expert/innen einzumischen oder im Rahmen gezielter Medienkooperationen an der Schaffung einer diskursiven Öffentlichkeit zu arbeiten. Da im Augenblick nicht absehbar ist, dass für das in diesem Beitrag angesteuerte Thema eine Chance auf eine vehemente öffentliche Reaktion besteht, wird es vielmehr darum gehen, konstant nach Kooperationspartner/innen zu suchen, sei es im zivilen oder im medialen Bereich.

Literatur

Forschungsliteratur

Blasius, T. (2019) (WAZ, 03.05.2019). Einsatz an den EU-Außengrenzen. *Westdeutsche Allgemeine Zeitung*, 3. Mai.

Fiehler, R. (1999). Kann man Kommunikation lehren? Zur Veränderbarkeit von Kommunikationsverhalten durch Kommunikationstrainings. In G. Brünner, R. Fiehler, & W. Kindt (Hrsg.), *Angewandte Diskursforschung, Bd.2: Methoden und Anwendungsbereiche* (S. 8–35). Opladen/Wiesbaden: Westdeutscher Verlag.

Gloy, K. (2012). Empirie des Nichtempirischen. Sprachnormen im Dreieck von Beschreibung, Konstitution und Evaluation. In S. Günthner, W. Imo, D. Meer, & J. G. Schneider (Hrsg.), *Kommunikationund Öffentlichkeit. Sprachwissenschaftliche Potenziale zwischen Empirie und Norm* (S. 23–40). Berlin: de Gruyter.

Heim, T. (i. d. Bd.). Normalisierungs- und Skandalisierungsstrategien unterlaufen – Inhalte und Rationalitätskerne ernstnehmen. Perspektiven für Gegenstrategien zu rechten Diskursinterventionen. In F. Vogel, & F. Deus (Hrsg.), *Diskursintervention. Normativer Maßstab der Kritik und praktische Perspektiven zur Kultivierung öffentlicher Diskurse*. Wiesbaden: Springer VS.

Link, J. (2017). Populismus zwischen Normalisierung und Denormalisierung. In *kulturRevolution*, 72, S. 47–56.

Link, J. (2018). Von der Diskurs- zur Interdiskursanalyse. In *kulturRevolution*, 74, S. 18–25.

Packard, S. (i. d. Bd.) Kritik medialer Kontrolle. In F. Vogel & F. Deus (Hrsg.), *Diskursintervention. Normativer Maßstab der Kritik und praktische Perspektiven zur Kultivierung öffentlicher Diskurse*. Wiesbaden: Springer VS.

Internetquellen

European Commission. (2016). EU OPERATIONS in the MEDITERRANEAN SEA. https://ec.europa.eu/home-affairs/sites/homeaffairs/files/what-we-do/policies/securing-eu-borders/fact-sheets/docs/20161006/eu_operations_in_the_mediterranean_sea_en.pdf. Zugegriffen: 23. Mai 2019.

Guard – Questions and Answers. http://europa.eu/rapid/press-release_MEMO-18-5715_en.htm. Zugegriffen: 26. Mai 2019.

Haaren, Marion von, Frank Genauzeau. (2015). Mit Soldaten gegen Schlepper. https://www.tagesschau.de/ausland/mittelmeer-schlepper-eunavfor-103.html.　　Zugegriffen: 26.05.2019.

Pieper, Malte. (2019). Eu-Parlament segnet Frontex-Ausbau ab. https://www.deutschlandfunk.de/europaeischer-grenzschutz-eu-parlament-segnet-frontex.1773.de.html?dram:article_id=446550. Zugegriffen: 23. Mai 2019.

Welt. (2018). Merkel fordert „echte europäische Armee" – Buhrufe und Applaus. https://www.welt.de/politik/ausland/article183784098/Rede-vor-EU-Parlament-Merkel-fordert-echte-europaeische-Armee-Buhrufe-und-Applaus.html. Zugegriffen: 27. Mai 2019.

Will, Anne. (2019). Interview mit Greta Thunberg. https://daserste.ndr.de/annewill/videos/Interview-mitGreta-Thunberg-Ich-bin-Realistin-Ich-sehe-Fakten,interviewthunberg100.html. Zugegriffen: 23. Mai 2019.

Kritische Diskursanalyse – Zwischen akademischer Fingerübung und emanzipatorischer Praxis

Martin Reisigl

Zehn Thesen seien im Folgenden zur Frage der Diskursintervention aufgestellt – aus der Perspektive der Kritischen Diskursforschung, wie ich sie verstehe: Kritische Diskursanalyse/Diskursforschung – therapeutische Intervention – präventive Intervention – regulative Intervention – Diskriminierung – Sprachbarrieren – Politik: Policy, Polity, Politics – Ökolinguistik – Macht – kulturelles Kapital – Emanzipation.

1 Wer interveniert, bewegt sich zwischen die Entitäten einer Konstellation hinein

Das Wort *Intervention* leitet sich von lat. *inter* und *venire* ab. Es bedeutet wörtlich *dazwischenkommen*. Dem abstrakten Substantiv liegt eine raumbezogene Bewegungsmetapher zugrunde. Im Ausdruck stecken also mindestens zwei Bedeutungskomponenten. Erstens bezieht sich das Nomen auf eine räumliche *Konstellation aus zwei oder mehreren Entitäten*. Zweitens geht es bei einer Intervention um einen *Positionswechsel der intervenierenden Instanz*. Dabei legen das Verb *venire* und seine deutsche Übersetzung mit *kommen* nahe, dass sich der Orientierungsnullpunkt inmitten der Konstellation zwischen den Entitäten befindet. Die intervenierende Akteurin oder der intervenierende Akteur bewegt sich mithin auf diesen Ankerpunkt zu. Impliziert ist zudem, dass durch den Positionswechsel eine Trennlinie überschritten wird. Intervention bedeutet also auch bewusste

M. Reisigl (✉)
Universität Wien, Österreich
E-Mail: martin.reisigl@univie.ac.at

Grenzüberschreitung. Dies setzt die vorgängige Setzung einer Grenze voraus, z. B. zwischen Handlungsfeldern oder gesellschaftlichen Subystemen. Zum wissenschaftlichen Selbstverständnis gehört es häufig, dass Wissenschaft in Abgrenzung von Politik, Medien und anderen sozialen Feldern, mithin von der ‚Gesellschaft' gesehen wird (vgl. Kläy, Zimmermann und Schneider 2016, S. 46–48). Wir können den räumlichen Ankerpunkt für eine normative Deutung nutzen. Der Orientierungsnullpunkt inmitten der Konstellation legt nahe, dass der oder die Intervenierende die Perspektiven der an der Konstellation Beteiligten berücksichtigen möge, dass die Intervention also nicht nur aus einer distanzierten Außensicht erfolgt. Es geht bei einer Intervention idealerweise um einen situationssensitiven Eingriff, der die Konstellation, die Anstoß erregt, nicht einfach *sprengt,* sondern die Bedürfnisse und Interessen derer einbezieht, die Teil der Konstellation sind, in die eingegriffen werden soll.

Den angemessenen Einbezug der Binnenperspektive, den das raumbezogene Verweiswort nahelegt, möchte ich als Desiderat für eine Diskursforschung ansehen, die intervenieren will. Diskursanalytiker*innen, die intervenieren, mögen einen Wechsel der eigenen Diskursposition daher so vornehmen, dass sie von einer Position der wissenschaftlichen Betrachtung der spezifischen Konstellation zu einer Position der perspektivensensiblen Praxis wechseln, die auf Veränderung der kritikwürdigen Konstellation abzielt. Je mehr die wissenschaftliche Betrachtung auf sorgfältiger und pluriperspektivischer Beschreibung, Erklärung, Begründung und Problematisierung beruht, desto eher ist zu erhoffen, dass die interventive Anwendung und Instruktion von Erfolg gekrönt sein wird.

Allerdings schwebte Michel Foucault in seiner „genealogischen Phase" durchaus vor, durch seine Schriften die als problematisch erachteten Verhältnisse gewissermaßen *in die Luft zu sprengen:*

Die Bourgeoisie ist ja keineswegs so dumm und verschlafen, wie Baudelaire gedacht hat. Die Bourgeoisie ist intelligent, scharfsinnig und berechnend. Keine Herrschaftsform war jemals so fruchtbar und damit so gefährlich, so tief eingewurzelt wie die ihrige. Wenn man ihr laute Anklagen entgegenschleudert, wird sie nicht umfallen; sie wird nicht verlöschen wie eine Kerze, die man ausbläst. Das rechtfertigt eine gewisse Traurigkeit. Umso mehr gilt es, in den Kampf so viel Fröhlichkeit, Helligkeit und Ausdauer wie nur möglich hineinzutragen. Wirklich traurig wäre, sich nicht zu schlagen. Im Grunde will ich gar nicht schreiben. Schreiben ist eine sehr schwer zu überstehende Tätigkeit. Das Schreiben interessiert mich nur, sofern es sich als Instrument, Taktik, Erhellung in einen wirklichen Kampf einfügt. Ich möchte, daß meine Bücher so etwas wie Operationsmesser, Molotowcocktails oder unterirdische Stollen sind und daß sie nach dem Gebrauch verkohlen wie Feuerwerke. [...] Der Gebrauch eines Buches hängt eng mit der Lust zusammen, die es verschafft. Doch verstehe ich das, was ich mache, überhaupt nicht als ‚Werk' [sic!] und ich bin bestürzt, dass sich jemand ‚Schriftsteller' nennen kann. Ich bin ein

Werkzeughändler, ein Rezeptaussteller, ein Richtungsanzeiger, ein Karthograph, ein Planzeichner, ein Waffenschmied ..." (Foucault 1976, S. 129).

Foucault (1976) wünscht sich – in diesem bilderreichen Zitat – praktische Relevanz seiner Arbeit. Er hofft, dass seine Schriften hochexplosive strategische Diskursinterventionen seien, mit denen gegen Herrschaftsverhältnisse angekämpft und diese *in die Luft gejagt werden*. Er will mit seiner Arbeit – so zwei weitere Metaphern – einen problematischen Status quo auch *operieren* oder *heimlich unterminieren*. Wir haben es bei Foucault also mit verschiedenen Arten von Interventionen zu tun: a) mit behutsamen oder operativ therapeutischen, b) mit Orientierung bietenden oder planvoll richtungsweisenden, c) mit unbemerkt unterwandernden oder d) mit radikalen bis gewaltsamen Interventionen.

Grundsätzlich können wir – unter Rückgriff auf die wörtliche Bedeutung und die Geschichte des Wortgebrauchs – unterscheiden zwischen *ganzheitlich überparteilichen oder humanitär orientierten Interventionen,* die den Bedürfnissen aller und insbesondere der Schwächeren in der Konstellation Rechnung tragen, und *partikularistisch und parteiisch ausgerichteten Interventionen,* die nicht auf alle Involvierten gleichermaßen Rücksicht nehmen, sondern einseitig mit dem Eigeninteresse der Intervenierenden verbunden sind.

Der Ausdruck *Intervention* wurde im 17. Jahrhundert als politischer Fachausdruck aus dem Französischen entlehnt und im 19. Jahrhundert in die diplomatische Sprache aufgenommen (Duden 1989, S. 309; Kluge 2002, S. 445). Drei wichtige Bereiche, in denen der Begriff Karriere gemacht hat, sollen im Folgenden betrachtet werden: Politik, Wirtschaft und Medizin.

Politische Interventionen: Bis heute wird der Begriff der Intervention im politischen Bereich sowohl in den Feldern der Außen- als auch der Innenpolitik gebraucht. Er bezieht sich erstens darauf, dass sich ein Staat in die Angelegenheiten eines anderen Staates einmischt. Prototypisch geht es bei solchen Interventionen um militärische, kriegerische oder diplomatische Einmischungen. Diese Interventionen werden im politischen Handlungsfeld der zwischenstaatlichen bzw. internationalen Beziehungsgestaltung vollzogen (siehe zur Unterscheidung zwischen acht verschiedenen politischen Handlungsfeldern Reisigl 2007, S. 33–36 und Reisigl 2011, S. 458–461). Diese Interventionen beruhen meist nicht auf einer angemessenen Berücksichtigung der Binnenperspektiven. Vielmehr stellen sie den Versuch einer Durchsetzung partikulärer Machtinteressen dar. Dies gilt auch für viele außenpolitische Interventionen, die wirtschaftlicher Natur sind. Allerdings motivieren sich humanitäre Interventionen – so sie als solche intendiert sind und ihre Hervorhebung nicht lediglich ökonomische und militärische Interessen euphemistisch kaschiert – daher, dass die Binnenperspektive der Leidtragenden ins Zentrum gerückt und deren Not ein Ende bereitet werden soll.

Zweitens finden politische Interventionen im innenpolitischen Politikfeld statt. Bei innenpolitischen Interventionen greifen staatliche Instanzen in die Gesellschaft oder das Wirtschaftsgeschehen eines politischen Gemeinwesens ein. Der Eingriff erfolgt dabei entweder *regulativ* durch Gesetze, Erlässe oder Verordnungen, *distributiv* durch staatliche Leistungen (z. B. Sozialleistungen) oder *redistributiv* durch eine Politik der Umverteilung (Schmidt 1995, S. 448). Eine innenpolitische Spezialbedeutung besitzt der Terminus im politischen System der Schweiz, wo die Verfassung in Artikel 16 vorsieht, dass der Bund in das Innere des Landes oder eines Kantons durch eine *Eidgenössische Intervention* eingreift, falls die innere Ordnung gestört ist oder vom Kanton eine Gefahr ausgeht (Schmidt 1995, S. 448).

Wirtschaftliche Interventionen: Bei wirtschaftlichen Interventionen greifen staatliche Instanzen, Notenbanken, Zentralbanken – protektionistisch, über Subventionen, Steuerbegünstigungen, finanzielle Stützungen (z. B. der Landwirtschaft), eine Aufrüstungs- und Kriegspolitik oder eine bestimmte Geldpolitik (z. B. Zinssenkung oder Zinserhöhung) – in Wirtschaftsprozesse ein, wenn das *freie Spiel* marktwirtschaftlicher Kräfte zu Krisen und Benachteiligungen bestimmter sozialer Gruppen führt.

Medizinische Interventionen: Zu den medizinischen Interventionen zählen verschiedene Behandlungsmaßnahmen, darunter chirurgische Eingriffe (d. h. Operationen), therapeutische Interventionen (einschließlich medikamentöser und apparativer Interventionen) und präventive Interventionen. Durch chirurgische und therapeutische Interventionen greifen Ärztinnen und Ärzte in ein akutes Krankheitsgeschehen ein, durch Krankheitsprävention wird einer etwaigen Gesundheitsstörung vorgebaut. Im Bereich präventiver Interventionen kann *Verhaltens-* oder *Verhältnisprävention* betrieben werden (siehe z. B. Kempf 2010, S. 203–221). Bei Verhaltensprävention geht es darum, zielgruppenspezifisch das individuelle Verhalten von Menschen zu ändern, sie z. B. durch Aufklärung dazu zu bringen, nicht zu rauchen. Bei Verhältnisprävention oder struktureller Prävention geht es darum, die Verhältnisse und allgemeinen Lebensbedingungen grundsätzlich zu ändern, also z. B. das Rauchen in Gaststätten und öffentlichen Gebäuden zu verbieten.

Nehmen wir Anleihen bei diesen Unterscheidungen von Interventionstypen, dann können wir für die auf praktische (prospektive) Kritik abzielende Diskursforschung (Reisigl 2018a, S. 199–200) zumindest folgende Interventionen unterscheiden:

a) *Therapeutische Diskursinterventionen* stehen im Dienst des kommunikativen Allgemeinwohls. Sie zielen auf die „dienende", Sorge tragende Verbesserung allgemeiner oder institutioneller Kommunikationsverhältnisse (griech. *therapeúein* bedeutet *dienen, pflegen, heilen*). Solche Interventionen strebt Angewandte Sprachwissenschaft an, die im Feld gründlich forscht, um dort kommunikative Störungen aufzuspüren, genau zu beschreiben und zu erklären, und die dann argumentativ fundierte Ratschläge dazu erteilt, wie die Störungen konstruktiv bearbeitet und beseitigt werden können, also wie z. B. verständnisfördernde Verfahren eingesetzt werden können, wenn die Klient*innen einer Institution die Sprache der Agent*innen der Institution kaum beherrschen und mit den organisationalen Abläufen der Institution schlecht vertraut sind.

b) *Präventive Diskursinterventionen* sind Verhinderungsversuche. Sie erfolgen im Rahmen von prospektiver Kritik, die sowohl Verhaltens- als auch Verhältnisprävention zu betreiben versucht. Bei präventiver Diskursintervention soll verhindert werden, was befürchtet oder als Möglichkeit vorhergesehen wird, für den Fall, dass die Dinge so weiterlaufen wie bisher. Hierher gehören Versuche, etwas Bedrohtes (wie z. B. die Natur oder Mitwelt) zu bewahren. So kann z. B. eine ökolinguistisch orientierte Diskursintervention in öffentliche politische, mediale und ökonomische Diskurse durch eine Kritik der Rhetorik des Mehr, die in Autowerbungen vorherrscht, einerseits *verhaltenspräventiv* ausgerichtet sein und darauf abzielen, Menschen dazu zu bringen, weniger Sport Utility Vehicles (SUVs) zu kaufen und mehr mit dem Fahrrad zu fahren, um die Mitwelt und Gesundheit nicht länger durch maßlose Automobilität zu schädigen. Andererseits kann eine Diskursintervention *verhältnispräventiv* sein und darauf hinzuwirken versuchen, dass Autowerbungen ähnlich wie Tabakwerbungen behandelt werden, weil sie der Mitwelt und Gesundheit schaden, dass sie also mit einem verbalen Zusatz wie „Autofahren schadet der Mitwelt und Ihrer Gesundheit" versehen und in manchen Kontexten verboten werden (vgl. auch Reisigl 2020).

c) Verbote zählen allerdings bereits zum Bereich der regulativen Interventionen. *Regulative Diskursinterventionen* sind wegen ihres starken Grades an Präskriptivität und Verpflichtung vielfach verpönt, weil sie den Raum des Sagbaren einzuschränken versuchen. Allerdings gibt es für diese Einschränkung in manchen Bereichen gute Gründe, z. B. dort, wo Genozide sprachlich vorbereitet oder gerechtfertigt werden oder wo Faschismus und Nationalsozialismus verherrlicht und herbeigesehnt werden. Präskriptive Leitfäden zu nicht-diskriminierendem (z. B. geschlechtergerechtem) Sprachgebrauch, die von öffentlichen Institutionen verbindlich vorgeschrieben werden, gehören auch zu den regulativen Diskursinterventionen. Leitfäden, die primär der Aufklärung über die Gründe für und Möglichkeiten des nicht-diskriminierenden

Sprachgebrauchs dienen und unverbindliche Empfehlungen darstellen, sind dagegen eher im Bereich der verhaltenspräventiven Diskursinterventionen angesiedelt.

Feldtheoretisch betrachtet ist der durch Intervention erfolgende Positionswechsel auch mit einem zielgerichteten Wechsel des Feldes oder der Aktivität im Feld verbunden. Es werden Aktivitäten relevant, die vorher nicht von Belang waren, und die Rolle der Diskursforscher*innen wechselt von zuvor eher Unbeteiligten, die beobachten, zur Rolle von speziellen Praktiker*innen, die das Feld in Richtung auf eine gewünschte Alternative zu ändern versuchen. Wird *Intervention* mit *Eingriff* übersetzt, tritt metaphorisch die *manuelle Materialität* der Praxis in den Vordergrund. Intervention ist in diesem Sinne immer auch materielle Bearbeitung einer Konstellation.

2 Grund für eine Intervention ist, dass eine Konstellation, ein Verhältnis, etwas Gegebenes oder Bestehendes als Problem, Störung oder Krise wahrgenommen und beurteilt wird

Eine Situation wird als neuralgisch empfunden, es wird die Dringlichkeit ihrer Veränderung verspürt. Etwas soll nicht länger so weiterlaufen oder fortbestehen, wie es gerade läuft oder besteht. Weil es abgelehnt wird, stellt sich der Wunsch nach Aufgabe der Zurückhaltung und nach Einmischung ein. Der politische Akt der Einmischung, des direkten Eingriffs in das laufende Geschehen, ist mit dem Ziel verbunden, das, was nicht länger gewollt wird, nach den eigenen (hoffentlich gut begründeten) Vorstellungen zu verändern, das Unerwünschte zu beseitigen oder umzugestalten. Intervention ist also mehr als nur Beratung. Die Veränderung wird nicht nur als Möglichkeit empfohlen, sondern soll durch die Intervention aktiv herbeigeführt werden. Diskursintervention ist Ausdruck von materiellem Ein- und Widerspruch, von widerständigem Eingriff.

Ein solcher Eingriff in ein Verhältnis bleibt nicht ohne Folgen (Adorno 1963, S. 7), selbst wenn es „nur" ein verbaler, diskursiver Eingriff bleibt – der gleichwohl stets auch ein materieller Eingriff ist. Durch eine Diskursintervention soll das Einverständnis mit dem Verhältnis infrage gestellt, sollen problematische Selbstverständlichkeiten und Tabus aufgedeckt und kritisch hinterfragt werden. Analog zu Adornos kritischen Eingriffen können wir sagen: Wo Bewusstheit nur affirmativer Reflex der Realität ist, soll dieses Bewusstsein durch Diskursintervention angefochten werden, wenn es mit ideologischer Verblendung und

Rechtfertigung von Diskriminierung, Ungerechtigkeit, Ausbeutung oder Natur-
zerstörung verbunden ist (Adorno 1963, S. 8). So soll beispielsweise die Rede
von einem kollektiven Wir, die nationales Bewusstsein präsupponiert und speist,
durch mahnende antinationalistische Diskursinterventionen auf Momente der
imaginären innernationalen Gleichschaltung und der Beseitigung von singulärer
Individualität hin infrage gestellt werden (vgl. dazu auch Adorno 1963, S. 8).
Intervention ist oft *Krisenintervention* (siehe z. B. Hülshoff 2017). In einen
Status quo soll eingegriffen werden, weil er aus der Perspektive der intervenierenden Instanz als unerwünschter Notstand betrachtet wird, der zum
Positiven hin verändert werden soll. Zu intervenieren bedeutet in unserem
Zusammenhang, dass Diskursforscher*innen angesichts eines abgelehnten,
negativ bewerteten diskursiven Notstands, Konflikts oder Problems a) dazwischen-
gehen, b) sich einmischen, c) hemmend einschreiten oder d) sich vermittelnd
einschalten – mit dem Ziel, ein mit Diskursen verbundenes „social wrong"
(Fairclough 2009, S. 167–171) zu bearbeiten, eine Konstellation bzw. ein Verhältnis zu verbessern. Konkret zielen Diskursinterventionen – zumal im Bereich der
Kritischen Diskursforschung – darauf ab, die Diskursqualität sowie öffentliche
oder institutionelle Kommunikationsverhältnisse zu verbessern. Grundsätzlich
geht es darum, das Verhältnis zwischen Menschen und ihrer Mitwelt zu verbessern, indem am Diskurs gearbeitet wird. Diskursintervention ist also meta-
sprachliche *Arbeit am Diskurs*.

3   Das mehrdeutige Komposition *Diskursin-*
tervention lässt sich auf dreifache Weise
verstehen

Der Ausdruck kann eine *Invention des Diskurses* (Diskurs als Subjekt), eine
Intervention in den Diskurs (Diskurs als Objekt) und eine *Intervention mittels
Diskurs* (Diskurs als Mittel) bezeichnen. Die erste Auffassung wäre eine post-
strukturalistisch inspirierte, die den Diskurs selbst zu einer handelnden Instanz
erklärt, zu einem eigenständigen Akteur hypostasiert. Diese Sicht ist aus dis-
kursethischer Perspektive bedenklich, weil sie – der Tendenz nach – Diskursteilnehmer*innen von der Verantwortung für ihr diskursiven Handeln suspendiert, da
die sich darauf hinausreden können, als Marionetten vom Diskurs gesprochen zu
werden, wenn sie sich z. B. diskriminierend oder rechtsextrem äußern. Ich kann
der abgeschwächten Sichtweise etwas abgewinnen, dass wir alle in ein diskursiv
Vorkonstruiertes hineinsozialisiert sind. Allerdings können wir uns gegenüber
diesem Vorkonstruierten metasprachlich reflexiv verhalten und es hinterfragen,

und genau das ist eine Hauptpointe von aufklärerischer Sprach- und Diskurskritik. Der soziale Sprachdeterminismus kann nie so stark sein, dass wir dem
Diskurs völlig ausgeliefert wären. Die zweite und dritte Auffassung von *Diskursintervention* sind für unseren Diskussionszusammenhang relevanter als die
erste und lassen sich sinnvoll miteinander verknüpfen. Als angewandte Diskursforscher*innen versuchen wir, in Diskurse zu intervenieren, um sie zu verändern,
und zwar mit diskursiven Mitteln. Wer Diskursintervention betreibt, nimmt am
Diskurs selbst auf metapragmatische Weise teil, um ihn in jene Richtung zu
beeinflussen, die der intervenierenden Instanz als positive Alternative zum Status
quo vorschwebt.

4 Wenn es gilt, Rückschau zu halten auf bisherige Ansätze zu wissenschaftlicher Diskurskritik und auf damit verbundene Diskursinterventionen, dann rückt umgehend die Kritische Diskursforschung ins Blickfeld

Die Gebiete, auf denen Kritische Diskursforscher*innen seit der zweiten
Hälfte der 1980er Jahre zu intervenieren versucht haben, sind zahlreich. Zu ihnen
gehören:

a) *Diskursinterventionen gegen sprachliche Diskriminierung* (Rassismus,
Antisemitismus, Fremdenfeindlichkeit, Sexismus/Genderismus): Immer wieder
haben kritische Diskursforscher*innen den Versuch unternommen, präventive
oder gar regulative Empfehlungen oder Leitlinien zu nicht-diskriminierendem
Sprachgebrauch zu formulieren. Ab den 1980er Jahren wurden Vorschläge zu
nicht-sexistischem oder geschlechtergerechtem Sprachgebrauch erarbeitet –
in den 1990er Jahren in Österreich sogar im Auftrag des damaligen Frauen-
ministeriums (Wodak et al. 1987; Kargl et al. 1997). Zwischen 2015 und 2017
habe ich selbst in Zusammenarbeit mit der Abteilung für Gleichstellung von
Frauen und Männern eine Anleitung zu geschlechtergerechter Sprache für die
Universität Bern ausgearbeitet. Sie wurde nicht als Sprachgebrauchsregulativ
instituiert, sondern als Empfehlung. Ihre illokutionäre Kraft reicht nicht an
eine präskriptive Diskursintervention heran (Abteilung für Gleichstellung von
Männern und Frauen der Universität Bern 2017). Auch das Duisburger Institut
für Sprach- und Sozialforschung war immer wieder darum bemüht, instruktive
präventive Diskursinterventionen vorzunehmen, so etwa dort, wo es darum

ging, fremdenfeindlicher Medienberichterstattung über ausländische Straftäter*innen vorzubeugen (Jäger et al.

1998; DISS 1999);

b) *„Therapeutische" Diskursinterventionen zur Bearbeitung von Sprachbarrieren und zur Verbesserung von institutioneller oder organisationaler Kommunikation als vermittelnde Einmischungen:* In den vergangenen Jahrzehnten hat die soziolinguistisch inspirierte kritische Diskursforschung wiederholt versucht, auf der Basis von sorgfältiger empirischer Forschung linguistische Hilfestellungen bei anspruchsvoller Kommunikation in Organisationen und Institutionen auszuarbeiten. Folgende Schwerpunkte wurden dabei u. a. gesetzt:

– Sprachbarrieren in der Kommunikation vor Gericht und in Asylanhörungen und Arbeit an bürger*innennaher Gesetzessprache (Verständlichkeitsforschung),

– Kommunikation zwischen ärztlichem Personal, Patient*innen, Dolmetschenden (Verbesserungsvorschläge auf Basis von eingehender Feldforschung und Versuch der didaktischen Vermittlung von Verfahren der Verständnisförderung, u. a. in der ärztlichen Ausbildung an Universitäten und für niedergelassene Ärztinnen und Ärzte),

– therapeutische Kommunikation (Therapiegespräche),

– massenmediale Kommunikation (Streben nach verständlicheren Rundfunknachrichten, kritische Analyse von Presseberichterstattung und Fernsehdiskussionen, CDA 2.0, DISS-Ratgeber zu nicht-diskriminierendem Sprachgebrauch für Journalist*innen (DISS 1999), Interventionen als „öffentliche Intellektuelle" in verschiedenen Medien über Interviews und in Blogs; vgl. Reisigl 2018b),

– schulische und universitäre Kommunikation (Analyse des akademischen Schreibens und daraus hervorgehende Schreibdidaktik an Universitäten und Fachhochschulen, Fortbildungsseminare für Lehrer*innen zum Verhältnis von Sprache, Macht und Politik),

– Erwachsenenbildung (Vorträge an Volkshochschulen mit dem Ziel einer Demokratisierung des Wissens),

– Organisationsforschung (z. B. kritische Analyse von Entscheidungsfindungen und Mehrsprachigkeit in Institutionen der EU);

c) *Diskurskritische Interventionen in politische Kommunikation und Sprach(en)politik:* z. B. öffentliche Kritik an diskriminierenden Aspekten von Diskursen über Migration und Asyl, von Diskursen über Krieg, von Diskursen über Sprache/n und sprachliche Varietäten;

d) *Diskursinterventionen im Bereich des sprachlichen Umgangs mit Geschichte:* insbesondere diskurskritische Initiativen zum politischen und medialen, aber auch halböffentlichen Umgang mit Nationalsozialismus und Faschismus (u. a. einschließlich der Organisation einer Wanderausstellung und der Erstellung eines dazugehörigen Ausstellungskatalogs zur Geschichte des Antisemitismus in Österreich; siehe dazu Wodak, De Cillia 1988);

e) *Diskursinterventionen im Bereich der Identitätspolitik*: z. B. Kritik an diskriminierenden und trugschlüssigen diskursiven Konstruktionen von nationaler und europäischer Identität als Intervention gegen Nationalismus;

f) *Ökolinguistische verhaltens- und verhältnispräventive Diskursinterventionen*: z. B. diskurskritische Interventionen in wissenschaftliche, politische und mediale Diskurse über Klimawandel, Mobilität und Ernährung (siehe dazu das Projekt Sprachkompass 2020).

Diese unvollständige Liste an Betätigungsfeldern zeigt, dass Kritische Diskursforschung, wie ich sie verstehe, in der Regel Angewandte Sprachwissenschaft zu sein bemüht ist.

5 Bisherige Diskursinterventionen Kritischer Diskursforscher*innen waren insgesamt nicht so erfolgreich, wie es sich die Intervenierenden gewünscht hätten, insbesondere auch im Bereich der Bekämpfung von diskursbasierter Diskriminierung

Dafür gibt es viele Gründe.

a) Zum Teil waren und sind die erklärenden Diagnosen zu einfach oder einseitig. Wenig hilfreich sind beispielsweise Top-Down-Modelle von Manipulation, die den gesellschaftlichen Eliten unidirektional Macht zuweisen, aber dem Eigenleben der Diskursteilnehmer*innen in ihrem individuellen Rezeptionsverhalten zu wenig Bedeutung beimessen und der Komplexität multifaktorieller Interaktionskonstellationen nicht ausreichend Rechnung tragen, etwa gerade auch dort, wo es um soziale Diskriminierung geht, die durch eine bloße Sprachregelung allein nicht beseitigt werden kann, weil auch viele andere Diskriminierungsursachen wirksam sind.

b) Manchmal waren den Forscher*innen institutionell die Hände gebunden, konnten sie also nicht frei über die Ergebnisse ihrer wissenschaftlichen Arbeit verfügen – ein typisches Problem der Auftragsforschung, auch wenn es sich um einen öffentlichen Auftrag handelt. Mit diesem Problem war ich

z. B. zwischen 2000 und 2002 bei meiner Arbeit für die Europäische Stelle zur Beobachtung von Rassismus und Fremdenfeindlichkeit konfrontiert. Manche der jährlichen Länderberichte über Diskriminierung wurden zu grauer Literatur, die im Keller der EU-Institution verstaubte. Teilweise scheitern Verbesserungsvorschläge an der institutionellen Trägheit und Komplexität. So gelang es bisher z. B. nicht, im Bereich der mehrsprachigen und inter-kulturellen Kommunikation in Krankenhäusern in Österreich erfolgreich zu vermitteln, wie dringlich und volkswirtschaftlich wichtig der starke Ausbau eines professionellen Dolmetschdienstes in den Krankenhäusern ist.

c) Manchmal wurde der akademische Elfenbeinturm zu wenig verlassen, weil nicht adressat*innenadäquat kommuniziert wurde, weil also die fachsprach-liche Hürde des diskursanalytischen Spezialdiskurses nicht übersprungen wurde und die Diskurskritik primär eine wissenschaftlich ausgefeilte intellek-tuelle Fingerübung blieb.

d) Damit hängt das Problem zusammen, dass Medien oft nicht entsprechend genutzt wurden, um den kommunikativen Radius für die eigenen Kernbot-schaften breitenwirksam zu vergrößern. Zum Teil hat die weitgehende Zurück-haltung Kritischer Diskursforscher*innen gegenüber Medien damit zu tun, dass man nicht Gefahr laufen möchte, der Logik der Medien zum Opfer zu fallen. Wir haben es als Wissenschaftler*innen mit einem Konflikt zwischen der Logik der Medien und den Regeln des wissenschaftlichen Feldes zu tun, also einem Konflikt zwischen der Orientierung an Regeln der Selektion, die Sensation, Skandal, Konflikt, Dramatik, Emotionalität und Personenkult ins Zentrum stellen, und der Orientierung an Regeln der Suche nach inter-subjektiver Wahrheit und normativer Richtigkeit und der Einhaltung von Geboten der Sachlichkeit, rationalen Argumentation und Präzision. Bei mediatisierten Diskursinterventionen besteht die Gefahr, dass sie zu Lasten der Wissenschaftlichkeit gehen und vorschnell als ein Politisieren abgetan werden.

e) Dass der gewünschte Erfolg der Diskursinterventionen zum Teil ausbleibt, liegt manchmal auch an der Wahl der Interventionsmittel. Zu ihnen zählen nicht nur die fachlichen Sprachregister und Medien mit ihrer spezifischen kommunikativen Reichweite, sondern grundsätzlich alle semiotischen Mittel in ihrer jeweiligen kontextuellen Verankerung, die als Grundelemente einer Sprache der Kritik fungieren (siehe Reisigl 2019). Anders als in der Politik, in der zuweilen drastische Mittel bis hin zu militärischen Drohgebärden und Waffengewalt zum Einsatz kommen, und anders als in der Medizin, wo chirurgische Instrumente, Operationen und medikamentöse sowie andere therapeutische Maßnahmen auf Basis eines spezifischen Wissens dies-seits und jenseits der Schulmedizin Interventionsmittel darstellen, ist die auf

Intervention bedachte Diskursforschung fast primär auf mündliche und schrift-
liche Kommunikationsmittel angewiesen, seien es deskriptive, explikative,
argumentative, instruktive oder zuweilen auch narrative Mittel, seien es multimodale Mittel der wissenschaftlichen bis populärwissenschaftlichen Rhetorik
und Persuasion, seien es manchmal sogar ästhetisch inspirierte Mittel der kritischen Kommunikations- und Medienguerilla (Kleiner 2005). Diese Mittel sind
Bestandteile des sprachlichen und erweiterten semiotischen und kulturellen
Kapitals (im Sinne Bourdieus 2015 [1992], S. 53–63), dessen es bedarf, um
Diskursinterventionen erfolgreich vorzunehmen.

f) Der feldübergreifende Hauptgrund für den insgesamt noch zu geringen gesellschaftlichen *Impact* der Diskursinterventionen von Kritischen Diskursforscher*innen ist meines Erachtens der, dass Kritische Diskursforscher*innen
in der Regel aus keiner gesellschaftlich machvollen Position sprechen und
schreiben. Das bringt mich zur nächsten These.

6   Eine Diskursintervention muss aus einer machtvollen Position heraus erfolgen, soll sie erfolgreich sein und nicht verpuffen oder ins Leere laufen

Eine Intervention stellt nämlich immer eine machtvolle Grenzüberschreitung
dar – das zeigen auch alle unter Punkt 1 genannten Beispiele aus der Politik,
Medizin und Wirtschaft.

Diese These mag den Widerspruch jener provozieren, die in Erinnerung rufen,
dass Kritische Diskursforschung oft für die Beseitigung bestimmter Macht-
und Herrschaftsverhältnisse kämpft und dass sie sich in vielen organisationalen
Zusammenhängen für die Verringerung oder gar Auflösung von Machtasym-
metrien in der Kommunikation zu Gunsten von mehr Machtsymmetrie zwischen
Diskursteilnehmer*innen einsetzt. (Nota bene: Angesichts der Ubiquität von
Machtverhältnissen wäre es naiv zu glauben, dass sich eine gänzlich machtfreie
Kommunikation je erreichen lasse.) Allerdings: Nur wenn ich eine gesellschaftlich sichtbare und machtvolle Position einnehme, kann die Intervention glücken.
Diskursinterventionen reagieren auf Notstände, die durch Dispositive nicht
zufriedenstellend bearbeitet werden. Es steht zu vermuten, dass Diskursinterventionen am wirkmächtigsten sind, wenn sie innerhalb des zur Diskussion
stehenden Dispositivs (z. B. auch Mediendispositivs) gut positioniert werden.

Insofern sind Diskursforscher*innen gut beraten, über ihre Diskursanalyse hinaus auch Dispositivanalyse zu betreiben, also die Grenzen der Diskurslinguistik zu transzendieren und eine integrative interdisziplinäre Zusammenarbeit mit weiteren gegenstandsrelevanten Wissenschaften anzustreben und darüber hinaus den Kontakt zu verschiedenen Gruppen von Praktiker*innen zu suchen. Diskursinterventionen sind unweigerlich in Machtzusammenhänge verstrickt und können nur unter bestimmten Voraussetzungen Wirkungen zeitigen. Eine wichtige Bedingung für das Glücken einer Diskursintervention ist – zusätzlich zu den allgemeinen pragmatischen Gelingensbedingungen – die, dass ich im Mediendispositiv, in dem ich mich als intervenierende*r Kommunikator*in bewege, eine relevante kommunikative Reichweite erziele und entsprechend viele Multiplikator*innen anspreche.

7 Eine der Hauptfragen bei Diskursinterventionen ist die, wie ich mich als Diskursforscher*in machtvoll positioniere, um auf Diskurse Einfluss zu nehmen, ohne meine Wissenschaftlichkeit aufs Spiel zu setzen

Die Beantwortung dieser Frage setzt voraus, dass ich reflektiere, welche Macht für die Interventionen Kritischer Diskursforscher*innen grundsätzlich sinnvoll ist und welche nicht.

Folgendes sei bei der Beantwortung dieser Frage vorausgesetzt:

a) Macht ist eine relationale und unausweichliche Größe, der ich nie entkommen kann und die im gegebenen Zusammenhang nicht lediglich als etwas Destruktives, sondern auch als etwas Produktives aufgefasst werden soll (vgl. Foucault 1976, S. 114 ff.).

b) „Machtvolle Position" bedeutet hier nicht, sich mit Mächtigen gemein zu machen oder Macht manipulativ zu missbrauchen, etwa auch durch suggestives Framing. Gleichwohl kommt es punktuell zu einer Zusammenarbeit im Bereich der Policy, etwa wenn verbindliche Leitfäden zu nicht-diskriminierendem Sprachgebrauch für Ministerien ausgearbeitet werden.

c) Während eine Intervention in der Politik und zumal im Bereich der Policy Handlungs- und zumeist auch Sanktionsmacht voraussetzt, verfügen wir als Kritische Diskursforscher*innen in der Regel über keine Sanktionsmacht – und das ist gut so.

d) Diskursinterventionen durch Kritische Diskursforscher*innen müssen – anders
   als im militärischen und politischen Kontext – aus diskursethischen Gründen
   wissenschaftlich fundierte und gewaltfreie Interventionen sein.
e) Die Frage einer machtvollen Positionierung der intervenierenden Diskursforscher*innen stellt sich mit Blick auf die von Norman Fairclough (1989/2014,
   S. 73 ff.) getroffene Unterscheidung zwischen Macht *im* Diskurs („power
   in discourse") und Macht *hinter* dem Diskurs („power behind discourse").
   Macht *im* Diskurs betrifft die Mikroorganisation von Machtverhältnissen und
   realisiert sich über verschiedene sprachliche bzw. semiotische Machtmittel in
   Gesprächen, Texten bzw. Interaktionen, über Verfahren der Themenlenkung,
   über spezifische Text- und Diskursarten wie Verhöre und Anordnungen, über
   die ungleiche Verteilung des Rederechts und vieles mehr. Macht *hinter* dem
   Diskurs betrifft die Makrodimension von Machtverhältnissen und beruht auf
   einer bestimmten sozialen Ordnung, die den Diskursen zugrunde liegt. Sie entscheidet darüber mit, wer am Diskurs teilnehmen kann und wer nicht. Geprägt
   wird sie durch zweckgerichtete Dispositive und institutionelle Handlungs-
   bedingungen, durch die Distribution des ökonomischen, kulturellen, sozialen
   und sprachlichen Kapitals (im Sinne Bourdieus 2015 [1992], S. 49–86,
   der den rein ökonomischen marxistischen Kapitalbegriff beerbt und aus-
   differenziert, um verborgene Mechanismen der Macht besser in den Blick
   zu bekommen) und durch die Zuweisung eines bestimmten Status an soziale
   Positionen.

Die Macht der Diskursforscher*innen konstituiert sich zuallererst und zum
Großteil *im* Diskurs, sie hängt aber auch von Faktoren *hinter* dem Diskurs ab.
Unsere Position als Diskursforscher*in liegt primär im wissenschaftlichen
und akademischen Feld. Hier gilt erstens: Mein Wissen über verborgene diskursive Mechanismen und Effekte, über unhinterfragte, aber problematisierbare
ideologische Selbstverständlichkeiten, über bedenkliche persuasive Strategien ist Macht. Zweitens verfüge ich als Diskursforscher*in über sprachliches
Kapital, das ich für meine Intervention einsetze. Mit Hilfe von beidem geht
es im wissenschaftlichen Feld darum, epistemische Autorität zu erlangen und
– darauf aufbauend – gegebenenfalls auch deontische Autorität abzuleiten.
Soll heißen: Aus epistemischer Autorität kann zum Teil deontische Autorität
folgen, ohne dass ein naturalistischer Kurzschluss vorliegt. Denken wir etwa
an öffentlich agierende Klimatolog*innen, die Mediennutzer*innen zu einer
Änderung ihres Lebensstils motivieren wollen, auf der Basis von wissenschaftlich fundierten Argumenten, die mit bestimmten Wahrheitsansprüchen verknüpft

sind. Epistemische Autorität zu erlangen bedeutet, über kulturelles Kapital zu fügen. Dieses kann ich, unter wissenschaftlich angemessener Ausnutzung von Medien, in soziales Kapital konvertieren – über Vernetzung und die Schaffung von kommunikativen Plattformen. Damit wächst mein Einfluss auch außerhalb des Bereichs der Diskursforschung.

Ob ich in der Diskursforschung Macht und Einfluss erlange, ist oft nicht absehbar oder vorhersagbar, da der tatsächliche Einfluss von vielen Faktoren abhängt. Hier kann es nützlich sein, durch genaues Studium von gelungenen Diskursinterventionen etwas über die näheren Erfolgsbedingungen von öffentlichen Interventionen zu lernen. Greifen wir beispielsweise die immer akuter werdende Frage nach ökolinguistischen Diskursinterventionen heraus, dann können Beispiele wie die *Fridays for Future*, Rezos YouTube-Video zur Klimapolitik der deutschen Bundesregierung oder die Kunstinstallation von Olafur Eliasson und seinem vielköpfigen Team vor dem Eingang des Tate Modern (wo 2018 rund 20 große Brocken grönländischen Gletschereises vor sich hinschmolzen und dadurch den Museumsbesucher*innen oder Passant*innen die Klimakrise drastisch vor Augen führten) sehr lehrreich sein.

8 Weil Diskursinterventionen mit Machtfragen verbunden sind, bedürfen sie einer diskursethischen Fundierung

Soll heißen: Es sind normative Maßstäbe erforderlich, die Machtmissbrauch zu verhindern helfen. Zu Leitlinien einer Kritischen Diskursforschung, die in soziale Verhältnisse und Prozesse intervenieren will, zähle ich

a) die wissenschaftliche Fundierung der Diskursintervention (siehe dazu auch Vogel in diesem Band) einschließlich ihrer rationalen sachlichen Begründung, welche die emotionale Dimension nicht als strikten Gegensatz zur Vernunft missversteht, da es keine emotionsfreie Argumentation gibt,
b) das Streben nach Transparenz und Nachvollziehbarkeit des Vorgehens,
c) die Ablehnung von manipulativer Suggestion,
d) das Prinzip der Gewaltfreiheit,
e) die Empathie für und Solidarität mit Schwächeren und Benachteiligten,
f) die Förderung von demokratischer Partizipation und Orientierung an demokratischen Grundrechten und
g) das Streben nach Gerechtigkeit.

9   Diskursinterventionen liegen für die (Kritische) Diskursforschung im Bereich der Bildung am nächsten, beginnen in der Regel im akademischen Feld, an den Universitäten

Der akademische Bereich ist und bleibt meines Erachtens der wichtigste Anwendungsbereich, in dem z. B. auch meine eigenen Interventionsversuche die deutlichsten Früchte tragen. Ungeachtet dessen, dass Teun van Dijk schon 1985 forderte, Diskursanalytiker*innen mögen nicht lediglich als frei flottierende Papiertiger in der akademischen Welt agieren, steht für mich außer Frage, dass die naheliegendste und zumeist folgenreichste Diskursintervention für Diskursforscher*innen in der Lehre an der Universität stattfindet. Es ist dies bisher die wichtigste Diskursintervention der meisten Diskursforscher*innen. Wir sollten den akademischen Elfenbeinturm und seinen Einfluss nicht unterschätzen. Wenn ich von Studierenden, die ihr Studium abgeschlossen haben, unaufgefordert Feedback erhalte, in dem sie mir – z. B. in Briefen oder auf Postkarten – dafür danken, dass sie in meinen Lehrveranstaltungen ihre Vermögen zu (sprach) kritischem Denken stark weiterentwickeln konnten, dann stellt sich bei mir der Eindruck einer gelungenen didaktischen Diskursintervention ein. Eine als Diskursintervention verstandene universitäre Lehre, die zu mehr Sprach-, Diskurs- und Medienbewusstsein von Studierenden beiträgt, hat viel mit dem Projekt der Aufklärung und der im Titel genannten Emanzipation, also mit der Befreiung aus kognitiven Abhängigkeiten zu tun. Da nicht wenige Studierende später den Lehrberuf ergreifen, besteht die Hoffnung, dass sie als Multiplikator*innen ihre sprachreflexive und sprachkritische Kompetenz auch an ihre Schüler*innen weiterzugeben bemüht sein werden. Andererseits ist es selbstverständlich angezeigt, dass wir als anwendungsorientierte Kritische Diskursforscher*innen die Universität immer wieder verlassen und – im Dienste des Gemeinwohls – die Zusammenarbeit mit öffentlichen Institutionen und Organisationen wie den oben genannten suchen (siehe These 4, Punkt b und These 5, Punkt b). Wir sollten dies aber auf eine Weise tun, die unsere wissenschaftliche Freiheit nicht gefährdet und unsere Wissenschaftlichkeit nie in Frage stellt. In diesem Sinne ist die Einhaltung wissenschaftlicher Maßstäbe (wie z. B. Sachlichkeit, Genauigkeit, Nachvollziehbarkeit, Klarheit, argumentative Stringenz, theoretische Kohärenz und empirische Fundierung) unerlässliche Grundlage für eine gesellschaftlich wertvolle Diskursintervention.

10   Egal, was wir als angewandte Diskursforscher*innen tun, an den Universitäten und außerhalb: Unser berufliches Handeln hat immer auch politische Implikationen

Daher ist es wichtig, zu reflektieren, welche politische Dimension unsere Handlungen als Diskursforscher*in involvieren, welche politische Dimension bei einer spezifischen Diskursintervention jeweils im Vordergrund steht. Diese Selbstreflexion kann dagegen wappnen, den eigenen Einfluss zu überschätzen, aber auch dabei helfen, den eigenen Einfluss zu vergrößern. Es geht uns nicht darum, klassisch Politik zu betreiben und im politischen Wettstreit (der Politics) agonistisch mitzukämpfen, wenngleich in begründeten Fällen auch politischer Aktivismus, z. B. der Bewegung *Fridays for Future*, wissenschaftlich gestützt oder vereinzelt sogar mit betrieben werden kann, z. B. von den *Scientists for Future*. Wo im Auftrag von Ministerien Leitfäden zu nichtdiskriminierendem, z. B. geschlechtergerechtem Sprachgebrauch formuliert werden, arbeiten wir im Bereich der Policy mit, wenn auch mit dem gleichzeitigen Bestreben, den politischen Handlungsrahmen, die Polity, längerfristig mitzugestalten, denn Leitlinien bzw. Normen zählen zum politischen Handlungsrahmen. In solchen Fällen liegt auch eine präventive Diskursintervention vor, die zuweilen regulative Züge annimmt. Ich glaube, dass wir als Diskursforscher*innen, die intervenieren, um Kommunikationsverhältnisse zu verbessern, bis jetzt am stärksten auf die Polity, also den politischen Handlungsrahmen einzuwirken versuchen und dass dieser Bereich für kritische Diskursinterventionen besonders relevant ist. Eine vordringliche Aufgabe ist es ja, auf der Basis unserer diskursanalytischen Expertise die Bildungspolitik zu beeinflussen und die demokratische Dialogkultur zu fördern. Eine solche Dialogkultur gehört zur politischen Kultur eines Landes. Die Mitgestaltung der öffentlichen Dialogkultur als Teil der politischen Kultur durch gezielte Diskursinterventionen ist tendenziell eine Politik der kleinen Schritte, ist, um mit Max Weber zu schließen, ein Bohren dicker Bretter – auch wenn sie langfristig eine grundlegende Transformation der Gesellschaft in Richtung einer tatsächlich nachhaltigen Entwicklung als Horizont hat. Sie ist auf jeden Fall eine auf Emanzipation abzielende Praxis und nicht nur eine akademische Fingerübung.

Literatur

Abteilung für Gleichstellung von Männern und Frauen der Universität Bern (Hrsg.). (2017). *Empfehlungen für die Universität Bern: Geschlechtergerechte Sprache*. Universität Bern (verfasst von Martin Reisigl, Ursina Anderegg und Lilian Fankhauser). https://www.philhist.unibe.ch/unibe/portal/fak_historisch/content/e11352/e84118/e566094/Sprach_e_ger.pdf, zuletzt abgerufen am 03.01.2019.

Adorno, T. W. (1963). *Eingriffe. Neun kritische Modelle*. Frankfurt am Main: Suhrkamp.

Bourdieu, Pierre (1992). *Die verborgenen Mechanismen der Macht. Schriften zur Politik und Kultur 1*. Hamburg: VSA Verlag.

DISS (Duisburger Institut für Sprach- und Sozialforschung) (1999). *Medien und Straftaten. Vorschläge zur Vermeidung diskriminierender Berichterstattung über Einwanderer und Flüchtlinge*. Duisburg. DISS.

Duden (1989). *Das Herkunftswörterbuch. Etymologie der deutschen Sprache*. Mannheim u. a.: Dudenverlag.

Fairclough, N. (2009). A Dialectical-Relation Approach to Critical Discourse Analysis in Social Research. In R. Wodak & M. Meyer (Hrsg.), *Methods of Critical Discourse Analysis*. Second Edition (S. 162–186). Los Angeles et al.: Sage.

Fairclough, N. (1989/1992/2014). *Language and Power*. London: Longman.

Foucault, M. (1976). *Mikrophysik der Macht. Michel Foucault über Strafjustiz, Psychiatrie und Medizin*. Berlin: Merve.

Hülshoff, T. (2017). *Psychosoziale Intervention bei Krisen und Notfällen*. München, Basel: Ernest Reinhardt Verlag (UTB).

Jäger, M., Cleve, G., Ruth, I., & Jäger, S. (1998). *Von deutschen Einzeltätern und ausländischen Banden. Medien und Straftaten. Mit Vorschlägen zur Vermeidung diskriminierender Berichterstattung*. Duisburg: DISS.

Kargl, M., Wetschanow, K., Wodak, R., & Perle, N. (1997). *Kreatives Formulieren: Anleitungen zu geschlechtergerechtem Sprachgebrauch*. Wien: Bundesministerium für Frauenangelegenheiten und Verbraucherschutz.

Kempf, H.-D. (2010). *Die neue Rückenschule. Ein Praxisbuch*. Berlin/Heidelberg: Springer.

Kleiner M. S. (2005). Semiotischer Widerstand. Zur Gesellschafts- und Medienkritik der Kommunikationsguerilla. In: G. Hallenberger & J.-U. Nieland (Hrsg.), *Neue Kritik der Medienkritik. Werkanalyse, Nutzerservice, Sales Promotion oder Kulturkritik?* (S. 316–368) Köln: Halem, 316–368.

Kläy, A., Zimmermann, A. & Schneider, F. (2016). Eingreifen wider Willen – reflexiv transformative Wissenschaft. *VSH-Bulletin 3–4* (November 2016), S. 46–52.

Kluge (2002). *Kluge. Etymologisches Wörterbuch der deutschen Sprache*. Bearbeitet von Elmar Seebold. 24. Auflage. Berlin: de Gruyter.

Reisigl, M. (2007). *Nationale Rhetorik in Fest- und Gedenkreden. Eine diskursanalytische Studie zum „österreichischen Millennium" in den Jahren 1946 und 1996*. Tübingen: Stauffenburg.

Reisigl, M. (2011). Kommunikationstypologien zum Handlungsbereich der Politik. In S. Habscheid (Hrsg.), *Textsorten und sprachliche Handlungsmuster: Linguistische Typologien der Kommunikation* (S. 437–472). Berlin, New York: de Gruyter.

Reisigl, M. (2018a). Diskurslinguistik und Kritik. In I. H. Warnke (Hrsg.), *Handbuch Diskurs* (S. 173–207). Berlin, New York: de Gruyter.

Reisigl, M.(2018b). Neokonservative feuilletonistische Sprachkritik – eine linguistische Replik. Blog-Beitrag für den Blog *GenderCampus* der Universität Bern, Dezember 2018, https://www.gendercampus.ch/de/blog/post/neokonservative-feuilletonistische-sprachkritik-eine-linguistische-replik/, zuletzt abgerufen am 03.01.2019

Reisigl, M. (2019). Kritik der Sprache der Kritik. In A. Langer, M. Nonhoff, & M. Reisigl (Hrsg.), *Diskursanalyse und Kritik* (S. 89–120). Wiesbaden: VS Verlag für Sozialwissenschaften.

Reisigl, M. (2020). Sprache verrät uns viel über Normen. *VCÖ. Mobilität mit Zukunft.* https://www.vcoe.at/news/details/sprache-verraet-uns-viel-ueber-normen (zuletzt abgerufen am 04.04.2020).

Schmidt, M. G. (1995). *Wörterbuch zur Politik*. Stuttgart: Kröner.

Sprachkompass 2020 (https://sprachkompass.ch, zuletzt abgerufen am 03.01.2020).

Wodak, R., Feistritzer, G., Moosmüller, S., & Doleschal, U. (1987). *Sprachliche Gleichbehandlung von Frau und Mann*. Wien: Bundesministerium für Arbeit und Soziales.

Wodak, R & De Cillia, R. (1988). *Sprache und Antisemitismus. Ausstellungskatalog*. Wien: Mitteilungen des Instituts für Wissenschaft und Kunst 3/1988.

van Dijk, T. A. (1985). Introduction. The role of discourse analysis in society. In T. A. van Dijk (Hrsg.), *Handbook of discourse analysis. Bd. 4* (S. 1–8). London et al.: Academic Press.

Moralkommunikation ist billig – Moral ist teuer: 15 Thesen

Clemens Knobloch

> *What is needed is not that we place ourselves "above" the controversies. Rather, we should place ourselves within them, by an understanding of their essential grammar.*

(Burke 1969b, S. 268)

1 Einleitung

Im folgenden Text versuche ich, den thesenhaften und provokant zuspitzenden Duktus der Podiumsdiskussion, für die das Papier ursprünglich formuliert worden ist, möglichst beizubehalten, aber darüber hinaus auch, Verdeutlichungen, Einwände und Kritik mit aufzunehmen, die in der Paneldiskussion geäußert wurden.[1]

---

[1]Besonders danke ich Wolfgang Lieb für viele kritische Hinweise zur ersten Fassung der Thesen.

C. Knobloch (✉)
Siegen, Deutschland
E-Mail: knobloch@germanistik.uni-siegen.de

2 Der Ausdruck *Moralisierung* wird zugleich als Analysebegriff und als operativer politischer Kampfbegriff (letzteres meist in kritischer, abwertender Absicht) verwendet

Im Politischen Feld konnotiert *Moral* eher negativ, *Ethik* eher positiv. Zudem suggeriert das Ableitungsmuster auf */-ieren, -ierung/*, dass etwas in den Umkreis der Moral gebracht wird, was dort nicht hingehört, sondern eher in die Sphäre von Macht, Interesse, Aufmerksamkeit.

Diese Janusköpfigkeit des Ausdrucks *Moralisierung* (zugleich Analyse- und Kampfbegriff zu sein) erschwert einerseits den fachlichen Umgang mit ihm, zeigt aber andererseits eine pragmatische Anatomie, die für politische Begriffe prototypisch ist: Auch andere kurrente Begriffe wie *Populismus, Verschwörungstheorie, Antisemitismus* und viele andere mehr koppeln die Eigenschaft eines Neutralität suggerierenden Fachausdrucks mit der evaluativen Eindeutigkeit eines politischen Fahnen- oder eben Stigmawortes.

Zudem konnotiert alles, was mit Moralisierungskritik verbunden ist, auch einen identifizierbaren Ort in der politischen Topologie. Einschlägige Ausdrücke *(Moralkeule, Schuldkult, politisch korrekt)* richten sich meist von einer rechten Trägerschicht aus gegen eine (wirklich oder vermeintlich) linke Schicht, die durch Hypermoral (Gehlen 1969) im machtpolitischen Raum gekennzeichnet und markiert wird. Oder sie richtet sich gegen progressiv-neoliberal geprägte Medien.

Dass auch von links an den Praktiken der Moralisierung politischer Machtfragen Kritik geübt wird, ist ein eher neues Phänomen (vgl. Stegemann 2018, Mausfeld 2018, Knobloch 2015, Pfaller 2017). Nicht weniger markant ist aber der Umstand, dass auch die (nach wie vor überwiegend rechte) Trägerschicht der Moralisierungskritik jederzeit bereitwillig in die Identität des verfolgten Opfers schlüpft. Nur sind es eben die liberalen Eliten und ihre Medien, von denen sie sich verfolgt und marginalisiert fühlt. Auf die Vorteile einer anerkannten Opferrolle glaubt offenbar niemand verzichten zu können. Unter lauter miteinander konkurrierenden Opfern ist keine politische Auseinandersetzung möglich.

Insgesamt spricht diese Konstellation für die These, dass Moralisierung derzeit eine zentrale Strategie im öffentlichen Kampf um Deutungshoheit und Zustimmung ist – und zwar eine durchweg destruktive Ressource.

Man kann so gut wie alles moralisierend thematisieren: Gerichtsurteile, Forschungsergebnisse, wirtschaftliche Verhältnisse, Bevorzugungen und Benachteiligungen. „Die Besonderheit der moralischen Kommunikation besteht darin, dass sie sich in alle anderen Systeme hineindrängen kann", schreibt

Stegemann (2018, S. 23), an Luhmann (2008) anschließend. Das Moralisieren ist eine unspezifische Ressource, zugleich Währung und Zirkulationsmittel für die Machtlosen *und* Ressource für die Mächtigen. Weil Moralisierung immer auf Individuen zurechnet, schützt sie zugleich die gesellschaftlichen Systeme gegen Zurechnung, Bewertung, Kritik. Es gibt gierige und korrupte Banker und kreative Start-Up-Gründer. Das System, in dem beide agieren, ist schon in Ordnung. Moralkommunikation steht immer und überall zur Verfügung und verursacht keine nennenswerten Kosten. Kaum einer wagt sich mit seinen Interessen in die massenmediale Zirkulation ohne den Schutz durch zustimmungspflichtige Wertfassaden.

3 Politische Diskurse sollten auf Meinungs- und Deutungsstreit, Konsens und Dissens, Information und Argumentation beruhen

Moralisierung erschwert Dissens und erzwingt Zustimmung, weil sie umschaltet von Sach- und Interessenkommunikation auf Achtungskommunikation. Sie droht mit Achtungsentzug: Wer anderer Meinung ist, wird zum Bösen erklärt. Empörung ersetzt Analyse. Oder, mit der Formel von Pfaller (2017, S. 55), aus „I disagree" wird „I am offended". Eine solche kommunikative Strategie lebt von der unterschwellig mitlaufenden Unterstellung: Wer sich beleidigt oder verletzt fühlt (und das auch öffentlich erklärt), der hat recht. Das ist natürlich eine Zuspitzung, aber sie trifft. Denn die Reaktion des Beleidigten und Empfindlichen schließt die rationale Diskussion.

Wenn dieses Muster einmal öffentlich eingelebt ist, wächst naturgemäß die Versuchung für die Mächtigen, auch die je eigene Rolle zu moralisieren, weil das offenkundig gegen politische Angriffe schützt.

Im politischen Raum verschiebt diese Tendenz die Gewichte: *Was* gesagt und getan wird, verliert an Bedeutung, an Bedeutung gewinnt dagegen die Frage, *als wer* bzw. *für wen* man auftritt, spricht, handelt etc. In der Folge schrumpfen die öffentlichen Räume, in denen politisch Gleiche ohne Ansehen der Person (und ihrer Empfindlichkeiten) politisch handeln können.

Stattdessen gleicht der politische Raum zusehends einem Feld, auf dem die Sprecher konkurrierender moralisierter Wirgruppen und Wiridentitäten aufeinandertreffen. Und je mehr solche Gruppen es im öffentlichen Feld gibt, desto stärker wird das Bedürfnis nach einer Instanz, die ihre moralischen Ansprüche in eine Rangordnung bringt (vgl. Fischer 2006).

4 Moralkommunikation thematisiert bevorzugt Schwache, Minderheiten, Opfergruppen, wirkliche oder vermeintliche

Sie richtet sich aber als Botschaft an die (in der Regel bessergestellte) eigene *community*. Man spricht moralisierend *über* andere Gruppen, aber meist *mit* seinesgleichen. Die gesellschaftliche Trägerschicht des moralisierten Diskurses ist die liberale, gut ausgebildete, meist akademische Mittelschicht.

Einen gültigen Katalog der sprachlich anerkannten (und rituell zu grüßenden) Opfer- und Minderheitenidentitäten findet man in jedem Diversitätsstatut. Als Beispiel gebe ich die Liste aus der „Charta der Vielfalt", einem Verein, dem mehr als 3000 Arbeitgeber angehören und der unter der Schirmherrschaft der Bundeskanzlerin steht. Die Liste ist recht differenziert und aufschlussreich. Sie hat einen „inneren Kern", zu welchem gehörten:

Ethnische Herkunft und Nationalität; Geschlecht und geschlechtliche Identität; sexuelle Orientierung und Identität; Religion und Weltanschauung; Behinderung; Alter.

Das ist die so genannte innere Dimension. Und nun die Kategorien der äußeren Dimension: *Geographische Lage; Einkommen, Gewohnheiten; Freizeitverhalten, Berufserfahrung, Ausbildung; Auftreten, Elternschaft; Familienstand.*

Alle Kategorien des inneren Kerns sind erkennbar sozialstrukturell und politisch völlig neutral. In allen einschlägigen Kategorien gibt es Obdachlose und Milliardäre, in allen gibt es Liberale, Konservative, Linke und Rechte. Die jeweiligen Kategorien bilden jedenfalls keine Gruppe mit gemeinsamen sozialen, wirtschaftlichen oder politischen Status oder Interessen. Zu solchen Gruppierungen liegen die diversen Identitäten quer. Die Frage, die wir uns stellen müssen, lautet daher: Wem spielt die Diversitätsrhetorik Macht-, Gewinn-, Reputations- und Statuschancen zu? Ohne Gewinner und solche, die es zu werden hoffen, funktioniert kein politisches Programm.

Für ausgewählte Angehörige dieser Kategorien aus den gehobenen Schichten wird das Stigma zur Ressource für Statusgewinn und Aufstieg. Wer sich öffentlich oder in seinem beruflichen, gesellschaftlichen Nahbereich für Behinderte, Flüchtlinge, Schwule, Minderheiten einsetzt, der macht Punkte in einer moralisierten Mittelschicht-Szene, bei den „Wohlhabenden und Wohlmeinenden", die sich laufend ihre hohe Moralität und Weltoffenheit bestätigen und (symbolisch) in einer Art *gated community* leben.

Neuerdings ist auch zu beobachten, dass beide Seiten des politischen Spektrums, progressiv-neoliberale wie rechtspopulistische Seite, exemplarisch Angehörige der Opfer-, Minderheits-, Stigma-Identitäten rekrutieren – zur Erhöhung der eigenen Glaubwürdigkeit. Auch die populäre Massenkultur schmückt sich inzwischen gerne mit Angehörigen stigmatisierter Kategorien und demonstriert, dass es jeder schaffen kann, den *Eurovision Song Contest* zu gewinnen oder in *Germany's Next Top Model* zu reüssieren.

Ein weiterer Bereich, der hier wenigstens kurz genannt werden muss, erfordert eine eigene Analyse, die aber hier aus Zeitgründen unterbleibt. Es handelt sich um die Machtchancen, die einer Institution zuwachsen, wenn sie ein diverses und weltoffenes Image in ihren PR-Auftritt aufnimmt und es nach innen, für die Angehörigen der Institution verbindlich durchzusetzen versucht, in *codes of conduct, speech codes* etc. Das ist von Interesse, weil auch die Universitäten zu den Institutionen zählen, die solche Anstrengungen unternehmen.

Wie alle politischen Programmbegriffe benötigt auch *Vielfalt* eine machtpolitische Matrix, die selbst im Hintergrund bleibt und von Fall zu Fall Grenzen zieht. Sie muss regulieren, was zugelassen und was außen vor gehalten wird. Das Programm *Vielfalt* steht für die strategische Ausschüttung von Anerkennung an ausgewählte einzelne Mitglieder von Gruppen, die in der Vergangenheit Stigmatisierung und Benachteiligung konnotieren. Ihr Haupteffekt besteht darin, dass sie aus dem anerkannten Opferstatus potentiell eine Machtressource macht. Sie knüpft, so gesehen, an an die aufmerksamkeitsökonomische Privilegierung der Opferrolle gegenüber den *Normalen,* die keine öffentliche Aufmerksamkeit beanspruchen können. Und sie heizt einen gesellschaftlichen Wettlauf, den Erdl (2004, S. 370) mit der Formel zusammenfasst: „Keiner möchte tatsächlich Opfer sein, aber mancher möchte durchaus als Opfer gelten."

5 In den Kämpfen um Anerkennung für marginalisierte Minderheiten ist Moralisierung ein Mittel, Aufmerksamkeit für ein Problem zu erzeugen, eine Ressource von Gruppen, die über keine anderen Machtressourcen verfügen

In dieser Funktion ist sie unentbehrlich. Inzwischen ist die Moralisierung aber auch eine Waffe der Mächtigen, der neoliberalen Meinungsführer geworden: Geschützt durch die rhetorische Fassade einer europäischen, christlichen oder

sonstigen „Wertegemeinschaft" betreiben sie die wilde Globalisierung der Arbeitsmärkte und die Zerstörung des Sozialstaates – im Namen einer *Diversität*, die
zusehends umkodiert wird: von einer Bedrohung für die politisch Gleichheit zu
einem Mittel, gesellschaftlichen Zusammenhalt zu erzeugen bzw. zu erzwingen.
Wesentlich für den Erfolg der symbolischen Anerkennungspolitik gegenüber ausgewählten Opfergruppen ist der Funktions- und Bedeutungswandel
der Opferrolle in unseren Gesellschaften (vgl. hierzu Günther 2013): Die neoliberale Umwälzung der vergangenen Jahrzehnte ist gekennzeichnet durch eine
umfassende strategische Ausweitung der Eigenverantwortungskultur. Alle Verantwortung wird symbolisch konzentriert beim Einzelnen. Nicht nur für das
eigene Leben, für Bildung und Gesundheit, für Altersvorsorge, für Kindeswohl
ist der Einzelne verantwortlich, auch die globalen Großprobleme der Ökologie, des Klimas, der Artenvielfalt, der Demographie – alle werden sie mit der
Lebensweise der (notorisch überforderten) Einzelnen verkoppelt. Täglich hören
und lesen wir, dass es an uns als Einzelnen liegt, etwas gegen Klimawandel,
Artensterben etc. zu tun. Lübbe (1994) spricht bereits hellsichtig von der „Ver-
antwortungsexpansion". Und Hans Jonas' Buch *Das Prinzip Verantwortung*
ist nicht zufällig die Bibel aller ökologischen Aktivisten. Markant an diesen
Tendenzen ist die komplementäre weitgehende Entartikulierung aller *Verhältnisse,* unter denen die Individuen agieren müssen und die ihnen immer weiter
gehende Zwänge auferlegen.

Vor diesem Hintergrund mutiert der gesellschaftliche Opferdiskurs und
gewinnt seine gegenwärtige Form: Der Opferstatus versorgt Individuen mit einem
Modell für „legitimes Scheitern" (Günther 2013, S. 234 ff.) in der umfassenden
Kultur der Eigenverantwortlichkeit. Der Opferstatus ist, so gesehen, ein „patho-
logischer Nebeneffekt einer Kultur der Eigenverantwortung" (Günther 2013,
S. 240), deren Schatten gewissermaßen. Wer an traumatischen Belastungen,
Burnout, Unglücks- oder Krankheitsfolgen leidet, der erhält eine individuelle
Atempause, ohne dass er dabei die Kultur der Eigenverantwortung in Frage
stellen müsste. Im Gegenteil, er bestätigt sie noch. Sakralisierte Opfergruppen
(und die damit einhergehende „Vermonsterung" der Tätergruppen: Terroristen,
Vergewaltiger, Kinderschänder, Nazis...) stehen somit bereit als attraktive
Rollenmodelle und Vorbilder für Gemeinschaften, deren Angehörige aus ihrem
„legitimen Scheitern" symbolische oder materielle Vorteile ziehen können.

6 In den liberalen Leitmedien wird die Auseinandersetzung mit dem (Rechts-) Populismus als eine Art Endkampf zwischen Gut und Böse inszeniert

Auf der einen Seite steht das gute *Wir (Diversität, Meinungsfreiheit, Humanität, Minderheitenschutz)*, auf der anderen das böse *die anderen* (nationalistisch, rechtspopulistisch, rassistisch, fremdenfeindlich, sexistisch etc.). Die liberalen Journalisten legen sich ihre Tätigkeit gerne so zurecht, dass sie vor allem nichts veröffentlichen wollen, was dem bösen Gegner nutzt (oder nutzen könnte).

„Verantwortungsverschwörung" nennt Uwe Krüger (2016, S. 105 ff.) diese Haltung. Für das Selbstverständnis der Medien als „Vierte Gewalt", welche die Aufgabe hat, Macht zu kontrollieren, ist das fatal. Die Aufgabe der Medien ist es, durch Information die Selbstdarstellung der politisch-ökonomischen Mächte zu stören, zu irritieren – nicht: sich auf die (vermeintlich) gute Seite eines moralisierten Konflikts zu schlagen.

Die Inszenierung: „Mitte gegen rechten und linken Populismus" verengt das hegemoniale Meinungsspektrum und bindet „Abweichler" durch deren Umkodierung als Rechts- oder Linksextreme mittels Kontaminationsbegriffen wie *Verschwörungstheorie, Querfront, Antisemitismus*. Die Mehrzahl der kurrenten Kontaminationsbegriffe (vgl. zu diesem Begriff Mausfeld 2018, S. 74 ff.) ist so gebaut, dass die damit erfolgreich Infizierten gleichermaßen zu rechten oder linken Seite sortiert werden können. Anders gesagt: Es handelt sich um eine Neuauflage der Totalitarismuskonstruktion, die auf der Gleichsetzung von rechts und links und auf der (autoritativ neoliberal besetzten) Mitte als „Gleichgewichtswaage" beruht.[2] Böse Zungen formulieren das so: das progressiv-neoliberale Diversitätskasperle befestigt seine Hegemonie, indem es ständig auf das böse Populismuskrokodil zeigt.

Kontaminationsbegriffe etablieren Tabuthemen für alle politischen Gegner der hegemonial-liberalen Mitte. Wer sie verletzt, wird als *Verschwörungstheoretiker, Antisemit, Populist* geoutet. So bewirkt der allgegenwärtige *Populismus*-Vorwurf auch die Verengung des zugelassenen Meinungsspektrums.

---

[2]Mausfeld (2018, S. 74 f.) spricht auch von „Verklammerungsbegriffen", deren Logik darin besteht, den politischen Gegner mit Themen und Motiven zu verknüpfen, die unbedingt geächtet sind (Rassismus, Antisemitismus etc.).

Der Moralisierung von Sach-, Macht- und Interessenfragen entspricht die konsequente Personalisierung politischer Zurechnungspraktiken. In Europa haben wir es nicht mit einem Raum hoch verdichteter ökonomischer Standortkonkurrenz zu tun, in dem letztlich alle unter den Zwängen der eigenen „Standortbedingungen" agieren, sondern mit bösen populistischen Akteuren (Orban, Kaczinski etc.) oder mit guten liberalen Akteuren. Dass Fragen der Arbeitskräftemigration sich anders stellen, wenn die eigenen Fachkräfte (wegen der höheren Löhne) nach Westen auswandern, während die westlichen Großkonzerne (wegen der niedrigen Löhne) ihre Produktion nach Osten verlegen, ist evident, verschwindet aber spurlos hinter der Optik von Gut und Böse.

7   Das Programm der liberalen Leitmedien wird pädagogisch

Bei wachsenden Teilen des Medienpublikums, die sich politisch nicht (oder nicht mehr) hinreichend repräsentiert fühlen, kommt der moralisierende Habitus der Kommunikation als Erziehungs- und Bevormundungsversuch an: Aus „Ihr gebt uns die Information – Wir bilden uns das Urteil" ist das umgekehrte Muster geworden: „Wir geben euch die moralische Wertung – Ihr müsst euch die Information selbst beschaffen". Die spontane Reaktion lautet: „We don´t need no education."

Das Verhältnis des Publikums zu ‚seinen' Medien gleicht zusehends dem einer aufsässigen Schulklasse gegen ihre Lehrer. Man weiß, der Stoff wird geprüft und ist relevant für das staatsbürgerliche Image, aber man glaubt nicht mehr so recht an die lautstarke Beteuerung, all das sei doch nur zu unserem Besten.

Die Neue Rechte kapitalisiert dieses verbreitete Gefühl, moralisch bevormundet und mit rituellen Sprachtabus überzogen zu werden, ausgesprochen professionell. Die Linke lässt sich durch das progressiv-liberale Milieu einbinden, während die Neue Rechte dessen Feindschaft sucht und so den allgemeinen Unmut auf die eigenen Mühlen lenken kann. Und das, obwohl sie die neoliberale „Grundordnung" von Wirtschaft und Gesellschaft nicht thematisiert (und schon gar nicht antastet oder infrage stellt).

Und indem die Linke ihrerseits keine dezidierte Kritik am moralisierenden liberalen *mainstream* äußert, macht sie es der Neuen Rechten leicht, diesen liberalen *mainstream* als „links", als linke Hegemonie, zu kodieren.

8   Als Machtressource ist vorgeschriebene Achtungskommunikation („Korrektheit") paradox und selektiv

Für entwürdigende Arbeitsbedingungen gibt es keine *Me-too*-Bewegung (Stegemann 2018, S. 191). Den offiziell Benachteiligten unterstellt man eine Perspektive des Typs: „Wir sind anders und fordern, als solche geachtet zu werden" und gleichzeitig „Wir haben die gleichen Rechte und Ansprüche wie alle anderen". Wenn ich Angehörige einer Opferkategorie behandele „wie alle anderen", verweisen sie auf ihr Besonderssein. Wenn ich sie besonders behandele, verweisen sie darauf, dass sie wie alle anderen sind. Gekränkt sind sie immer.

Ein Beispiel, das es tatsächlich bis in die Kommentare der *Süddeutschen Zeitung* gebracht hat: Befürworter politisch korrekter sprachlicher Formen versuchen neuerdings, die Frage nach der Herkunft („Woher kommst Du?") zu ächten, wenn sie sich an migrantisch wirkende Mitmenschen richtet. Angeblich signalisiert bereits diese Frage die Nichtzugehörigkeit des Adressaten zum (biodeutschen) „Wir" (vgl. Marinic 2019). Das ist so absurd, dass man sich damit gar nicht beschäftigen mag, passt aber in eine Szene, in der die Inszenierung gegenseitiger Rücksichtnahme und eigener moralischer Empfindlichkeit das Politische überwuchert und erstickt hat. Wer mit dem festen Vorsatz durchs Leben geht, niemanden zu kränken, der sich selbst zu den Erniedrigten und Beleidigten zählt (und wer tut das nicht?), der mag sich gut fühlen. Politisch werden ihn die Paradoxien der Moralkommunikation einholen.

Gerade in den wohlmeinenden und wohlhabenden Schichten der akademischen Welt treibt der Kultus der Empfindlichkeit, der rituellen Rücksichtnahme und der gepflegten Besorgnis schillernde Blüten. 50 Jahre nach dem *Free-Speech-Movement* in Berkeley agitiert die Campus-Linke für politisch korrektes und rücksichtsvolles Sprechen, für umfassende Sprecherqotierung, für *speech codes, safe spaces* und *trigger warnings* (vgl. Nagle 2018). Und tut damit just das, was sie den anderen vorwirft: den eigenen Kommunikationsraum symbolisch abzuschotten und als eine strikt begrenzte bessere Wir-Welt, als Filterblase, zu konstituieren. Es handelt sich um das symbolisch-moralische Grenzregime einer Schicht, die ansonsten lautstark offene Grenzen fordert, um eine Art „Gated Community der Wohlmeinenden" (Stegemann 2018, S. 184).

9 Die rhetorische Strategie der Neuen Rechten ist es, die allgemeine Wut über die Folgen der *ökonomischen Liberalisierung* (Prekarisierung, Ökonomisierung, Zerstörung von Gemeingütern, Privatisierung von Bildung, Gesundheit, Rente, Wohnen, Grundversorgung) auf den Moralismus der *kulturellen Liberalisierung* umzuleiten

Denn das ist nicht schwer: Vor dem Hintergrund der gravierenden materiellen Verschlechterungen für die Mehrheit kann der moralisch ritualisierte Schutz ausgewählter Minderheiten leicht als Heuchelei, als moralischer Schutzschild handfester Interessen vorgeführt werden.

10 Die Neue Rechte hat längst verstanden, dass sie nur die Betroffenen der *ökonomischen Liberalisierung* als eigentliche und größte Opfergruppe (als Opfer der herrschenden liberalen Kulturmoralisten nämlich) präsentieren muss, um von den Paradoxien der Moralkommunikation zu profitieren

Die ökonomische Liberalisierung (das ist die stillschweigende Übereinkunft) wird von beiden Seiten nicht angetastet. Ihre Folgen sind es, die der „guten" *und* der „bösen" Seite Anhänger zutreiben. Die Wortführer des liberalen Moralismus sind diejenigen, die glauben, von einem globalisierten Arbeitsmarkt zu profitieren.

Kein Mensch hat jedoch ein moralisches Organ für weltpolitische Ereignisse und Umwälzungen wie die (mehr oder minder wilde, mehr oder minder regulierte) Globalisierung des Kapitals und der Arbeitsmärkte. Unsere moralischen Instinkte und Impulse sind eingestellt auf das Nahumfeld von Familie und Umgebung (Gehlen 1969). Und selbst da kollidieren sie permanent.

Psychologisch dient die Moralisierung der Bewertung, Dämpfung und Schlichtung von Antriebskonflikten. Moralkommunikation fördert die emotionale und kognitive Konsistenz der Individuen und ihren Status in der Eigengruppe. Wertungen sind beweglich, leicht verschiebbar und in hohem Maße deutungsoffen. Fest verbunden sind sie nur mit dem Status der Sprecher, nicht mit bestimmten Verhaltensweisen, Präferenzen, Überzeugungen.

11 Für die Mehrheit wird der Riss zwischen dem Moralsprech der Besserverdienenden und den eigenen Machtlosigkeitserfahrungen (Arbeitsplatz, Leistungsdruck, Miete, Rente, Gesundheitswesen, Kita, Verkehr, Altersvorsorge etc.) immer fühlbarer und immer provozierender

Wirtschaftsmacht tritt immer roher und unverblümter auf – und das hinter hoch moralisierten Fassaden und Images: Wenn moderne Betriebe unter der Moralformel „Vereinbarkeit von Familie und Beruf" anbieten: 24-h-Kita, Muttermilchversand und Dinner-*to-go* für die ganze Familie, ist das dann Moral – oder signalisiert es den ultimativen Anspruch, jederzeit (24 h am Tag) auf die Arbeitskraft zugreifen zu können? Und selbst die Automobilindustrie möchte im Grunde nur das Klima retten.

12 Die wohl erfolgreichste neurechte rhetorische Strategie besteht in der kalkulierten Verletzung als „korrekt" ritualisierter Sprachregelungen

Die dann reflexhaft einsetzende moralisierende Empörung verschafft der Rechten Aufmerksamkeit, die sie doppelt nutzt: um den Bonus des unkorrekten Tabubrechers einzustreichen und die medialen Moralwächter vorzuführen („Denkmal unserer Schande" etc.). Da die Reaktion der liberalen Leitmedien auf derartige Tabuverletzungen absolut berechenbar ist, werden diese *nolens volens* zu verlässlichen Partnern der rechten Selbstinszenierung – jedenfalls solange sie über jedes Stöckchen springen, das ihnen hingehalten wird (vgl. Tino Heim in diesem Band). Das ist der Preis für eine Berichterstattung, die an der Erhaltung des eigenen moralischen Images ausgerichtet ist.

13 Moralkommunikation improvisiert (labile) Gemeinschaften

Sie adressiert ein weitgehend vereinzeltes, atomisiertes, sozial und institutionell „entbettetes" Publikum. Individuen, die politisch in Institutionen und Organisation eingebunden sind, werden dagegen von Moralkommunikation gar nicht erst erreicht – weil jede funktionierende Institution ihre eigene Moral und Disziplin etabliert und durchsetzt. Die (bekanntlich höchst unbeständigen und unzuverlässigen) moralischen Reflexe der Individuen werden systematisch adressiert und ausgebeutet. Organisierte Gruppen können daher Moralkommunikation strategisch einsetzen, ohne dass sie ihr selbst als Adressaten zum Opfer fallen. Die Rechte hat funktionierende Organisationen, die Linke hat labile Gemeinschaften.

Wer ist moralisierend adressierbar? „Only those voices from without are effective which can speak in the language of a voice within", schreibt Burke (1969a, b, S. 39) in der *Rhetoric of Motives*. In den westlichen Massendemokratien haben diejenigen ein tendenziell schlechtes Gewissen, die als Individuen wissen, dass ihr Lebensstil, ihre Produktionsweise, ihr Ressourcenverbrauch etc. globale Folgen haben, kurz: die Bessergestellten. Wer alle Energien braucht, um sein (und seiner Angehörigen) Leben zu erhalten, der ist mit Moral ebenfalls nicht ansprechbar. Öffentliche Moralkommunikation ist für den adressierten (und adressierbaren) Einzelnen so etwas wie ein „salvation device" (Burke 1984, S. 319): Durch (preisgünstige) Zustimmung zu einer moralisierten Position rettet man seine Seele.

Exemplarische (und jeweils hoch individualisierte) Täter- und Opfergeschichten liefern den medialen Stoff, der uns in die fingierte Nahoptik des moralischen Urteils nötigt. Solange es nur um die moralischen Qualitäten einzelner Akteure geht, bleiben die Verhältnisse ausgeblendet. Geradezu tabuisiert ist eine (sprachliche) Dramaturgie, welche das Handeln des Einzelnen aus den Verhältnissen ableitet, unter denen er zu handeln hat.

14   Den strategischen (und komplementären) Gegenpol der kommunikativen *Moralisierung* bildet die kommunikative *Normalisierung* von Ereignissen und Verhältnissen (vgl. Link 2013)

Ihre Ressourcen sind Kurven, Statistiken, Normalverteilungen – und naturalisierende und normalisierende Semantiken (Naturalisierung: kapitalistische Motive sind unvermeidliche Ergebnisse der Evolution, die immer schon auf Gier und Überbietung setzt; Normalisierung: *Prostitution* heißt jetzt *Sexarbeit* etc.).

Durch kommunikative Normalisierung erscheinen die Verhältnisse als gesetzmäßige und unvermeidliche Folgen wissenschaftlicher Tatsachen. Was notwendigerweise so ist, wie es ist, das begründet Sachzwänge für unser Verhalten. Wir müssen uns nach den „Tatsachen" richten, wenn wir nicht für dumm oder naiv gelten wollen. Moralisierung und Normalisierung sind, so gesehen, sprachlich-kommunikative Techniken zur Begrenzung der Handlungsspielräume des Einzelnen. Wer die Regeln der Normalisierung missachtet, der verliert den kognitiven Kredit, wer die Regeln der Moralisierung missachtet, der verliert die Achtung seiner Mitmenschen.

15 Wissenschaftler und Journalisten sind nicht verantwortlich für die moralische Erziehung des Publikums

Sie sind auch keine Normalisierungsagenten. Sie haben die gemeinsame Aufgabe, Öffentlichkeit herzustellen, Informationen und Hintergründe zu liefern, aufzuklären. Das gilt besonders für Informationen und Hintergründe, die geeignet sind, die Images wirtschaftlicher und politischer Eliten (aller Eliten!) zu stören. Der moralische Grenzwächter an den Schlagbäumen der Sagbarkeit – das ist keine Rolle für Aufklärer. Aufklärung ist rücksichtslose Kritik.

Das bedeutet freilich nicht, dass Wissenschaftler und Journalisten unparteiisch zu sein hätten, im Gegenteil. Mit den Worten des Aufklärers Lichtenberg: „Alle Unparteilichkeit ist artifiziell. Der Mensch ist immer parteiisch und tut sehr recht daran. Selbst Unparteilichkeit ist parteiisch. Er war von der Partei der Unparteiischen." [Lichtenberg 1968 F 573].

Es gibt keine Unparteilichkeit in einem politischen Interdiskurs, in dem es von vermeintlich neutralen Experten für alles und jedes nur so wimmelt. Im Gegenteil ist die angemaßte Neutralität in einer wissenschaftsreligiösen Szene (und eine solche haben wir) der höchste Machtanspruch. Und zwar eben weil er Neutralität erklärt. Die vermeintlich wissenschaftlich neutrale Position steht im politisch-medialen Interdiskurs für den systemischen Sachzwang, die Moralisierung steht für den achtungskommunikativen Sachzwang. Beide rhetorischen Strategien haben gemeinsam, dass sie jede Gegenrede von vornherein delegitimieren: als entweder dumm oder als böse. Demokratische Argumente sollten Gegenrede wenn nicht ermutigen, so doch ermöglichen. Und dazu müssen alle Teilnehmer ihre Standpunkte und Interessen als solche kenntlich machen, anstatt sie hinter Moralfassaden zu verbergen.

Für uns als Sprachwissenschaftler ist „wissenschaftliche Neutralität" erkennbar als ein sprachlicher Habitus, als der Habitus des „suspended judgment", des ausgesetzten moralisch bewertenden Urteils. Wissenschaft, namentlich Sozialwissenschaft ist „study of social phenomena by suspended judgment" (Burke 1954, S. 176). Zum sprachlichen Habitus „neutraler" Wissenschaft gehört es weiterhin, dass der Wahrheitsanspruch dazu taugt, Zwecke und Interessen zu verstecken. Man tut so, als habe man keine („scientific method categorially makes the discovery of purpose impossible", schreibt Burke 1954, S. 171). Was aber natürlich nicht bedeutet, dass die wissenschaftliche Forschung keine Ziele und Zwecke hätte. Wenn sie sie nicht erklärt und expliziert, dann werden sie zu einer Ressource, die jedermann dazu nutzen kann, die eigenen Machtinteressen hinter dem fachlichen Neutralitätsanspruch zu verbergen. Noch einmal Burke über das, was man heute vielleicht als „interdiskursivierte" Version wissenschaftlicher Erkenntnisse bezeichnen könnte: „Speech in its essence is not neutral. Far from aiming at suspended judgement, the spontaneous speech of a people is loaded with judgment. It is intensly moral – its names for objects contain the emotional overtones which give us the cues as to how we should act toward these objects." (1954, S. 176).

16   Welten trennen uns inzwischen von der kühlen und klaren Einsicht Hannah Arendts, wonach „Güte" im öffentlichen Raum nur korrumpierende Wirkungen haben kann

Das liegt nicht nur daran, dass ein Übermaß an moralisierender Wertungsbereitschaft in der Regel mit mangelnder Reflexionsbereitschaft oder mit Reflexionsschwäche einhergeht (vgl. Sommer 2016, 24). Kommunizierte Empörung entbindet den, der sie äußert, zuverlässig von der Pflicht zu lernen und zu analysieren.

Die (vermeintliche) Alternativlosigkeit moralisierender öffentlicher Kommunikation wird durchweg damit begründet, dass die Schwachen und Diskriminierten keine andere Chance hätten, Aufmerksamkeit für ihre Anliegen zu erzeugen. Tatsächlich gibt es aber mittlerweile keine kompakten Politik- und Wirtschaftsakteure mehr, die ihre Anliegen und Interessen in nicht-moralisierter Form an die Öffentlichkeit bringen würden (vgl. Neckel 2008). Die unsichtbare Hand des Marktes tritt uns entgegen mit einem (penetrant sichtbaren) moralischen Zeigefinger (um eine Formulierung Neckels (2008, S. 37) zu zitieren).

In aller Regel ist nicht das wahr, was sich gut anfühlt, sondern das, was wehtut. Insofern plädiere ich für eine wertungsfreie und umfassende Aufklärung der Rolle, die Moralisierung in der kommunikativen Ökonomie neoliberaler Gesellschaften spielt.

Literatur

Burke, K. (1954). *Permanence and Change*. 2nd ed. Indianapolis, Ind.: Bobbs Merril.

Burke, K. (1969a). *A Rhetoric of Motives*. Berkeley, L.A.: University of California Press.

Burke, K. (1969b). *A Grammar of Motivs*. Berkeley, L.A.: University of California Press [zuerst 1945].

Burke, K. (1984). *Attitudes toward History*. 3rd ed. Berkely, L.A.: University of California Press [zuerst 1937].

Fischer, K. (2006). *Moralkommunikation der Macht. Politische Konstruktion sozialer Kohäsion im Wohlfahrtsstaat.*. Wiesbaden: VS.

Gehlen, A. (1969). *Moral und Hypermoral. Eine pluralistische Ethik*. Frankfurt/M.: Athenaion.

Günther, K. (2013). Ein Modell legitimen Scheiterns. Der Kampf um Anerkennung als Opfer. In A. Honneth et al. (Hrsg.), *Strukturwandel der Anerkennung. Paradoxien sozialer Integration in der Gegenwart* (S. 185–248). Frankfurt/M.: Campus.

Knobloch, C. (2015). Moralisierung in der öffentlichen Kommunikation. *Zeitschrift für Literaturwissenschaft und Linguistik (LiLi)*, 45, 177, (S. 167–184).

Krüger, U. (2016). *Mainstream. Warum wir den Medien nicht mehr trauen*. München: Beck.

Lichtenberg, G. C. (1968). *Schriften und Briefe I: Sudelbücher I*. München: Hanser.

Link, J. (2013). *Normale Krisen? Normalismus und die Krise der Gegenwart*. Konstanz: Konstanz UP.

Lübbe, H. (1994). Moralismus. Über eine Zivilisation ohne Subjekt. *Universitas. Zeitschrift für interdisziplinäre Wissenschaft*, 49,4. (S. 332–342).

Luhmann, N. (2008). *Die Moral der Gesellschaft*. Frankfurt/M.: Suhrkamp.

Marinic, J. (2019). Heimat. *Süddeutsche Zeitung*, 17. Mai 2019, (S. 5).

Mausfeld, R.(2018). *Warum schweigen die Lämmer?* Frankfurt/M.: Westend.

Nagle, A. (2018). *Die digitale Gegenrevolution*. Bielefeld: transcript.

Neckel, S. (2008). *Flucht nach vorn. Die Erfolgskultur der Marktgesellschaft*. Frankfurt/M./New York: Campus.

Pfaller, R. (2017). *Erwachsenensprache. Über ihr Verschwinden aus Politik und Kultur*. Frankfurt/M.: Fischer.

Sommer, A. U. (2016). *„Werte". Warum man sie braucht, obwohl es sie nicht gibt*. Stuttgart: Metzler.

Stegemann, B. (2018). *Die Moralfalle. Für eine Befreiung linker Politik*. Berlin: Matthes & Seitz.

Normalisierungs- und Skandalisierungsstrategien unterlaufen – Inhalte und Rationalitätskerne ernstnehmen. Thesen und Perspektiven für Gegenstrategien zu rechten Diskursinterventionen

Tino Heim

1 Mit der Opferrolle-Vorwärts in den aufrechten Stand der wahrgenommenen und anerkannten Sprecher*innenposition? Die demonstrative Vorführung von Ausgrenzung und Diskriminierung als Basis rechter Diskursintervention

Unter dem Titel „Wer bestimmt, was gesagt werden darf – und worüber geschwiegen werden muss?" präsentierte die AfD am 30.11.2015 (im kultur-bürgerlichen Debattenambiente des Dresdner Lindengartens) ein ultimatives Erfolgsduo: Den medial omnipräsenten Bestsellerautor Thilo Sarrazin (SPD)

Der Beitrag bietet eine thesenhafte Verdichtung der Ergebnisse anderweitig ausführlicher dokumentierten Diskurs- und Dispositivanalysen und ihrer Einordnung in gesellschaftliche Antagonismen, Konfliktspannungen und Krisendynamiken. Vgl. zur ausführlicheren Darstellung und weitere Literatur: Heim 2017a und Heim 2016b. Vgl. zum theoriesystematischen Hintergrund: Heim 2013, v. a. S. 43–163.

T. Heim (✉)
Institut für Soziologie, Technische Universität Dresden, Dresden, Deutschland
E-Mail: TinoHeim@web.de

und den kaum weniger umtriebigen Politologen Werner J. Patzelt (CDU). Schon der Markenname ‚Sarrazin' garantierte breitenwirksame Feuilleton-Debatten und ausverkaufte Säle. Sein (inhaltlich kaum überraschender) Neuaufguss von seit dem 19. Jahrhundert etablierten sozialdarwinistischen Standardszenarien und Angstbildern des ‚Volkstods' nebst ebenso altvertrauter eugenischer Gegenstrategien,[1] war schließlich *der* Sachbuch-Bestseller des Jahres 2010 und ein wichtiger „Türöffner" (Wagner 2017, S. 154 f.) für neorassistische Positionen in der gesellschaftlichen Mitte. Sein Sidekick, das langjährige CDU-Mitglied Patzelt, galt als Kämpfer gegen bedrohliche ‚Linkstrends' der Partei und unterstützte 2015 nebenher die AfD als bezahlter Berater bei der Entwicklung von Strategien gegen die CDU-Landesregierung. Einen überregionalen Nimbus als universell anrufbarer ‚Experte' garantierte ihm aber v. a. seine Rolle als *Pegida*-Forscher und zugleich wichtigster Fürsprecher der Bewegung, der er seit einem – die Befunde der späteren Forschung vorwegnehmenden – Interview in der *Jungen Freiheit* (Patzelt 2014) auf allen Kanälen attestierte, die ‚Mitte' der Gesellschaft und das ‚normale Volk' zu repräsentieren, welches als solches auch frei von Rassismus sei.[2] Die diesem Duo ohnehin sichere Aufmerksamkeit steigerte der Veranstaltungstitel nochmals zusätzlich. Die Suggestion, Referenten und Publikum, seien Opfer von Sprechverboten, verlieh dem Event den Extra-Kitzel des Tabubruchs. Vor 500 begeisterten Zuschauer*innen und mit solider Medienresonanz referierte Sarrazin so einmal mehr bekannte Thesen des über 1,5 Mio. mal verkauften Erfolgsbuchs von 2010, während Patzelt ebenso bekannte und medial breit rezipierte Positionen kundtat, mit denen er die Parolen ‚Lügenpresse' und ‚Volksverräter' zur akademischen These eines linken Schweigekartells in Politik und Medien veredelte.

Dies ist eines von vielen Beispielen für ein paradoxes Erfolgsrezept jüngerer rechter Diskursinterventionen. Diesen gelingt es stets aufs Neue, mit der ostentativen öffentlichen Behauptung, ausgegrenzt und am Sprechen gehindert zu werden, die Chancen für die mediale Wahrnehmbarkeit ihrer Einlassungen zu erhöhen. Auf exakt dieser Grundlage platzierte im Herbst 2018 etwa auch

---

[1]Vgl. zur detaillierten Einordnung Sarrazins in den Kontext rassistischer und eugenischer Diskurse und Kollektivsymboliken seit dem 19. Jahrhundert: Link 2013, v. a. S. 22 ff., 41 ff., 94 ff., 120–162, 174 ff., 230 ff.

[2]Vgl. zu Patzelts ambivalenter Rolle in der akademischen Veredlung sowie der politischen Normalisierung und Legitimation neorassistischer und nationalistischer Einstellungen und Positionen: Kocyba 2016; Barp/Eitel 2016. Vgl. dazu und zum Kontext expertokratischer und postdemokratischer Politikstile auch: Heim 2017c.

der Siegener Philosophie-Ordinarius Dieter Schönecker punktgenau einen bundesweiten Medien-Coup. Im Rahmen von Schöneckers Seminar „Denken und Denken lassen: Zur Philosophie und Praxis der Redefreiheit", war neben Sarrazin u. a. auch der Sloterdijk-Schüler und AfD-Kulturpolitiker Marc Jongen eingeladen. Letzterem koinzidierte Götz Kubitschek (2016), den Blick der Deutschen endlich wieder für die Grundbedingung der „Kraft […] zu einer erfolgreichen Verteidigung des Eigenen" geöffnet zu haben: für den „Zorn, mit dem den hyperidentitären, durchsetzungshungrigen, uns fremden Kulturen und Ideologien entgegenzutreten" sei (ebd., S. 147). Die Nichtgewährung von Fakultätsmitteln zur Finanzierung der dem ‚Zorn' auf die Beine helfenden Stargäste sowie eine symbolische Distanzierung der Universitätsleitung von deren politischen Auffassungen, wurden medial zur Behauptung aufgebauscht die Universität verhänge 'Diskussionsverbote'. In der FAZ vom 19.10.2018 stellte Thomas Thiel (2018) titelgebend gar die besorgte Frage: „Darf ein Politiker noch philosophieren?"[3]

Der derart induzierte Skandal schien die bereits in den Vortragstiteln implizierte Selbstinszenierung Sarrazins und Jongens – als Opfer der Redeverbote und der ‚Hate-Speech' einer linken Diskurspolizei – zu bestätigen.[4] Dies bildete freilich nur den ersten Teil einer längst standardisierten Diskurschoreographie, mit der sich beide Referenten (nebst ihres einer breiteren Öffentlichkeit zuvor unbekannten Gastgebers) routiniert mit einer ‚Opferrolle-Vorwärts' in den aufrechten Stand der breit wahrgenommenen und anerkannten Sprecherposition katapultierten. Nicht nur in dezidiert rechten Echokammern, sondern auch im gehobenen linksliberalen

---

[3]Einblicke in dieses ‚Philosophieren' bietet u. a. der Vortrag „Migration und Thymostraining" (Jongen 2017). Die „Migranteninvasion" habe als Akt der „Gewalt, wie er sonst nur in Kriegszeiten" vorkomme, „nicht nur die politische Souveränität", sondern auch die „psycho-politische Integrität" des „Großkörpers den wir das Volk nennen" tief verletzt. Sie treffe dabei auf ein Land, dessen „Thymosspannung" nach der „letzten großen thymotischen Aufwallung vor über 70 Jahren", in einer „Flaute" sei, die „existenzbedrohlich" werde. Die zu „Knechten der Schutzsuchenden" aus aller Welt degradierten Deutschen, müssen ihren Thymos, also die „Regungen des Stolzes, des Zorns, des Mutes, des Hasses", wieder trainieren, um die „zivile Wehrhaftigkeit" des Volkes zu steigern. Gut maskulinistisch wird empfohlen, die „eigenen Selbstbehauptungskräfte zu verjüngen, indem man sich auf die genetischen Grundlagen" besinne, was u. a. höhere „Testosteronwerte" erfordert.

[4]Jongens Vortrag am 20.12.2018 trug den Titel „Vom Free Speech zum Hate Speech – auch eine Dialektik der Aufklärung". Sarrazin recycelte für den Vortrag am 10.1.2019 den Titel seines Bestsellers von 2014: „Der neue Tugendterror. Über die Grenzen der Meinungsfreiheit in Deutschland".

Feuilleton der ZEIT, galten Jongen, Sarrazin und Schönecker – die nur einen Beitrag zur „philosophischen Analyse der Vorzüge und Grenzen der Meinungsfreiheit,
immerhin auch ein ‚Grundwert' unserer Verfassung" leisten wollten – als Opfer
einer im akademischen Milieu grassierenden „konformistische[n] Bedrohung der
Freiheit". Das „Spektrum zulässiger Meinungen und einer zulässigen Sprache"
habe „sich derart verengt", dass „eine wissenschaftliche Diskussion nicht mehr
möglich" sei, sobald der Verdacht aufkomme, „dass der Vortragende möglicherweise nicht die richtige politische Gesinnung hat" (Lotter 2018). Angesichts
der „Grundsatz-Frage, wie man Andersdenkende behandelt" (ebd.), kümmerte
es kaum, dass eine (von einigen Initiativen geforderte) Unterbindung der Vorträge seitens der Universität nie ernsthaft zur Debatte stand. Stattdessen nutzte
Sarrazins neuer Verlag den Presserummel, um kurzfristig für denselben Tag
noch eine Zusatzveranstaltung in der Siegener Bismarckhalle anzusetzen, wo
der Erfolgsautor, nachdem er an der Universität Thesen seines Bestsellers zum
„Tugendterror" von 2014 referiert hatte, noch aus seinem aktuellen Bestseller
las.[5] Es versteht sich, dass auch Jongens und Sarrazins Auftritten an der Universität (anlässlich eines regulär nur von 23 eingetragenen Studierenden besuchten
Seminars) derart nicht nur volle Hörsäle, sondern auch eine bundesweite Medienresonanz garantiert waren,[6] die den inhaltlich überraschungsfreien Routinevor-
trägen in einem Nordrhein-Westfälischen Provinzstädtchen sonst wohl kaum zuteil
geworden wäre.

2 Die Gegner fungieren als eingeplante „Mitspieler" neu-rechter Hegemoniekämpfe

Um sich möglichen theoretischen und praktischen Antworten auf die Frage
zu nähren, wie adäquate Gegenstrategien beschaffen sein müssten, die auf
neu-rechte Diskursstrategien nicht mit den in diesen Strategien bereits ein-
kalkulierten symbolischen Aus- und Abgrenzungen reagieren, scheint ein
anderes, exemplarisches Beispiel geeignet. Die Bühne dieser Inszenierung ist

---

[5]Unter dem ebenso programmatischen wie erwartbaren Titel „Feindliche Übernahme: Wie
der Islam den Fortschritt behindert und die Gesellschaft bedroht" unterlegte Sarrazin 2018
die schon aus anderen Bestsellern bekannten (Vor-)Urteile über ‚die Muslime' und ‚den
Islam' durch selektive Zitate aus einer Koranübersetzung. Vgl. zu einer Diskussion der rein
sachlichen Fehler in Sarrazins Argumentation: Pink 2018.

[6]Vgl. unter den einschlägigen Artikel in größeren überregionalen Zeitschriften und
Magazinen u. a. auch die Beiträge von Amjahid 2018; Brumlik 2018.

die Universität Wien im Jahr 2013. Ihre Dramatis personae sind die Politologin Natascha Strobl, die zur Identitären Bewegung forscht und Mitautorin des ersten Grundlagenwerks zu dieser neuen Jugendbewegung von rechts ist (vgl. Bruns/ Glösel/Strobl 2014), sowie ca. 20 identitäre Aktivist*innen, die einen Vortrag Strobls infiltrieren. Nach ca. 5 min erhob sich ein erster Aktivist, ging durch den Hörsaal und überreichte der Vortragenden eine gelbe Rose mit den Worten: „Frau Strobl, dürfen wir Sie zu unserem Stammtisch einladen? Damit Sie einmal nicht über uns, sondern mit uns reden?" Strobl reagierte klar ablehnend: „Du kannst diese Rose behalten" und setzte ihre Rede fort. In der Folge erhoben sich im 10-min-Takt weitere Aktivist*innen, um mit gleicher Geste ans Podium zu gehen, bis die entnervte Politologin schließlich forderte: „Jeder, der eine Rose hat, verlässt sofort den Saal!" Martin Sellner, ein führender Aktivist und Vordenker der Identitären Bewegung in Österreich, schildert dies als besonders gelungenes Beispiel einer Interventionsstrategie, in welcher „Repression durch Aktion ins Gegenteil verwandelt" werde, sofern „die politischen Gegner zum Mitspielen gebracht werden können" (Sellner zit. in Wagner 2017, S. 209). Veranstaltung und Berichterstattung seien schließlich von erheblicher Verunsicherung geprägt gewesen, die die Angemessenheit von Strobls Verhalten als Referentin ebenso betraf, wie die politische Verortung der Zuhörer*innenschaft oder die Zuschreibungen der Attribute von Liberalität, Meinungsfreiheit, Sachlichkeit etc.[7]

Auffällig an dieser Inszenierung sind nicht nur die oft thematisierten Parallelen neu-rechter Strategien zu linken Aktionsformen der APO um ‚1968‘, sondern auch die offenkundige Auflösung tradierter Grenzziehungen zwischen ‚linken‘ und ‚rechten‘ Analyse- und Protestformen bzw. die vollkommene Umkehr eingeschliffener Rollenzuschreibungen. Einmal mehr scheinen Kenntnisstand und aktiver Gebrauch klassischer linker Analysen und Strategien (v. a. im Anschluss an Gramsci) – wenn auch in strategisch verkürzter Lektüre – bei Vertreter*innen der neuen Rechten ausgeprägter als auf Seiten der Linken.[8] Gerade

---

[7]Vgl. zur ausführlichen Dokumentation und Einordnung: Wagner 2017, S. 208 ff.

[8]Rezeptions- und Wirkungslinien Gramscis und anderer kommunistischer und anarchistischer Autor*innen sind in der neuen Rechten v. a. über Alain de Benoist (1985) vermittelt. Vgl. zu den bis in den italienischen Faschismus zurückreichenden und durch die französische neue Rechte seit den 1970er Jahren forcierte Aneignung technisch-strategischer Elemente v. a. aus Gramscis Hegemoniekonzeption u. a.: Kebir 2010. Wie dabei eigene intellektuelle Vorarbeiten mit der Suche nach Anschlusspunkten in gesellschaftliche Stimmungslagen und nach in Krisen eröffneten Handlungsoptionen zusammengedacht werden, zeigt am Beispiel des von Götz Kubitschek und Karlheinz Weißmann gegründeten rechtsintellektuellen ‚Instituts für Staatspolitik‘ Kellershohn 2016.

die Identitäre Bewegung zielt darauf, in einem Raum öffentlicher Aufmerksamkeit in möglichst kontroverser Form wahrgenommen zu werden, um in zentralen Begriffen, Wertungen und Orientierungen sedimentierte kulturelle Hegemonien in ihrem Sinne zu verschieben (vgl. Sellner 2016, S. 189–221). Die dafür genutzten Konfrontationslinien und metapolitischen Strategien bedienen aber nicht mehr nur traditionelle Bilder einer mit Überlegenheitsgestus und Führungsanspruch auftretenden faschistischen Tat-Elite, deren aggressiv-maskuliner und heroischer Gestus heute rasch als unsachlich, emotional, irrational und antiquiert erscheinen könnte. Umgekehrt werden reflektierte und reflexive Strategien verfolgt, die mit zurückgenommenen friedlichen Widerstandsgesten und durchaus humorvollen symbolischen Interventionen, die Gegner*innen „zu übertriebenen Reaktionen […] reizen und auf diese Weise […] blamieren"[9] (Sellner zit. in Wagner 2017, S. 209). Demgegenüber erweist sich selbst eine ausgewiesene Kennerin der Identitären Bewegung in der direkten Konfrontation mit deren Aktionsformen als überraschend hilflos und kann letztlich nicht umhin, mit einer autoritär wirkenden Geste des Ausschlusses, die ihr von Anfang an zugewiesene Rolle als eingeplante Komplizin der Inszenierung anzunehmen.

3   Um der Falle der eingeplanten Kompliz*innenschaft zu entgehen, müssen rechte Normalisierungs- und Skandalisierungsstrategien zunächst erkannt werden

In typischen Verlaufsmustern rechter Aufmerksamkeitserzeugung lassen sich zwei eng aufeinander bezogene Strategien unterscheiden, in denen typische mediopolitische Bedingungen und Anschlussreaktionen vorberücksichtigt und eingeplant sind. *Skandalisierungsstrategien* arbeiten mit der für kalkulierte Aufmerksamkeitseffekte zentralen rhetorischen Geste des skandalinduzierenden Tabubruchs, der suggeriert, hier werde das öffentlich ‚Unsagbare‘ endlich ausgesprochen. Die eingeplanten mediopolitischen Anschlussreaktionen bestehen in moralischer Entrüstung auf der Gegenseite und bestenfalls in einer symbolischen

---

[9]Vgl. zur besonderen strategischen Rolle von Humor und Gewaltlosigkeit: Wagner 2017, S. 207–211.

Geste der normativen Ausgrenzung der als potentiell ‚rechtsextrem‘ disqualifizierten Sprecher*innenposition aus den normalpolitischen [10] Sagbarkeitsfeldern. Die dem korrespondierenden *Normalisierungsstrategien* setzen darauf, dass die skandalinduzierenden Vorstöße zugleich relativiert werden können, indem das Gesagte als lediglich offenerer und konsequenterer Ausdruck von auch in der politischen ‚Mitte‘ zu akzeptierenden (bzw. de facto akzeptierten) ‚Fakten‘ und Forderungen ausweisbar ist. Voraussetzung dieser Strategien ist eine alle wechselseitigen Feindsetzungen übergreifende epistemologische Komplizenschaft. Dies meint, dass in den als ‚rechtsextrem‘ disqualifizierten Positionen und den als ‚demokratische Mitte‘ qualifizierten Positionen in allen Abgrenzungen doch geteilte und akzeptierte Deutungsmuster, Narrative, Metaphern und Kollektivsymboliken reproduziert werden. Das erlaubt in Krisen auch erfolgreiche strategische Interaktionen. Exemplarisch projizierte der verbale Chauvinismus und (Neo-)Rassismus, mit dem Massenmedien und Volksparteien der ‚Mitte‘ vielfältige soziale Verwerfung im Zuge des ostdeutschen Transformationsschocks ab 1990 auf Angst- und Feindbilder einer ‚Asylantenflut‘. Dies bot Applikationsvorlagen für ‚extremistische‘ Übergänge zur Tat in den Pogromwelle gegen Geflüchtetenunterkünfte 1992/93. Lezteres bot der politischen ‚Mitte‘ dann wiederum willkommene Argumente, selbst offensiver gegen die Anlässe

---

[10]Der hier verwendete Normalitätsbegriff bezieht sich auf das Normalismuskonzept von Jürgen Link (2013). Zur Bearbeitung kapitalistischer Dynamiken und Krisen seit dem 19. Jh. herausgebildete Dispositive politischer Regulation kennzeichnet demzufolge, dass Konzepte der ‚Normalität‘ eine diskursive und funktionale Dominanz über ‚Normativität‘ haben. Statt die Verhältnisse und Subjekte gemäß vorausgesetzter präskriptiver Normen formieren zu wollen, ist es die ‚Ortung‘ statistisch *normalverteilter* Ereignisse und Verhaltensweisen, auf die temporäre normative Grenzziehungen zwischen dem gerade noch oder schon nicht mehr ‚Normalen‘ bezogen sind. Auch politische Semantiken von ‚Mitte vs. Extreme‘ sind dominant auf solche statistisch-relationalen Normalitätskonzepte bezogen. Damit können auch rassistische, sexistische und nationalistische Diskurse und Politiken (Kriege oder die Segregation, Exklusion, Elemination ‚schädlicher‘, ‚anomaler‘, ‚unproduktiver‘ Gruppen und Verhaltensweisen) Teil der legitimen ‚Normalpolitik der Mitte‘ werden, während, Pazifismus, Ökologie und Ideen unbedingter soziale Teilhabe als ‚linksextremistisch‘ zu bekämpfen sind. Dies ist eine Frage statistisch konstruierter Verteilungen und Muster in den Orientierungen von Wählergruppen, in politischen und medialen Diskursen und eine Frage der Funktionalität für eine Politik, die insbesondere in Krisen auf eine ‚Normalisierung‘ von Wirtschaftswachstums, Wettbewerbsfähigkeit, Produktivität und Austerität oder auch von Patriotismus, Wehrhaftigkeit und Nationalismus setzt, um in globalen Krisen- und Konkurrenzdynamiken zu bestehen. (Vgl. auch Heim/Wöhrle 2015 sowie Heim 2017b).

des ‚Volkszorns' vorzugehen, u. a. mit Abschaffung des Asylgrundrechts (Art.16 Abs.2 GG) zugunsten des sog. Asylkompromiss. (Vgl. klassisch: Jäger/Link 1993.)

Die zugrunde liegenden entmenschlichenden Darstellungen migrantischer ‚Fluten', ‚Ströme' und ‚Horden', die ‚unsere Sozialsysteme überlasten', ‚unsere Sicherheit' und ‚unsere Frauen' bedrohen oder ein äußeres Chaos ins Herz ‚unserer Ordnung' tragen, sind im mediopolitischen Diskursen bis weit in die ‚Qualitätspresse' ebenso fest verankert, wie die „Ethnisierung von Sexismus" (vgl. Jäger 1996) oder andere Formen der projektiven Auslagerung gesellschaftlicher Strukturproblem auf ‚Fremde'. Und zu Kernthemen der AfD – ‚Asyl- und Sozialmissbrauch', ‚Heimat', ‚Nation', ‚Überfremdung', ‚Familie', ‚ethno-nationale Identität', ‚Islamismus', ‚Ausländerkriminalität' etc. – vertreten stets auch prominente Vertreter*innen aus *allen* anderen Parteien in der Sache oft deckungsgleiche Positionen und Forderungen.[11]

4   Normative Ausgrenzungen und Disqualifizierung ‚rechter' Sprecher*innenpositionen fungieren als strategische Grundlage für deren Legitimitätsbeschaffung

Im Zusammenspiel von Strategien der Skandalerzeugung und Strategien der Normalisierung können die angereizten Reaktionen von moralischer Empörung und normativer Ausgrenzung ihrerseits skandalisiert und als Legitimationsbasis der ‚rechten' Sprecher*innenposition genutzt werden. Das Grundmuster entsprechender Narrative:

---

[11]Exemplarisch wäre der (für die Umcodierung sozialer Fragen in einen national-solidarischen Abwehrkampf gegen ‚Volksfremde' zentrale) Slogan „Wir sind nicht das Sozialamt der Welt", den Seehofer 2010 zum Deutschlandtag der Jungen Union prägte, der dann diversen Rechtsparteien (u. a. AfD, NPD, ProNRW etc.) als Wahlparole diente und dennoch ein CSU-Dauerbrenner blieb (der u. a. zur Europawahl 2015 reaktiviert wurde). Auch Bilder eines rassisch grundierten Kulturkampfs werden – qua Kopplung der These einer bedrohten biologischen Reproduktion des ‚Volkskörpers' mit auf Kultur und Konfession projizierten sozialen Eigenschaften – in Parteien der ‚Mitte' tradiert, und von ‚rechts' lediglich griffiger in einschlägigen Begriffen und Kollektivsymboliken zugespitzt: ‚Umvolkung', ‚Volkstod', ‚Geburten-Dschihad der muslimischen Wurfmaschinen' etc. Vgl. zu zahlreichen Beispielen und Feinanalysen ausführlicher Heim 2016b, S. 345–367.

‚Was wir offen und ehrlich sagen, bestätigen letztlich auch viele Medienberichte, die etablierte Politik und die ‚seriöse Wissenschaft'. Es ist daher ein skandalöser Willkürakt, uns das Rederecht zu entziehen. Die linksliberalen ‚Kosmopoliten' und ‚Gutmenschen' erweisen sich erneut als die eigentlich dogmatischen, ausgrenzenden und unterdrückenden Hegemonen.'

Die Einbettung der als ‚rechts' disqualifizierten Position in übergreifend geteilte neo-rassistische, nationalistische und heterosexistische Deutungsmuster und Kollektivsymboliken erleichtert dabei die Abwehr von Extremismusvorwürfen.[12] Drastischere Rhetoriken und klarer formulierte Konsequenzen, desavouieren zugleich die Inkonsistenzen und Inkonsequenzen der Haltungen und der Realpolitik bei ‚Volksverrätern' und ‚Lügenpresse'. Das erlaubt es dann neue Autoritäten zu fordern, die entschlossener von der Weltdeutung zur Tat voranschreiten. Insgesamt bestätigen typische Reaktionen auf rechte Strategien so nur deren Anspruch, eine sonst tendenziell *entnannte* und geleugnete Wirklichkeit konsequenter zu benennen.

5 Symbolische Ausgrenzungen von explizit ‚rechten' Diskurspositionen verdecken und ermöglichen die stillschweigende Reproduktion des impliziten rassistisch-nationalistischen Konsenses und seine autoritäre, exklusorische Zuspitzung im Rahmen einer ‚Politik der Mitte'

Viele Untersuchungen zeigen, dass Rassismus, Nationalismus, Ethnozentrismus und Heterosexismus keine ‚schlechten Eigenschaften' einer (ausgrenzbaren) Minderheit sind, sondern verbreitete Dispositionen, die in den Narrativen und Kollektivsymboliken normaler mediopolitischer Diskurse und in (auf globalen Produktions-, Ausbeutungs- und Dominanzverhältnissen beruhenden) Funktions- und Strukturprinzipien der kapitalistischen Weltwirtschaft verankert sind.[13] Die

---

[12]Diese (rein relationale, d. h. beliebige Inhalte akzeptabel machende) Legitimation der ‚Normalpolitik' qua Abgrenzung vom ‚Extremismus', ist u. a. für die Normalisierung auch offen völkischer Positionen zentral. Vgl. dazu Barp/Eitel 2016; zur grundsätzlichen Kritik des Extremismusdispositivs u. a.: Heim/Wöhrle 2015.

[13]Vgl. klassisch die von Heitmeyer (2002–2011) herausgegebenen Studien zu ‚Gruppenbezogener Menschenfeindlichkeit'. Vgl. in Zusammenfassung zahlreicher weiterer Studien u. a.: Fehser 2017.

„kalten Mechanismen" der permanenten Reproduktion latenter rassistischer Strukturen können dabei auch „die heißen Affekte hervorrufen" (Link 1991). Insofern werden permanent produzierte Angst- und Feindbilder bevorzugt in gesellschaftlichen Krisenkonstellation auch Applikationsvorlagen für den „Übergang zur Tat" (Balibar 1992b, S. 263) – von der Zuspitzung entsprechender Rhetoriken über individuelle und organisierte rechte Gewalt- und Terrorakte bis hin zur Verschärfung der Gesetzgebungen.[14]

In verbreiteten mediopolitischen Anschlussreaktionen auf rechte Vorstöße betreffen die verbalen Ausgrenzungen eines (allzu) offenen Rassismus entsprechend oft nicht die (letztlich geteilten) Inhalte, sondern bleiben primär auf die *Form* der Aussagen bezogen (v. a. auf singuläre als ‚extreme Entgleisungen' eingeordnete Formulierungen). Das erlaubt es zugleich zentrale Deutungsmuster und Inhaltskerne der zurückgewiesenen Äußerungen zu übernehmen und sie in moderaterer Form zu bestätigen. Normalisierende Deutungen rassistischer Positionen als Ausdruck berechtigter ‚Ängste' des ‚normalen Volks', deren Adressierung nicht ‚den Rechten' überlassen werden dürfe, legitimieren dann eine generelle Verschiebung der Sagbarkeitsfelder und konkrete neo- bzw. ‚metarassistische Forderungen', schärfer gegen die Anlässe des ‚Volkszorns', d. h. die ‚Fremden', vorzugehen.[15]

---

[14]Vgl. dazu u. a. Balibar/Wallerstein 1992; Link 2013. Vgl. zusammenfassend unter Einbeziehung weiterer Perspektiven auch: Heim 2017a, v. a. S. 22–54. Exemplarisch prägte die Konstruktion ‚des Islam' als Feindbild und „Fluktuat", das es in seiner denotativen Unterbestimmtheit erlaubt, beliebige „situativ passende Denotate im inneren des Feindbilds einzusetzen" (Kliche 1998, S. 29), schon den mediopolitischen Diskurs der 1990er Jahre. Entsprechend ließ sich lange vor den zunehmenden rechten Vereinnahmung des Feindbildes konstatieren: „Die Vielschichtigkeit des Bedrohlichen, die Dramaturgie der Unberechenbarkeit [...] tränken den Diskurs mit Krisenbewußtsein, undeutlichen Warnungen und Wagenburg-Stimmung. Sie [...] tragen zu den gesellschaftlichen Voraussetzungen angelegentlicher Pogrome treu das ihre bei." (Ebd., S. 36).

[15]„Meta-Rassismus" meint bei Balibar (1992a, S. 30) einen „Rassismus zweiter Linie", d. h. eine Diskursstrategie, die selbst nicht offen rassistisch argumentiert, aber Diskriminierungen reproduziert, indem sie den als ‚natürliche Abwehrreaktion' interpretierten Rassismus „zu erklären (und ihm präventiv zu begegnen)" (ebd.), verspricht, wobei Prävention den Kampf gegen die als ‚fremd' markierten Gruppen meint. Exemplarisch bestand die erste Reaktion des damaligen sächsischen Innenministers auf Pegida und auf die Spitzenposition Sachsens bei rassistischer Gewalt in der Ankündigung, mit Spezialeinheiten „knallhart" gegen „Intensivtäter unter den Asylbewerbern" vorzugehen, da diese „die Stimmung in der Gesellschaft" angeblich „vergiften" (Ulbig 2014).

Angesichts breiter Schnittmengen in Sachfragen (der Sicherheits-, Asyl-, Migrations- und Wirtschaftspolitik) oder auch hinsichtlich ethno-nationaler Identitätspostulate und Grenzziehungen, reduzieren sich Abgrenzungen von ‚rechts‘ so zunehmend auf imagepolitische Differenzen einer euphemistischen, ‚moralisch-korrekten‘ und einer ‚offen-provokanten‘ Redeweise. Die rituelle Abgrenzung vom Rassismus und Nationalismus ‚der Anderen‘ und diffuse Bekenntnisse zu gegenläufigen universalistisch-humanistischen Werten (‚Welt-offenheit‘, ‚Vielfalt‘, ‚Toleranz‘ etc.) fungieren so als eine Art Gesslerhut, der pflichtschuldig zu grüßen ist, um de facto eine exklusorische, neorassistische und nationalistische Politik mit kaum mehr verhohlenen dehumanisierenden Konsequenzen (v. a. zur ‚Lösung der Flüchtlingsfrage‘) zu forcieren.[16]

6 Statt im diskursiven Spiel rechter Skandalisierungs- und Normalisierungsstrategien in den vorgesehenen Rollen mitzuspielen, wären die Spielregeln und ihre Funktionen vorzuführen, um das Spiel und die Spieler*innen zu desavouieren

Konkret ist vor dem Hintergrund der hier skizzierten neu-rechten Strategien und angesichts ihrer oben angedeuteten ambivalenten Funktionen in übergreifenden Diskurskonstellationen wenig oder gar nichts gewonnen, wenn ohnehin omni-präsenten Akteuren (wie z. B. Sarrazin und Jongen), der Zugang zu spezi-fischen (und oft eher nachrangigen) öffentlichen Formaten symbolisch erschwert wird. Dies verleiht ihren altbekannten Thesen, die sich durchweg parasitär zu im mediopolitischen Diskurs ohnehin allgegenwärtigen und permanent reproduzierten Denkfiguren, Symboliken und Forderungen verhalten, überhaupt erst den Nimbus des Geheimnisvollen und Tabuisierten. Ohne die ins Leere laufenden Empörungs- und Ausgrenzungsgesten der Gegenseite, hätten die raunenden Verheißungen grundlegender Tabubrüche oder bahnbrechender gesell-schaftspolitischer Alternativen (die inhaltlich unkonkret und substanzlos bleiben) ihre wichtigste Grundlage verloren. Der Nimbus des Tabubruchs kann hingegen leicht aufgebrochen werden, wenn die *Trivialität und Banalität* der Positionen

---

[16]Vgl. zu dieser Form und Funktion von moralisierenden Diskursen grundsätzlich: Knobloch 2018. Vgl. am konkreten Beispiel jüngster Debatten um den UN-Migrationspakt u. a. Heim 2019.

und ihr parasitäres Verhältnis zu altbekannten und verbreiteten Deutungsmustern und Kollektivsymboliken in verschiedenen Diskurssträngen aufgeschlüsselt wird. Das kann mit Mitteln der kritischen Analyse aber auch durch Formen der Parodie und Satire geschehen, für die entsprechende Positionen in der Redundanz der immer gleicher Narrative, ihrer offenkundigen Realitätsferne, ihren logischen Inkonsistenzen, ihrem hohlen Pathos, ihren oft surrealen Metaphern etc., ein reichhaltiges und auch realsatirisch ergiebiges Material bieten. Pointiert gesprochen ginge es darum, die Position nicht *auszugrenzen,* sondern sie diskursiv einzubeziehen, um sie *vorzuführen.*[17]

---

7 Um rechte Normalisierungs- und Skandalisierungsstrategien zu unterlaufen, müssen ihre Inhalte und Rationalitätskerne nicht abgewehrt, sondern ernst genommen werden

Für Analysen von und Reaktionen auf rechte Protestartikulationen wäre es zentral, dem Rat Stuart Halls zu folgen, dass jede echte Ideologiekritik und jede konstruktive Auseinandersetzung mit rassistischen, heterosexistischen und nationalistischen Positionen nicht nur danach zu fragen hat, was an ihnen ‚falsch‘ ist, sondern v. a. auch danach, was an ihnen innerhalb gegebener gesellschaftlicher Verhältnisse und Rationalitäten ‚wahr‘ ist. Sie hätte also den in den ideologischen Formen verkehrt ausgedrückten ‚Wahrheits-‘ bzw. ‚Rationalitätskern‘ ernst zu nehmen. Dies meint gerade nicht, projektive Feindbilder anzuerkennen, um sie zu verstärken. Anzuerkennen sei aber ihr rationaler Kern als spezifische Verarbeitungs- und Reflexionsformen für reale Erfahrungen valenter gesellschaftlicher Problemlagen, Antagonismen und Krisendynamiken, auf die sie eine in gegebenen Verhältnissen individuell rationale Antwort anbieten.[18]

---

[17]Exemplarisch dafür wäre u. a. die ‚Entzauberung‘ Sarrazins, die Link (2013) erreicht, indem dieser (im Umgang mit Statistiken wenig solide und inhaltlich fade erscheinende) Neuaufguss altbekannter Debatten historisch eingeordnet oder auch in seiner oft abstrusen Bild- und Metaphern-Sprache wörtlich genommen wird.

[18]Vgl. zu diesem Argument u. a. Hall 1989. Letztlich ist dies freilich der Kern jeder Ideologie- und Gesellschaftskritik seit Marx. Kritik meint hier nicht Ablehnung und Abwertung, sondern im klassischen philosophischen Wortsinn stets die Arbeit des Zergliederns und Sezierens von Zusammenhängen und die Rückführung der kritisierten Gedankenformen auf die gesellschaftlichen Bedingungen ihrer Möglichkeit. Vgl. zu entsprechenden Traditionslinien kritischer Analyse von Marx bis in den Poststrukturalismus u. a. Heim 2013, v. a. S. 119–165.

Wo etwa sozioökonomische Teilhaberechte primär an Lohnarbeitschancen in objektiv ethno-nationalistisch und sexistisch segregierten Arbeitsmärkten und an die notwendig exklusorische (da alle Nicht-Staatsbürger*innen ausschließende) Form des *nationalen* Sozialstaat gekoppelt sind, ist es in verschärften Krisen und bei gesteigertem Konkurrenzdruck individuell rational, Privilegien und exklusive Schutzräume zu verteidigen, welche an die praktisch wirkmächtigen Konstrukte von ‚Ethnie', ‚Nationalität', ‚Geschlecht' etc. geknüpft bleiben.[19]

Die Quintessenz des Arguments? Linksliberale Positionen, die dieser gesellschaftlichen Ratio nur normative Empörung über die rassistisch und sexistisch artikulierte Empörung der ‚Anderen' entgegenstellen oder derartige Dispositionen in klassistisch grundierten projektiven Abwertungen einseitig zum Problem ‚bildungsferner Unterschichten' oder des sprichwörtlichen ‚White Thrash' erklären, können diese Einstellungen und die ihnen zugrundeliegenden Problemkonstellationen gerade nicht überwinden. Vielmehr ist die gesellschafts-immanente Rationalität des Rassismus und Sexismus – z. B. (aber nicht nur) der absteigenden oder prekären Mittelklassen – zu entschlüsseln, um Fragen nach möglichen alternativen Antworten auf die dahinterstehenden Problem-lagen zu ermöglichen. Dies könnten etwa auch Fragen nach möglichen anderen gesellschaftlichen Rationalitäten sein, in denen die infrage stehenden Einteilungs-linien der Segregation und Diskriminierung von Menschengruppen tatsächlich ihre Funktionen verloren hätten.

8 Ein verbreitetes implizites und explizierbares Wissen über gesellschaftliche Krisenkonstellationen reicht über die autoritären Krisenreaktionen und projektiven Feindbilder hinaus, in denen es derzeit primär kanalisiert wird. Dies eröffnet alternative Möglichkeiten der gesellschaftlichen Problematisierung

Diskursanalysen, aber auch Satireformate reflektieren vermehrt, dass die Form, in der das rechte Agenda-Setting und projektive Angst- und Feindbilder partei-übergreifend politische Debatten dominieren, v. a. als eine Art ‚politisches

---

[19]In meiner Milieuerfahrung wenden sich selbst Akademiker mit gegenläufiger Wertorien-tierung, wo es um Stellenbesetzungen geht, oft überaus aggressiv gegen ‚Auswüchse' von Gendermainstreaming und Diversity und konvergieren darin dann objektiv mit AfD Positionen.

Übersprunghandeln' (vgl. Heim 2016b, S. 413–419) zu deuten ist: Angesichts einer in globalen ökonomischen Verflechtungen zunehmend eingeschränkten nationalen Gestaltungsmacht, erlaubt die verbale und reale Aufrüstung gegen ,Fremde', ,Überfremdung' und ,Gefährder' die symbolische Ausübung einer in anderen Feldern blockierten politischen Souveränität. Das laute Bereden einer vermeintlichen ,Flüchtlingskrise' ersetzt oder überlagert die Auseinandersetzung mit multiplen ökonomischen, sozialpolitischen, ökologischen und geo-politischen Krisen, die auch ursächlich für globale Fluchtbewegungen sind. Entsprechende Stellvertreterdebatten dienen der Verdrängung gesellschaftsimmanenter Widersprüche, Problemlagen und Destruktionsdynamiken und der Vertagung der Austragung gravierender Konflikte um die künftige Gestaltung globaler gesellschaftlicher Beziehungen. Denn keine der eskalierenden Krisendynamiken dürfte sich ohne Infragestellung von Basisparametern der kapitalistischen Weltwirtschaft, der nationalstaatlichen Organisation von Politik sowie der globalen Ausbeutungsverhältnisse und Hegemonien angehen lassen.

Im „Gesellschaftsbild der LohnarbeiterInnen" (Dörre et al. 2013) zeigt sich dabei ein ausgeprägtes Bewusstsein dieser globalen Krisenzusammenhänge, was zusammen mit der Unzufriedenheit mit den Wettbewerbs- und Steigerungszumutungen einer Gesellschaft des ,immer mehr und nie genug' zu einem verbreiteten, gewerkschaftlich und parteipolitisch aber nicht repräsentierten „alltägliche Antikapitalismus" führt (ebd., S. 259). Dieses Wissen um die Einbettung der eigenen Lebensweise in die Zusammenhänge globaler Ausbeutungs- und Krisendynamiken bleibt aber – ebenso wie die kleinen Utopien von nachhaltigen Gütern und anderen Formen der Zeitnutzung oder die abstrakte inklusive Solidarität mit anderen global Betroffenen – mit gegenläufigen Einstellungen amalgamiert, wo es um Statuserhalt, Besitzstandswahrung und das tägliche (Über-)Leben in bestehenden Verhältnissen geht (vgl. ebd., S. 207–222).

Unzufriedenheit mit kapitalistischen Zumutungen und kriseninduzierte Gegenreaktionen haben hier keineswegs notwendig emanzipatorische oder systemtranszendierende Implikationen. Sie münden stattdessen oft in näherliegenden Forderungen nach Stärkung der eigenen Position und nach exklusiven Schutzräumen in der globalen Konkurrenz, was im Wortsinn reaktionäre Forderung nach dem Engziehen nationalistischer, rassistischer und sexistischer Grenzziehungen begünstigt. In ihren ausgeprägten Ambivalenzen bleiben dieselben Einstellungsmuster aber auch in Richtung eines impliziten, umfassenderen Wissens über gesellschaftliche Krisenzusammenhänge adressierbar, das auch in Reaktion auf autoritäre und rassistische Krisenartikulationen durch relativ einfache Interventionen aktivierbar ist. Eine rassismus- und nationalismuskritische Demokratie- und Bildungsarbeit muss dazu gerade rechte Krisenartikulationen, zu denen sie sich in Gegnerschaft bewegt, als Ausdrucksformen prinzipiell mündiger Subjektivität anerkennen. Aus der Erfahrung mit kritischen Diskussionsveranstaltungen in der Erarbeitung und im Anschluss an das Buch *Pegida als Spiegel und Projektionsfläche* (Heim 2016a) hat sich etwa gezeigt, dass jeder Versuch scheitert, die Ansichten und Positionen von Anhänger*innen oder Sympathisant*innen der Bewegung empört zurückzuweisen oder ihnen eigene normative Orientierungen und Lebensformen als ‚rational überlegen' entgegen zu halten. Weiterführend waren eher einfache Gesprächsangebote: ‚Lass uns 5 min nicht über Geflüchtete, Schwule und ‚Genderwahn' sprechen, wo siehst du denn sonst noch Probleme?'. Dies kann eine ganze Reihe sehr bewusster und reflektierter Problemartikulationen zu Arbeits- und Sozialpolitik, Wirtschaft und Verteilungsgerechtigkeit, Bildung und Familie etc. in Gang setzen, für deren Diskussion 5 min dann nicht ausreichen. Manchmal genügt aber die einfache Frage: ‚Und was hat das jetzt mit den Geflüchteten und Schwulen zu tun?', um auch ohne weitere paternalistische Anleitungen erhebliche Zweifel an der projektiven Auslagerung diverser Probleme – der Bildungs-, Arbeits-, Wirtschafts-, Wohnungs- oder Sozialpolitik – auf ‚konkurrierende Andere' zu wecken und Versuche der Neuordnung der eigenen Urteilskriterien auszulösen.

## 9	Gegen rechte Diskursinterventionen helfen keine Ausgrenzungen, sondern nur offen ausgetragene politische Konflikte um die gesellschaftliche Zukunft

Wie herausgearbeitet wurde, kann Diskursinterventionen rechter Bewegungen und Parteien und den von ihnen adressierten Einstellungen weder durch rhetorische Ab- und Ausgrenzung noch durch verschärfte rassistisch-chauvinistische Rhetorik der ‚Volksparteien' begegnet werden. Sie stattdessen als Momente und Verarbeitungsformen kollektiver Krisenerfahrungen, gesellschaftlicher Konfliktlagen und sozialer Bedürfnisse ernst zu nehmen, um für diese nach anderen Artikulationsformen zu suchen, würde zunächst die Öffnung des politischen Raums für eine rückhaltlose Ursachenanalyse gegenwärtiger Krisen- eskalationen und für die experimentelle Suche nach globalen Alternativen voraussetzten. Gehaltvolle Problemanalysen und Lösungsansätze dürften dabei an prinzipiellen ‚Systemfragen' allerdings kaum vorbeikommen. Denn die Ursachen globaler Fluchtbewegungen und nationalistischer Abwehr- kämpfe oder auch des postdemokratischen Rückbaus politischer Partizipations- chancen, der populistischen Ansprüchen ‚dem Volk eine Stimme' zu geben erst Plausibilität verleiht, liegen in globalen Krisendynamiken und eskalierenden

sozialökologischen Verteilungskonflikten, die unmittelbar mit Funktions-
prinzipien und immanenten Widersprüchen des kapitalistischen Weltsystems
zusammenhängen, das zunehmend absurde gesellschaftliche Konstellationen
hervorbringt:

Eine endlos gesteigerte Arbeitsproduktivität und ein unermesslich
gewachsener gesellschaftlicher Reichtum an Gütern, Produktionskapazität und
prinzipiell frei verfügbarer Zeit, führen in einem System, in dem „Reichtum
Armut schafft" (Zinn 1998), schließlich nicht ins Utopia der von Arbeitsnot-
wendigkeiten befreiten Zeit, sondern in multiple Notstände. In einer Lohn-
arbeitsgesellschaft, in der an die Integration qua Arbeit alle Teilhaberechte und
-chancen gekoppelt bleiben (vom Konsum, über sozialstaatliche Absicherungen,
bis zu sozialer Anerkennung), ist ‚befreite Zeit' nur ‚Verknappung von Arbeit'
und verschärft den Krieg Aller gegen Alle – um Arbeitsplätze, Produktions-
standorte, Absatzmärkte. In einer um den Selbstzweck endlosen monetären
Wachstums zentrierte Gesellschaft, ist es dabei (auch um ‚Menschen in Arbeit zu
bringen') nur rational, auf dem Altar des abstrakten Geldkultus wachsende Teile
des konkreten stofflichen Reichtums zu opfern, indem z. B. 56 % der globalen
Kalorienproduktion und ressourcenintensive Güter in den Distributions- und
Spekulationsketten nicht bedürfnisorientiert verteilt, sondern profitorientiert
vernichtet werden. Produktionstechnische Möglichkeiten, sozial-ökologische
Reproduktionszyklen mit sinkendem Zeit- und Ressourcenaufwand nachhaltig zu
gestalten, wirken sich so als Steigerung sozial-ökologischer Destruktivkräfte aus.

Diese Dynamik, auf die verschärfte nationale Konkurrenz- und Abwehr-
kämpfe reagieren, ist aber nur ein anderer Ausdruck für eine Gesellschaft, die
aufseiten der Produktion von Gebrauchswerten für menschliche Bedürfnisse
längst *zu reich* ist, um den Selbstzweck der Kapitalverwertung ohne sozial und
ökologisch katastrophale Effekte fortzuführen. Eine *realistische Utopistik* (vgl.
Wallerstein 2002) kann damit auch die Grundsatzfrage stellen, wie der globale
Reichtum nach anderen (nicht monetären, sondern sozialen, ökologischen und
bedarfsorientierten) Rationalitätskriterien verteilbar wäre. Gesellschaftliche
Teilhabe wäre dazu prinzipiell neu zu organisieren: jenseits ethno-nationaler
Grenzregime und Exklusionen und jenseits der Konkurrenz um die Abwälzung
der Folgekosten und Krisenlasten unseres Konsum- und Wachstumsmodells.[20]

---

[20]Vgl. zur Ausführung der hier nur angedeuteten Zusammenhäng autoritärer und
exklusorischer Diskurse und Politikstile mit kapitalistischen Krisendynamiken: Heim
2017a, S. 41–61 & Heim/Drobot 2019.

Dies stellt vor Herausforderungen, die verbreitete Politiken des ‚Weiter So‘ und reaktionäre Träume von vergangener nationaler Souveränität und Größe aktiv verdrängen. Ein Angehen der Krisenursachen erfordert die globale Umgestaltung aller Produktions-, Distributions-, Konsum- und Lebensverhältnisse nebst den entsprechenden Lebensweisen. Diese Transformationen wären innerhalb eines durch ökologische Krisenzuspitzungen rasant verengten Zeitfensters zu gestalten und erfordern – gegen aktuelle Renationalisierungen in verschärften Konkurrenzen – ein ungekanntes Maß an globaler Kooperation. Prinzipielle Möglichkeitsbedingungen historischer Übergänge zu globalen Vergesellschaftungen jenseits von Kapitalismus und Nationalstaat, sind in vorhandenen Produktions- und Kommunikationstechnologien analytisch identifizierbar.[21] Konkrete Organisationsformen lassen sich aber nicht am Schreibtisch vorwegnehmen. Wenn überhaupt werden sie sich nur in konfliktreichen Trial-and-Error-Prozessen austarieren. Dafür ließen sich bestenfalls Bedingungen eines „demokratischen Experimentalismus" (Dörre 2017, S. 63) ohne dramatische Zuspitzungen inner- und zwischenstaatliche Asymmetrien und ohne Gewalteskalationen gestalten (was schwierig genug sein wird).

Regressive politische Beschwörungen einer großen Vergangenheit der überlebten und in einer grundlegenden Krise befindlichen Formen von ‚Markt‘, ‚Nation‘, ‚Staat‘, ‚Familie‘ etc., werden ihre Problemlösungsversprechen kaum einlösen. Und ihre bedingungs- und besinnungslose Verteidigung dürfte vielfach eher krisenverschärfend wirken. Sie können aber immerhin vertraute Bilder, Erfahrungen und Vorstellungen adressieren. Derart simple Versprechen muss jede realistische Frage nach gesellschaftlichen Alternativen schuldig bleiben. Wer den Mobilisierungen und Diskursinterventionen von ‚Rechts‘ und der sukzessiven Normalisierung und Umsetzung ihrer Forderungen in einer exklusorischen und autoritären ‚Politik der Mitte‘ aber etwas entgegensetzen will, wird dennoch anfangen müssen, entsprechende Fragen zu stellen.

---

[21]Eine Sondierung dieser Möglichkeitsbedingungen und konkreterer Ansatzpunkte prinzipieller Systemtransformationen und eine Auseinandersetzung mit weiterer Literatur und der grundsätzlichen Problematik sozialwissenschaftlicher Prognostik findet sich u. a. in: Heim 2018.

Literatur

Amjahid, M. (2018). Meinungsfreiheit: Denken oder denken lassen? *DIE ZEIT,* 51/2018.

Balibar, É. & Wallerstein, I. (Hrsg.) (1992). *Rasse, Klasse, Nation. Ambivalente Identitäten.* Hamburg/Berlin: Argument.

Balibar, É. (1992a). Gibt es einen ‚Neo-Rassismus '? In E. Balibar & I. Wallerstein (Hrsg.), *Rasse, Klasse, Nation. Ambivalente Identitäten* (S. 23–38). Hamburg/Berlin: Argument.

Balibar, É. (1992b). Rassismus und Krise. In E. Balibar & I. Wallerstein (Hrsg.), *Rasse, Klasse, Nation. Ambivalente Identitäten* (S. 261–272). Hamburg/Berlin: Argument.

Barp, F. & Eitel, H. (2016). „Weil die Mitte in der Mitte liegt." Warum Pegida mit dem Extremismus-Paradigma nicht zu erklären ist und es zur Verharmlosung der Bewegung beiträgt. In T. Heim (Hrsg.), *Pegida als Spiegel und Projektionsfläche. Wechselwirkungen und Abgrenzungen zwischen Pegida, Politik, Medien, Zivilgesellschaft und Sozialwissenschaften* (S. 111–142). Wiesbaden: Springer VS.

Benoist, A. d. (1985). *Kulturrevolution von rechts.* Krefeld: Sinus.

Brumlik, M. (2018). Rechte Ideologen an der Uni Siegen. Meinungsfreiheit war nie gefährdet. *taz* 12.11.2018.

Bruns, J., Glösel, K., & Strobl, N. (2014). *Die Identitären. Handbuch zur Jugendbewegung der Neuen Rechten in Europa.* Münster: Unrast.

Dörre, K., Happ, A., & Matuschek, I. (2013). *Das Gesellschaftsbild der LohnarbeiterInnen. Soziologische Untersuchungen in ost- und westdeutschen Industriebetrieben.* Hamburg: VSA.

Dörre, K. (2017). Nach dem schnellen Wachstum: Große Transformation und öffentliche Soziologie: In B. Aulenbacher, Burawoy, M., Dörre, K., & Sittel, J. (Hrsg.), *Öffentliche Soziologie. Wissenschaft im Dialog mit der Gesellschaft* (S. 33–67). Frankfurt a. M./ New York: Campus.

Fehser, S. (2017). Demaskieren und Kontinuitäten. Pegida als Offenlegung und Entfesselung bestehender Dispositionen. In T. Heim (Hrsg.), *Pegida als Spiegel und Projektionsfläche. Wechselwirkungen und Abgrenzungen zwischen Pegida, Politik, Medien, Zivilgesellschaft und Sozialwissenschaften* (S. 55–78). Wiesbaden: Springer VS.

Hall, S. (1989). Der Thatcherismus und die Theoretiker. In S. Stuart, *Ideologie, Kultur und Rassismus* (S. 172–206). Ausgewählte Schriften Bd. 1. Hrsg. von Räthzel, Nora. Hamburg/Berlin: Argument.

Heim, T. (2013). *Metamorphosen des Kapitals. Kapitalistische Vergesellschaftung und Perspektiven einer kritischen Sozialwissenschaft nach Marx, Foucault und Bourdieu.* Bielefeld: transcript.

Heim, T. (Hrsg.) (2016a). *Pegida als Spiegel und Projektionsfläche. Wechselwirkungen und Abgrenzungen zwischen Pegida, Politik, Medien, Zivilgesellschaft und Sozialwissenschaften.* Wiesbaden: Springer VS.

Heim, T. (2016b). Politischer Fetischismus und die Dynamik wechselseitiger Projektionen. Das Verhältnis von Pegida, Politik und Massenmedien als Symptom multipler Krisen. In T. Heim (Hrsg.), *Pegida als Spiegel und Projektionsfläche. Wechselwirkungen und Abgrenzungen zwischen Pegida, Politik, Medien, Zivilgesellschaft und Sozialwissenschaften* (S. 341–444). Wiesbaden: Springer VS.

Heim, T. (2017a). Der politische Rechts(d)ruck, die prozessierten Widersprüche des Neoliberalismus und die Strukturkrise kapitalistischer Vergesellschaftung. In P. Jobst R. Wamper, & I. Aigner (Hrsg.), *Autoritäre Zuspitzung. Rechtsruck in Europa* (S. 17–72). Münster: Unrast.

Heim, T. (2017b). Die Selbstverunmöglichung des ‚Ohne-Angst-Verschieden-Seins'. Normalismus zwischen flexiblem Lebensstilpluralismus und autoritärer Realpolitik. *kultuRRevolution. Zeitschrift für angewandte Diskurstheorie,* 73, H. 2/2017, (S. 22–30).

Heim, T. (2017c). Empirische Objektivitätsbehauptungen im ‚postfaktischen Zeitalter'. Anmerkungen zu Bezügen auf ‚objektive Wissenschaft ' in Debatten zur gegenwärtigen Rechtsverschiebung. *kuckuck. Notizen zur Alltagskultur,* H. 2/2017, (S. 50–56).

Heim, T. (2018). Rumorende Antagonismen, ›Zombie-Kapitalismen‹ und ein transnormalistisch-postkapitalistischer Vektor. Zur kairologischen Sondierung transformatorischer Möglichkeitsräume. In: kultuRRevolution. *Zeitschrift für angewandte Diskurstheorie,* 74, H. 1/2018, (S. 60–69).

Heim, T. (2019). Von polarisierenden »Flüchtlingskrisen« zur globalen Migration als Wohlfühlprogramm? Die Durchschlagkraft verdeckter Widersprüche im UN-Migrationspakt. *kultuRRevolution. Zeitschrift für angewandte Diskurstheorie,* 76, H. 1/2019, (S. 21–29).

Heim, T., & Wöhrle, P. (2015). Politische Grenzmarkierungen im flexiblen Normalismus. In J. Ackermann, K. Behne, F. Buchta, M. Drobot, & P. Knopp (Hrsg.), *Metamorphosen des Extremismusbegriffes. Diskursanalytische Untersuchungen zur Dynamik einer funktionalen Unzulänglichkeit* (S. 13–70). Wiesbaden: Springer VS.

Heim, T., & Drobot, M. (2019). Scarcity Inc. Die Knappheitsparadoxie als ein Hintergrundproblem pluraler Ökonomie. In D. J. Petersen, D. Willers E. Schmitt, R, Birnbaum, J. Meyerhoff, S. Gießler, & B. Roth (Hrsg.), *Perspektiven einer pluralen Ökonomik* (S. 69–106). Wiesbaden: Springer VS.

Heitmeyer, W. (Hrsg.). (2002–2011). *Deutsche Zustände Folge 1–10.* Berlin: Suhrkamp.

Jäger, M. (1996). *Fatale Effekte. Die Kritik am Patriarchat im Einwanderungsdiskurs.* Duisburg: DISS.

Jäger, S., & Link, J. (Hrsg.) (1993). *Die vierte Gewalt. Rassismus und die Medien.* Duisburg: DISS.

Jongen, M. (2017). *Migration und Thymostraining. Vortrag zur 17. Winterakademie des Instituts für Staatspolitik Schnellroda am 17. Februar 2017.* https://www.youtube.com/watch?v=cg_KuESI7rY. Zugegriffen: 29. November 2018.

Kebir, S. (2010). Dekonstruktion von Wackelkandidaten und Diskurspiraterien. Gramsci, Brecht und Anverwandlungen linker Signifikanten durch rechte Politik. In. H. Kellershohn, M. Dietzsch & R. Wamper (Hrsg.), *Rechte Diskurspiraterien Strategien der Aneignung linker Codes, Symbole und Aktionsformen* (S. 54–79). Münster: Unrast.

Kellershohn, H. (2016). Götz Kubitschek und das Institut für Staatspolitik. In H. Kellersohn & W. Kastrup(Hrsg.), *Kulturkampf von rechts. AfD, Pegida und die neue Rechte* (S. 92–106). Münster: Unrast.

Kliche, T. (1998). Vom Feindbild zum Fluktuat. „Islam" als mediales Feld flexibler, diskursiver Ausgrenzung. In R. Hitzler & H. Peters (Hrsg.), *Inszenierung: Innere Sicherheit. Daten und Diskurse* (S. 25–36). Opladen: Leske+Budrich.

Knobloch, C. (2018). *Das sogenannte Gute. Zur Selbstmoralisierung der Meinungsmacht.* Siegen: Universi.

Kubitschek, G. (2016). *Die Spurbreite des schmalen Grates*. Schnellroda: Verlag Antaios.

Link, J. (1991). „Der irre Saddam setzt seinen Krummdolch an meine Gurgel!". DISS Duisburg. https://www.diss-duisburg.de/2000/05/der-irre-saddam-setzt-seinen-krummdolch-an-meinegurgel/print/. Zugegriffen: 14. Februar 2014.

Link, J. (2013). *Normale Krisen? Normalismus und die Krise der Gegenwart (mit einem Blick auf Thilo Sarrazin)*. Konstanz: Universitätsverlag.

Lotter, M.-S. (2018). Meinungsfreiheit: Wer darf hier was sagen? *DIE ZEIT*, 52/2018.

Patzelt, W. J. (2014). Patzelt: Demonstranten nicht als Rechtsradikale abtun. [Interview mit Felix Krautkrämer]. In: Junge Freiheit 52/14. https://jungefreiheit.de/debatte/interview/2014/patzelt-demonstranten-nicht-als-rechtsradikale-abtun. Zugegriffen: 14. Februar 2016.

Pink, J.o. (2018). „Feindliche Übernahme": Ist diese Religion gefährlich? *DIE ZEIT*, 36/2018.

Sarrazin, T. (2018). Feindliche Übernahme. *Wie der Islam den Fortschritt behindert und die Gesellschaft bedroht*. München: FBV.

Sellner, Ma. (2016). Der große Austausch in Theorie und Praxis. Nachwort zu: Renaud Camus: *Revolte gegen den großen Austausch*. Schnellroda: Antaios Verlag, S. 189–221.

Thiel, T. (2018). Darf ein Politiker noch philosophieren? *Frankfurter Allgemeine Zeitung* v. 22.12.2018.

Ulbig, M. (2014). Thema Asyl: Innenminister plant Sondereinheiten. [Interview]. In MO-PO 24 v. 24.11.2014. https://mopo24.de/nachrichten/innenminister-ulbig-sondereinheiten-fuer-straffaellige-asylbewerber-2517. Zugegriffen: 14. Februar 2016.

Wagner, T. (2017). *Die Angstmacher. 1968 und die Neuen Rechten*. Berlin: Aufbau.

Wallerstein, I. (2002). *Utopistik: Historische Alternativen des 21. Jahrhunderts*. Wien: Promedia Verlag.

Zinn, K. G. (1998). *Wie Reichtum Armut schafft. Verschwendung, Arbeitslosigkeit und Mangel*. Köln: PapyRossa Verlag.

Kritik der Medien – Medien der Kritik

Kritik der Medien – Medien der Kritik: Ein Kommentar aus der journalistischen Praxis

Annette Leiterer

„Welchem ethischen Maßstab folgt Ihre Medienkritik?" war die Fragestellung, die mir mitgegeben wurde für diesen Vortrag. Dazu ist es sicher hilfreich zu wissen, was wir als Medienmagazin im Fernsehen beim Norddeutschen Rundfunk überhaupt veranstalten. Wir bei *ZAPP* bewegen uns zwischen Medienanalyse und Gesellschaftskritik. Der diskurstheoretische Hintergrund fehlt mir. Was mir jedoch überhaupt nicht fehlt, ist Erfahrung mit Dilemmata im Journalismus. Seit 10 Jahren bin ich bei ZAPP mit dafür verantwortlich, journalistische Arbeit anderer Medien aber auch der ARD auf die Einhaltung ethischer Maßstäbe hin zu überprüfen. Dabei versuchen wir mehr als früher zu differenzieren, nicht mehr von „den Medien" zu sprechen und keine Absichten zu unterstellen, wo systemimmanente Zwänge für kritikwürdige Handlungen verantwortlich sind. Dabei legen wir besonderen Wert darauf ausnahmslos die Kritisierten mit unseren Fragen und Rechercheergebnissen zu konfrontieren. Das erscheint zwar selbstverständlich und handwerklich ohnehin geboten. Ehrlicherweise ist es aber dennoch nicht

Der vorliegende Text ist eine nachbearbeitete Abschrift des gleichnamigen Vortrags, der am 31.01.2019 auf der Konferenz zum Thema „Diskursintervention" in Siegen gehalten wurde.

ZAPP ist ein Medienmagazin des Norddeutschen Rundfunks (Erstausstrahlung 2002). „ZAPP beobachtet, hinterfragt, erklärt und bewertet die aktuelle Medienberichterstattung. Das moderierte Medienmagazin informiert über die komplexen Zusammenhänge innerhalb der Medienlandschaft." (https://www.ndr.de/fernsehen/sendungen/zapp/index.html, 26.07.2019).

A. Leiterer (✉)
ZAPP, NDR, Hamburg, Deutschland
E-Mail: a.leiterer@ndr.de

immer und überall geübte Praxis. Von den Dilemmata im Journalismus möchte ich erzählen, weil sie meiner Ansicht nach Teile der Medienkritik erklären können.

Ich beginne mit einem Beispiel aus unserer Sendung vom 30. Januar 2019. Gegenstand war die Frage, wie mit dem Aufruf der 100 Lungenärzte im Bezug auf die Diskussion um Grenzwerte und Autoabgase medial umgegangen worden ist. Über den Aufruf wurde sehr breit im Rundfunk, aber auch in Zeitungen und Onlinemedien berichtet. Das Handelsblatt fragte gar: „Werden wir für doof verkauft?" Die Debatte wurde sofort emotional. Ulf Poschardt, Chefredakteur der WELT-Gruppe bei Axel Springer meinte zu ZAPP: „Ich glaube, dass die Erhitztheit der Debatte damit zu tun hat, […] dass ein politisch und lebensweltlich privilegierter Bereich der Öffentlichkeit einer großen Mehrheit von Menschen vorschreiben will, was okay ist und was nicht." Seine Zeitung hatte die Debatte mit befeuert und damit auf genau die Emotion gesetzt, die Poschardt hier beschreibt. Die Zeitung hat, wie einige andere auch, die Deutung gleich mitgeliefert ohne inhaltlich tief in das komplexe Thema einzusteigen. So kritisiert auch der Wissenschaftsredakteur der taz, Malte Kreuzfeldt, bei ZAPP die mangelnde Überprüfung des Inhalts vom Aufruf der Lungenärzte durch Journalisten. Diese hätten jede Pflicht der Welt eine Meinung auf Validität hin zu überprüfen und daran habe es deutlich gemangelt. Der Umstand, dass die Kritik der Lungenärzte in deren Fachgebiet keineswegs Konsens ist und wissenschaftlich strittig, wurde nicht ausreichend transportiert. Wo steckt hier das Dilemma? Wenn Redaktionen den Anspruch haben, aktuell über das Tagesgeschehen zu informieren und ein Thema sowohl eine gewisse Relevanz für das Publikum besitzt (Atemluft) außerdem noch eine politische Dimension aufweist (Grenzwerte) und dann auch noch kontrovers angelegt ist, werden sie ihrem Anspruch nur gerecht, wenn sie über den Aufruf der Lungenärzte berichten. Andererseits fehlt im tagesaktuellen Geschäft die Zeit, die es braucht, die Validität der im Aufruf enthaltenen Aussagen zu überprüfen. Hier stehen die Nachrichtenfaktoren gegen die hintergründige Einordnung.

Dies ist in etwa das Themenfeld in dem sich *ZAPP* bewegt und in dem wir versuchen, Klarheit zu schaffen und zu fragen, wer die Debatte führt, mit welchen Mitteln sie geführt wird und welche mediensystemimmanenten Zwänge an welcher Stelle zum Tragen kommen. Uns beschäftigt regelmäßig die Frage, wie wir Journalisten selbst zu einer Versachlichung der Debatte beitragen könnten. Auch nach neun Jahren bei *ZAPP* kann ich nicht sagen, dass es in dieser Hinsicht übergroße Fortschritte gegeben hätte.

Die mediale Auseinandersetzung mit den Rechtspopulisten spielte in den vergangenen vier bis fünf Jahren eine übergroße Rolle und ist auch bei *ZAPP* sehr intensiv verfolgt worden. In fünf Jahren haben wir etwa 30 Beiträge zu diesem

Thema gesendet, meist aus einem besonderen Anlass heraus. Dabei sind wir häufig in einem weiteren Dilemma, das ich an folgendem Beispiel klar machen möchte: Es erinnern sich bestimmt viele an den Ausspruch von Herrn Gauland (AfD) zum „Vogelschiss". Gauland meinte damit die Nazidiktatur in Deutschland. Er sagte wörtlich: „Hitler und die Nazis sind nur ein Vogelschiss in über 1000 Jahren deutscher Geschichte". Er hat das in einem relativ kleinen Raum vor wenig Publikum von sich gegeben. Sein Zitat wurde dann aber zu einem sehr großen medialen Ereignis. Manche Journalisten meinen, in einem solchen Fall solle man tunlichst gar nicht berichten, um nicht das Geschäft der AfD zu besorgen. Andere finden, dieser Satz bedürfe natürlich der Einordnung und der Erklärung, um auch deutlich zu machen, wes Geistes Kind jemand sei, der so etwas sagt. Wir hatten dazu auch ein Streitgespräch in der Sendung von Lutz Haverkamp vom *Tagesspiegel* und Janko Tietz von *Spiegel Online*.

Dieses Dilemma kehrt für uns immer wieder und seine Lösung steht noch aus: Das Dilemma, dass Aussprüche von Rechtspopulisten, oder auch Aussagen, die dazu geneigt sein könnten, die Gesellschaft eher zu spalten, eine unverhältnismäßig große und breite Berichterstattung erfahren, während auf der anderen Seite ein gezieltes Verschweigen solcher Aussprüche einer publizistischen Freiheit und Vielfalt entgegensteht und einer gewissen Opferinszenierung absolut dienlich ist.

Es gibt zwei Positionen dazu, die sich auch gut begründen lassen. Darum kreist der Journalismus schon eine ganze Weile. Und mich hat, ehrlich gesagt, auch die journalistische Neugier auf diese Konferenz gebracht, um zu schauen, ob hier jemand vielleicht zu diesem Dilemma eine Lösung weiß, denn die würde ich sehr gerne mitnehmen.

Bis dahin besteht auch die Möglichkeit, sich über die publizistische Vielfalt zu freuen, denn in solchen Konfliktfällen gehen journalistische Medien immer noch unterschiedlich mit z. B. Zitaten von Rechtspopulisten um. Es besteht kein regelhafter Umgang.

Wenn der Diskurs, von dem wir sprechen, nicht mehr als Mittel einer ehrlichen Auseinandersetzung verstanden wird, mit dem Ziel sich näher zu kommen oder zumindest die Motive des anderen begreifen zu wollen, dann dient er immer mehr nur der Eskalation.

Ein positives Beispiel über den Umgang von Journalisten mit einem Rechtspopulisten hatten wir bei ZAPP vor geraumer Zeit aufgegriffen – noch vor der Ibiza-Affäre in Österreich. Der ORF-Journalist Armin Wolf führte ein Interview mit dem FPÖ-Mann Heinz-Christian Strache. Die beiden haben sich über eine Karikatur unterhalten. Diese Karikatur hat Armin Wolf als antisemitisch eingeordnet. In der Zeichnung war ein Mann mit einem Hemd zu sehen. An den

Manschettenknöpfen des Hemdes waren Davidssterne abgebildet. Herr Wolf fragte dann immer wieder Herrn Strache, warum er der Meinung sei, das sei nicht antisemitisch. Und Herr Strache sagte immer, er sehe da keinen Davidstern. Für das Publikum war der Davidstern aber in diesem Moment deutlich sichtbar. Das war vielleicht das Beste, was Journalismus in einem solchen Fall leisten kann. Es gab im Interview keinen Konsens. Für Wolf stand, wie er später sagte, im Vordergrund auch nicht das Ziel, den Gegenüber zur Strecke zu bringen. Aber es wurde klar, dass hier eine sehr unterschiedliche Wahrnehmung zwischen Interviewer und Interviewpartner vorliegt und das Publikum konnte sich selbst ein Bild machen. Der Journalist Armin Wolf hat den Zuschauern durch seine Art der Interviewführung dazu die Möglichkeit gegeben.

Das führt aber noch zu einem weiteren Punkt, der bei *ZAPP* auch regelmäßig Gegenstand ist: Das Selbstverständnis von uns Journalisten. Wie Journalisten sich entweder in einem direkten Interview oder auch grundsätzlich ihre Aufgabe in der Berichterstattung verstehen sollten. Dazu gibt es die unterschiedlichsten Positionen. Ich komme vom *NDR,* wo es als Ombudsformat zum Beispiel *Markt mischt sich ein* gibt, eine Verbrauchersendung, die sich aktiv in die Debatte einmischt. Oder eher erklärende Ansätze wie in *Quarks und Co* und auch im *Print Heimwerkermagazin.* Daneben gibt es die politischen Magazine und Nachrichten. Alle haben ihre Berechtigung und auch sehr unterschiedliche Funktionen im Journalismus.

Politisch gefordert und am meisten gesprochen wird im Moment eher über die nachrichtliche Berichterstattung, zum Beispiel in der *Tagesschau.* Was gefordert wird, ist Objektivität, was natürlich suggeriert, dass es eine Objektivität gäbe. In diesem Kontext – man erinnere sich auch gerade an den Fall Relotius beim Spiegel – werden häufig Sätze (oft nicht korrekt) zitiert wie „Sagen, was ist" von Rudolf Augstein oder „du sollst dich nicht gemein machen mit einer Sache, auch nicht mit einer guten" von Hajo Friedrichs. Dabei gehen offenbar immer noch viele davon aus, es gäbe „die" Objektivität, doch für den Journalismus ist das Problem, dass es diese Objektivität nicht gibt (das ist auch vielen Journalisten in der Praxis klar). Dies erkennend bleibt natürlich das Ziel, eine intersubjektive, nachvollziehbare Berichterstattung zu bieten.

Klar ist auch, dass Journalismus Selektionsprozesse braucht. Wir bei *ZAPP* versuchen immer wieder, die Arbeitsprozesse, die Art und Weise der Darstellung oder die Gründe für eine Themenwahl, transparent zu machen. Wir stoßen dabei aber ebenso regelmäßig an Grenzen, weil wir es oft mit komplexen Themen und wochenlangen Recherchen zu tun haben. Manche Zusammenhänge sind irgendwann nicht mehr darstellbar. Aus diesem Grund braucht es am Ende doch immer wieder eines, worum es auch ständig geht: Vertrauen. Vertrauen darin, dass bestimmte handwerkliche Regeln gelten und befolgt werden. Dieses Vertrauen ist offenbar ein Stück weit verloren gegangen. Das ist ein weiteres Dilemma: Denn es braucht medienkritische Arbeit wie bei *ZAPP*. Diese Arbeit ist aber nicht nur selbst auf Vertrauen angewiesen, sondern kann natürlich auch selbst Vertrauen in Medien erschüttern. Wenn wir bei ZAPP journalistische Fehler in den Fokus rücken, Systemfragen stellen, Skandalisierung kritisieren, erzeugen wir unter Umständen Misstrauen. Es schafft auch Verunsicherung, wenn wir uns einzelne Dinge herauspicken und medienkritisch perspektivieren: „Da seht Ihr es wieder, die machen alles falsch". Auch hierfür ein Beispiel aus der Praxis: Bei der Ukraine-Berichterstattung gab es einmal einen Fall – ich glaube, das war noch zu Zeiten von Thomas Roth bei den *Tagesthemen,* dass sich der Moderator für vorhergehende Falschinformationen entschuldigt hat. Im Grunde genommen ist das der richtige Weg, nämlich Transparenz und Korrektur an derselben Stelle. Eine häufige Redaktion auf diese Entschuldigung in den sozialen Netzwerken lautete, dass man ja schon immer gewusst habe, dass die Nachrichten der ARD Lügen über die Ukraine verbreiteten. Nun habe man den Beleg. Dass solche öffentlich eingeräumten Fehler teilweise wiederum skandalisiert werden, lässt sich nicht verhindern.

Bei *ZAPP* wollen wir deshalb bei dem bleiben, was wir als unsere Aufgabe verstehen und dazu gehört eben auch, Fehler im eigenen System deutlich zu machen, ihnen auf den Grund zu gehen und zu fragen, wie sich eine Wiederholung solcher Fehler verhindern lässt. Seit ein paar Jahren hat sich nur das Umfeld, in dem wir das tun, deutlich verändert und damit auch die Reaktionen auf unsere Kritik.

Denn seit geraumer Zeit werden Journalistinnen und Journalisten teilweise in sozialen Netzwerken der hart angegangen, teilweise bedroht und mit Hassreden konfrontiert. Es wäre aber auch lebensfremd anzunehmen, dass dieser Hass keine Wirkung haben könnte. Viele Kolleginnen und Kollegen versuchen dabei, einen kühlen Kopf zu bewahren oder in direkten Gesprächen auf solche Angriffe zu reagieren. Gerade im Onlinebereich im Umgang mit Hass-Äußerungen auf Social Media gibt sehr gute Ansätze. Teilweise gibt es dabei auch selbstregulierende Communities, die man als Redaktion nicht oder kaum moderieren muss. In solchen Fällen tragen aktive Teilnehmer der Community eigenständig dafür Sorge, dass bestimmte Äußerungen unter der Gürtellinie nicht toleriert werden. Das funktioniert mittlerweile alles und trotzdem stellen wir fest, dass der deutlich artikulierte Hass gegen Journalistinnen und Journalisten die Medienkritik nicht vereinfacht.

Redaktionen müssen Übereinkünfte treffen, wann sie einen Zuschauerkommentar als kritisch einordnen und antworten und wo Hassrede geführt wird, die keine inhaltliche Antwort verdient. Die vielen kommunikativen Kanäle, auf denen wir bei *ZAPP* unterwegs sind (es gibt auch ein eigenes Zuschauerpostfach), zeigen das zunehmende Bewusstsein dafür, wie wichtig es ist, mit dem Publikum auf Augenhöhe zu kommunizieren. Wir haben es aber, und da bin ich bei einem letzten Dilemma, mit einer asymmetrischen Kommunikation zu tun. Beim Fernsehen handelt es sich um ein Massenmedium und wir sind nicht in der Lage, mit den Einzelnen zu kommunizieren. Oft schaffen wir es nicht einmal, unserem eigenen Anspruch gerecht zu werden, innerhalb einer Woche alle Postfach-Einsendungen zu bearbeiten. Und dabei sind wir noch gut aufgestellt – es gibt andere Medien, die wesentlich weniger Mittel zur Verfügung haben und wesentlich weniger Menschen, um das zu tun.

Die Erfahrungen bei *ZAPP*, aber auch bei vielen anderen Medien zeigen dabei, dass sich die Erwartungen der Mediennutzerinnen und -nutzer verändert haben: „Was für mich wichtig ist, das findet mich und nicht umgekehrt". Wie sollen wir mit einer solchen Erwartung angemessen umgehen?

Ein erster oder vielleicht auch der wichtigste Schritt ist, dass Journalisten aus ihrer eigenen „Filterblase" heraustreten – oder sich zumindest ihre ungeprüften Vorannahmen bewusstmachen müssen. „Höre auch den anderen Teil" – ist ein wesentlicher Grundsatz journalistischen Handwerks. Diesen zu beachten wäre auch in Fortschritt in der Betrachtung von Journalismus selbst.

Pflege der öffentlichen Diskursmoral: Erfolgsmodell oder zum Scheitern verurteilt?

Wolfgang Lieb

1 Einleitung

Ich möchte mit fünf Gesichtspunkten zum Thema „Pflege der öffentlichen Diskursmoral" beitragen. Erstens: Warum ist die Pflege einer öffentlichen Diskursmoral überhaupt wichtig? Zweitens vertrete ich die These, dass die klassischen Informationsmedien ihren Informationsauftrag oft unzulänglich erfüllen und auch deshalb in die Kritik alternativer Medien geraten. Drittens stelle ich die Frage, ob die Jedermanns-Medien im Internet zur Meinungsvielfalt beitragen oder möglicherweise die öffentliche Diskursmoral sogar senken? Viertens möchte ich – wie Friedemann Vogel das vielleicht nennen würde – „ein Bündel von kommunikativ-sozialen Praktiken" aufzählen, die aus meiner Sicht zur Pflege einer öffentlichen Diskursmoral gehörten. Ich muss dabei vorausschicken, dass ich für meine Maßstäbe keinen theoretischen Bezugsrahmen habe. Ich kann nur auf meine Erfahrungen als früherer Regierungssprecher und als langjähriger Mitherausgeber eines Internet-Blogs zurückgreifen. Schließlich will ich fünftens noch kurz ein paar intervenierende Praktiken ansprechen.

W. Lieb (✉)
Köln, Deutschland
E-Mail: W.Lieb@gmx.net

2   Die Pflege einer öffentlichen Diskursmoral ist demokratiekonstitutiv

Die zu beobachtende Verrohung der öffentlichen Kommunikation sollte ein politisches Alarmsignal sein, denn ein Niedergang öffentlicher Diskursmoral gefährdet – oder schwächt zumindest – die Funktionsweise unserer grundgesetzlich geregelten Demokratie. Der öffentliche Diskurs wird maßgeblich von den Medien bestimmt, weil die *Medien* – also die Institutionen zur Vermittlung von Informationen, von Denkungsarten oder von kulturellen Werten – *maßgeblich unser Weltbild prägen.*

Wo auch immer eine öffentliche Debatte stattfindet, ob in den etablierten Medien oder im Internet: Die Pflege einer auf überprüfbaren Informationen basierenden „öffentlichen Diskursmoral" ist demokratiekonstitutiv. Eine demokratische Gesellschaft ist auf die Vermittlung der Werte des Rechts, der Menschenwürde, der Freiheit und Gleichheit durch die Medien angewiesen. Umfragen besagen: dass das *Vertrauen in die Medien* eng mit dem *Vertrauen in das Funktionieren der Demokratie* zusammenhängt (Decker et al. 2017, S. 30 ff.).

Die sich aus unterschiedlichen (ökonomischen) Interessen und (sozialen und kulturellen) Bedürfnissen – idealiter – ergebende Vielfalt der gesellschaftlichen Meinungen im öffentlichen Diskurs und der möglichst umfassende Austausch von Informationen und Meinungen ist eine wesentliche Bedingung für einen offenen Meinungsbildungsprozess und damit eine Grundvoraussetzung für Vernunft – wohlgemerkt nicht für Wahrheit oder für Richtigkeit – bei demokratischen Entscheidungsfindungen. Der frühere Richter am Bundesverfassungsgericht, Paul Kirchhof, hat es auf die Formel gebracht: „Mit uninformierten oder fehlinformierten Bürgern kann eine freiheitliche Demokratie nicht funktionieren".

3   Zum Versagen der klassischen Medien

Um das Versagen der etablierten Medien einigermaßen fundiert zu behandeln, brauchte es ganze Bücher. Man muss dabei nicht auf den „Spiegel" und den Fall Claas Relotius verweisen, es gibt zahllose Beispiele, bei denen jedenfalls der Medien-Mainstream

- *kein realistisches Bild der Wirklichkeit gezeichnet* oder
- *einseitig berichtet* oder

- *Partei für die (politisch bzw. ökonomisch) Mächtigen ergriffen* oder
- schlicht *in seiner „Wächterrolle" versagt* hat.

Hier nur einige wenige Beispiele für solches Versagen:

Eine empirische Untersuchung der Otto Brenner Stiftung über die Berichterstattung von FAZ, Handelsblatt, FTD, taz, DPA und ARD-Aktuell über einen Zeitraum von 10 Jahren bis hin zur Finanzkrise 2008 kommt zu dem Fazit: „Der tagesaktuelle Wirtschaftsjournalismus stand dem globalen Finanzmarkt gegenüber wie ein ergrauter Stadtarchivar dem ersten Computer..." (Arlt und Storz 2010, S. 8). Man denke ferner an das allgemeine Griechenland-Bashing (Otto et al. 2016): In Wahrheit wurden mit den „Rettungsschirmen" nicht die Griechen gerettet, sondern die europäischen Gläubigerbanken (Schumann 2018). Ein weiteres Beispiel für Unzulänglichkeit in der Berichterstattung ist die Mordserie des „Nationalsozialistischen Untergrunds": Die meisten Medien transportierten die Verbrechen des NSU jahrelang unter der Schlagzeile „Döner-Morde". (Virchow et al. 2015, S. 3). Ein weiteres Versagen in der von den Medien gern beanspruchten „Wächterrolle": Seit Ausbruch der Kriege im Irak und in Syrien warnten sämtliche Flüchtlingsorganisationen jahrelang vor den katastrophalen Zuständen in den Flüchtlingslagern der Nachbarländer (Eisenreich 2015). Die medialen „Wachhunde" schlugen aber keinen Alarm, als die Vereinten Nationen ihre Lebensmittelhilfe 2014 – also ein Jahr bevor sich die Geflüchteten auf den Weg nach Europa machten – um 40 % gesenkt haben (AFP 2014). Oder: Selbst der Programmbeirat der ARD rügte, „Das Erste" habe bei der Ukraine-Berichterstattung „teilweise den Eindruck der Voreingenommenheit" hinterlassen (Daniljuk 2014).

Die Liste solchen Versagens ließe sich beliebig verlängern.

Auf die Gründe für dieses Versagen der etablierten Medien kann ich an dieser Stelle nicht näher eingehen, sie liegen sowohl im Journalismus selbst (z. B. Aktualitätsdruck, Arbeitsverdichtung, Mangel an Zeit und an Geld für Recherche). Ursachen sind vor allem aber auch in den (Macht-)Strukturen der veröffentlichten Meinung – also etwa in der Pressekonzentration, im Agenda-Setting durch Think-Tanks, in PR und Lobbying – zu suchen (Lieb 2018). Zur Mängelliste zählen: Boulevardtechniken, Personalisierung, Emotionalisierung oder „Verantwortungsverschwörung" – wie Uwe Krüger die Einbindung in den Elitendiskurs nennt (Krüger 2016, S. 105 ff.).

Medienkritik ist wichtig, denn *Medienkritik ist die Kehrseite der Medienfreiheit.* Da aber die etablierten Medien sich untereinander nur selten kritisieren, driftet die Medienkritik zunehmend in alternative Medien ab.

Im Netz finden wir aber sowohl *aufklärerische Kritik* als auch (weit verbreitet) *rechtspopulistische Anfeindungen.* „Linke" oder „rechte" Kritik ist allerdings nicht immer einfach zu unterscheiden. Zunehmend werden ursprünglich linke Themen von der politischen Rechten besetzt. *Linke Kritik* basiert (oder sollte basieren) auf der *Tradition der Aufklärung,* d. h. medienpolitisch, dass Medien die Aufgabe haben sollten, ihre Rezipienten zu (polyzentrischer) Offenheit und zu autonomem Denken sowie im Gefolge zu vernünftigem politischem Handeln in einer als gestaltbar verstandenen Zukunft aufzufordern, unterschiedliche Blickwinkel einzunehmen und interessengeleitete Kommunikation aufzudecken und einzuordnen, eben im besten Sinne *aufklärerisch* zu wirken. Das ist ein fundamentaler Gegensatz zu *rechten Anfeindungen,* bei denen es um eine bevormundende Beeinflussung des Denkens und der Gefühle der Rezipienten und um eine *autoritäre Steuerung der öffentlichen Meinung* oder eben um *Propaganda* geht; und zwar mit ethnozentrischer, chauvinistischer Gesinnung und mit illiberaler sowie (auf einen angeblich „wahren" Volkswillen gestützter) antidemokratischer und vergangenheitsbezogener (mythischer) Grundhaltung – bis hin zum *Hass auf die Aufklärung* (Lieb 2017b).

Das Schlagwort *„Lügenpresse"* halte ich deshalb für problematisch, weil die Behauptung mitschwingt, dass man selbst im Besitz der Wahrheit sei. Eine pauschale Kritik ist darüber hinaus nicht hilfreich, weil diese es den etablierten Medien erleichtert, berechtigte Kritik abzublocken. Außerdem ist der Begriff „Lügenpresse" durch die NS-Propaganda historisch missbraucht und wird vermutlich gerade deshalb in Pegida- und AfD-Kreisen aufgegriffen (Lieb 2016). *Gegen den Verlust an Glaubwürdigkeit hilft nur, alles zu tun, um die Glaubwürdigkeit unter den Zweiflern wieder zu erhöhen.*

4   Das Internet ein Gewinn für die Meinungsvielfalt?

Einerseits haben die Menschen durch das Internet potentiell Zugang zu mehr Informationen denn je zuvor, aber paradoxerweise wird es auch schwieriger, Nachrichten zu finden, über die man einigermaßen sicher sein kann, dass sie zuverlässig sind. *Eine Demokratie, in der die Verlässlichkeit von Informationen unsicher wird, ist aber eine geschwächte Demokratie.*

Unter Medienforschern und Internetgurus tobt ein heftiger Streit über die Reichweite und die Wirkung von Social Media generell und speziell von „fake news" und Hass-Botschaften für die öffentliche Kommunikation. Unabhängig davon, ob man die *„Filterblasen"*-These relativiert, ist zweifelsfrei zu konstatieren, dass das Internet ein Multiplikator für eine zunehmende *Verrohung der Sprache* geworden ist. „Social Media macht dich zum Arschloch", schreibt der Informatiker Jaron Lanier (der Friedenspreisträger des Deutschen Buchhandels 2014) (Lanier 2018). Robert Habeck (2019) hat seinen Abschied von Twitter und Facebook nur in etwas gehobener Sprache begründet.

Nirgendwo sonst kann in so großer Zahl fremdenfeindliche, antisemitische und islamfeindliche Hetze gefunden werden wie im Internet – heißt es in den Verfassungsschutzberichten (siehe auch Schwarz-Friesel 2018). Eine breit angelegte empirische Erhebung des MIT fand heraus: Fake News verbreiten sich „significantly farther, faster, deeper, and more broadly than the truth in all categories of information" (Vosoughi et al. 2018). *Diese Aufmerksamkeitsasymmetrie ist ein hohes Hindernis bei der Pflege einer öffentlichen Diskursmoral.*

Aufgrund der „user profile information", also der Personalisierung der Inhalte, verstärkt durch das algorithmische (profitgesteuerte) Agenda-Setting in den Social Media besteht weiter die Gefahr, dass *das Internet den diskursiven und pluralen öffentlichen Meinungsaustausch in eine Vielzahl von voneinander abgeschlossenen persönlichen Öffentlichkeiten oder „Gegenöffentlichkeiten" auseinanderdividiert,* d. h. es findet eine Fragmentierung – oft sogar eine Polarisierung – der öffentlichen Meinung statt (Lieb 2017a). (Das musste ich nach 12-jähriger Mitherausgeberschaft des relativ reichweitenstarken Blogs „NachDenkSeiten" mit Sorge beobachten.).

5　　Vorschläge zur Pflege öffentlicher Diskursmoral

Damit ich nicht nur bei einer Zustandsbeschreibung bleibe, will ich im Folgenden noch ein paar Vorschläge zur Pflege öffentlicher Diskursmoral machen, die man allerdings vielfach noch ergänzen und präzisieren müsste.

1. Medienkritiker sollten *konkret sagen, was falsch* an einer Berichterstattung ist. Sie sollten ihre abweichende Position durch Fakten und nachvollziehbare (rationale) Argumente begründen und andere Meinungen nicht schlicht als „Lüge" abtun.
2. Medienkritik sollte *nicht „Gegenpropaganda"* (wie z. B. der „fehlende Part" – wie er sich nennt – bei RT Deutsch) sein. Weder bei Propaganda noch bei Gegenpropaganda geht es um Aufklärung, also um die Berufung auf Vernunft als Urteilsinstanz, sondern um eine bevormundende Beeinflussung des Denkens und Fühlens von Menschen und damit

um eine absichtsvolle Steuerung der öffentlichen Meinung bis hin zur Manipulation.

3. Ich halte einen *„linken Populismus"* (der zwar nicht die Inhalte aber die Methoden des Rechtspopulismus übernimmt), wie ihn die Politikwissenschaftlerin Chantal Mouffe (2018) vorschlägt, für ein Spiel mit dem Feuer. (Siehe oben die Unterscheidung zwischen aufklärerischer Kritik rechtspopulistischer Anfeindung.)

4. Die *Verarbeitung von möglichst überprüften Informationen* sollte *vor* ihrer *politischen Bewertung* und *vor* der Unterordnung unter das eigene Weltbild stehen.

5. Wer anderen Regelverletzungen vorwirft, sollte sich selbst an die gute alte Regel von der *Trennung von Bericht und Kommentar* halten und auch an die *Unterscheidung der Sache von der Person,* die Stellung nimmt.

6. Kritik ganz allgemein, sollte nicht pauschal, nicht diffamierend, nicht ehrenrührig oder auch nicht extremisierend sein (z. B. Mausfeld R. (2018): „Wir leben in einer neuen Form des Totalitarismus").

7. Kritik sollte darüber hinaus *nicht mit Ressentiments* arbeiten oder *mutmaßen* (also „raunen"), sondern sollte faktenbezogen, nüchtern analytisch, abwägend, nicht vor allem emotional oder moralisierend sein. „Gehasst wird ungenau. Präzise lässt sich nicht gut hassen", schreibt Carolin Emcke (2016, S. 12) zu Recht.

8. Politische Kritik sollte sich nicht darauf beschränken, nur Zweifel zu sähen, sondern zu selbständigem Denken und vernünftigen Handeln anstoßen. *Kritik darf nicht zu einem Generalverdacht gegen alles und jede/n verkommen.*

9. Ja, es gibt Korruption, es gibt auch geheime Absprachen und es gibt ideologische Netzwerke, aber es reicht eben nicht aus, hinter allem, was kritikwürdig ist, im Verborgenen wirkende „Kreise" zu vermuten, und es genügt nicht, die Welt moralisch in „Freund" und „Feind" aufzuteilen und die Ursache nahezu allen Übels (anonymen) „einflussreichen Kreisen" (oft angesiedelt in den USA) oder undurchsichtigen „finanzstarken Kräften" (etwa der FED) zuzuschreiben. Zu solchem *Verschwörungsdenken* gehört auch die Schmähung, andere Meinungen seien „fremdgesteuert", „gekauft", „instrumentalisiert" etc.

10. Ich pflichte dem Eliteforscher Michael Hartmann (2018) bei, wenn er schreibt: „Wer nicht bereit ist, in der Elitendiskussion über Inhalte zu reden, bleibt im luftleeren Raum." Der unbestimmte Aufruf zum „Kampf" gegen *„die Eliten"* oder gegen *„die Medien"* schürt eher ohnmächtige Empörung und löst auf

Dauer entweder (politische) Resignation oder – entgegengesetzt – Hass aus und lenkt letztlich Wasser auf die Mühlen der „schrecklichen Vereinfacher" (Jakob Burckhardt).

6   Intervenierende Praktiken

Es gibt eine kaum noch überschaubare Vielzahl von *Initiativen gegen Hasskommentare* und Falschbehauptungen im Netz einerseits und damit zur Pflege der öffentlichen Diskursmoral andererseits. Selbst Facebook-Chef Mark Zuckerberg (2017) macht sich inzwischen Gedanken darüber, wie es gelingen könnte, unterschiedliche Sichtweisen so aufzubereiten, dass die Menschen miteinander wieder in einen Dialog kommen und andere Meinungen akzeptieren, statt sich in ihrer eigenen Gedankenwelt abzukapseln. Die politisch diskutierten Vorschläge reichen vom Verlangen nach *Transparenz der algorithmischen Such- und Entscheidungssysteme,* über die *wettbewerbsrechtliche Zerschlagung der Netz-Oligopolisten* oder deren *staatliche Regulierung,* von sog. Must-Carry-Auflagen bis hin zur Forderung, Facebook und Co. für die Verbreitung von Hetze *strafrechtlich und/oder finanziell haftbar* zu machen.

Nach dem deutschen *Netzwerkdurchsetzungsgesetz* (NetzDG) (Deutscher Bundestag 2017) sind die Anbieter sozialer Netzwerke verpflichtet, „offensichtlich rechtswidrige Inhalte" nach Eingang einer Beschwerde zu entfernen. Kommen die großen Telemediendienstanbieter diesen Pflichten systematisch nicht nach, drohen Bußgelder in Millionenhöhe. Angeblich soll es inzwischen weltweit mehr als hunderttausend Content-Moderatoren geben, die die sozialen Netzwerke rechtskonform halten sollen. Dieses Verfahren birgt jedoch die Gefahr einer (präventiven) Zensur durch die privaten dienstanbietenden Netz-Oligopolisten.

Auch unterhalb staatlicher Eingriffe oder gesetzlicher Regulierung gibt es zahlreiche Initiativen gegen Hasskommentare und Falschbehauptungen. Z.B. eine „No-Hate"-Kampagne des Europarats, eine Facebook-Gruppe „Nothing but the Truth", die Reporterfabrik „Correctiv" oder den „Faktenfinder" der ARD oder auch die Aktion „Deutschland spricht" von ZEIT-ONLINE. Das ist nur eine kleine Auswahl derartiger Initiativen. *Ein durchschlagender Erfolg ist all diesen Bemühungen um die Verbesserung der öffentlichen Diskursmoral bisher nicht beschieden. Es stellt sich sogar die Frage, ob wohlgemeintes Aufgreifen von Lügen und Hetze nur mehr Aufmerksamkeit auf Sachverhalte lenkt, die man eigentlich widerlegen wollte.*

Wichtig wäre auch ein Aufbrechen des *Abgrenzungsverhaltens* zwischen etablierten Medien einerseits – mit ihren *Ausgrenzungs-Fahnenwörter* à la „Verschwörungstheoretiker", „Populisten", „Querfrontler" etc. – und auf der anderen Seite der Netz-Community, die sich in eine *Opferrolle* als Abwehrstrategie flüchtet, um dadurch sogar noch ihre Chancen öffentlicher Wahrnehmbarkeit zu erhöhen.

Welche administrativen, journalistischen oder auch pädagogischen Maßnahmen zur Eindämmung von Hetze auch immer ergriffen werden mögen: Es kommt immer auch und vor allem darauf an, woran jeder Einzelne Propaganda, Fake News, Nudging etc. erkennen und sich dagegen wappnen kann. *Das stellt neue Anforderungen an die Medienpädagogik.* Es setzt eine informationsethisch fundierte Datenkompetenz, ein Verständnis von (sich selbstverstärkenden) Netzwerkeffekten (und ihren politischen Auswirkungen) voraus und es müsste Medienkritik und Medienethik in den Mittelpunkt medienpädagogischer Arbeit gestellt werden.

Eine proaktive Herangehensweise wäre auch der Vorschlag zur Bereitstellung von *öffentlich-rechtlichen (gebührenfinanzierten) Internetangeboten* (ARD 2016, S. 10). Die öffentlich-rechtlichen Rundfunkanstalten in Deutschland oder – besser noch – in ganz Europa hätten ausreichend Inhalte in ihren Programmarchiven oder könnten neue netzspezifische Angebote schaffen, um eine Art öffentlich-rechtliches YouTube z. B. auf einer eigenen Plattform oder auf relevanten Drittportalen anzubieten und zusätzlich für die Contents eine Creative Commons-Lizenz zu vergeben, sodass die Inhalte von den Usern beliebig benutzt werden könnten. Das wäre nicht nur ein praktischer Versuch zur Institutionalisierung von Meinungsvielfalt, sondern darüber hinaus könnte ein öffentlich-rechtliches nicht-lineares Public Value-Internetangebot mit dem Versprechen für die Nutzer verbunden sein, dass die Daten geschützt und (zusätzlich) die (Such-)Algorithmen transparent gemacht würden.

Literatur

AFP (2014). UN kürzen Hilfe für Flüchtlinge in Syrien und der Türkei drastisch. *ZEIT-ONLLINE*. https://www.zeit.de/politik/ausland/2014-10/welternaehrungsprogramm-kuerzungen-syrien. Zugegriffen: 16. Oktober 2019.

ARD (2016). Auftrag und Strukturoptimierung der öffentlich-rechtlichen Anstalten in Zeiten der Digitalisierung der Medien. Mitteldeutscher Rundfunk. https://dokumente.landtag.rlp.de/landtag/vorlagen/919-V-17.pdf. (Zugegriffen: 6. August 2020).

Arlt, H.-J., & Storz W. (2010). Wirtschaftsjournalismus in der Krise. Zum massenmedialen Umgang mit Finanzmarktpolitik. Otto Brenner Stiftung, Arbeitsheft 63. https://www.otto-brenner-stiftung.de/fileadmin/user_data/stiftung/02_Wissenschaftsportal/03_Publikationen/AH63_Wirtschaftsjournalismus_ArltStorz_2010_03_08.pdf. Zugegriffen: 16. Oktober 2019.

Daniljuk, M. (2014). Ukraine-Konflikt: ARD-Programmbeirat bestätigt Publikumskritik. Telepolis.   https://www.heise.de/tp/features/Ukraine-Konflikt-ARD-Programmbeirat-bestaetigt-Publikumskritik-3367400.html. Zugegriffen: 16. Oktober 2019.

Decker, O., Yendell, A., Kiess, J., & Brähler, E. (2017). Polarisiert und radikalisiert. Medienmisstrauen und die Folgen für die Demokratie. Otto Brenner Stiftung, Arbeitspapier 27. https://www.otto-brenner-stiftung.de/fileadmin/user_data/stiftung/02_Wissenschaftsportal/03_Publikationen/AP27_Medienmisstrauen_Decker_2017_10_06. pdf. Zugegriffen: 16. Oktober 2019.

Deutscher Bundestag, Online Dienst (2017). Bundestag beschließt Gesetz gegen strafbare Inhalte im Internet. https://www.bundestag.de/dokumente/textarchiv/2017/kw26-denetzwerkdurchsetzungsgesetz-513398. Zugegriffen: 16. Oktober 2019.

Eisenreich, R. (2015). Was Merkel übersehen hat. Süddeutsche Zeitung. https://www.sueddeutsche.de/politik/syrien-fluechtlinge-was-merkel-uebersehen-hat-1.2662655. Zugegriffen: 16. Oktober 2019.

Emcke, C. (2016). *Gegen den Hass*, Frankfurt/Main: S. Fischer Verlag.

Habeck, R. (2019). Bye bye, twitter und Facebook. https://www.robert-habeck.de/texte/blog/bye-byetwitter-und-facebook/. Zugegriffen: 16. Oktober 2019.

Hartmann, M. (2018). „Die Medien sind Teil des Problems geworden". NachDenkSeiten. https://www.nachdenkseiten.de/?p=46147. Zugegriffen: 16. Oktober 2019.

Krüger, U. (2016). *Warum wir den Medien nicht mehr trauen*. München: C.H. Beck.

Lanier, J. (2018). *Zehn Gründe, warum Du Deine Social Media Accounts sofort löschen musst*. Hamburg: Hoffmann und Campe.

Lieb, W. (2016). Alles Lüge oder was? Medienlandschaft und -kritik in Deutschland. Blog der Republik. https://www.blog-der-republik.de/alles-luege-oder-was-medienlandschaft-und-kritik-in-deutschland/. Zugegriffen: 16. Oktober 2019.

Lieb, W. (2017a). Demokratisierung oder Fragmentierung der öffentlichen Meinung. Blog der Republik. https://www.blog-der-republik.de/demokratisierung-oder-fragmentierung-der-oeffentlichen-meinung/. Zugegriffen: 16. Oktober 2019.

Lieb, W. (2017b). Jenseits der "Lügenpresse"-Parolen – Soziale Bewegungen und die Zukunft der Medienkritik [1]. Blog der Republik. https://www.blog-der-republik.de/jenseits-der-luegenpresse-parolen-soziale-bewegungen-und-die-zukunft-der-medienkritik-1/. Zugegriffen: 16. Oktober 2019.

Lieb, W. (2018). Jenseits der „Lügenpresse" – Kann das Internet die etablierten Medien ergänzen oder gar ersetzen? Blog der Republik. https://www.blog-der-republik.de/jenseits-der-luegenpresse-kann-das-internet-die-etablierten-medien-ergaenzen-oder-gar-ersetzen/. Zugegriffen: 16. Oktober 2019.

Mausfeld, R. (2018). *Warum schweigen die Lämmer?* Frankfurt/Main: Westend.

Mouffe, C. (2018). *Für einen linken Populismus*. Berlin: edition suhrkamp 2729.

Otto, K., Köhler, A., & Baars, K. (2016). „Die Griechen provozieren!" Die öffentlich-rechtliche Berichterstattung über die griechische Staatsschuldenkrise. Otto Brenner Stiftung, Arbeitsheft 87. https://www.otto-brenner-stiftung.de/otto-brenner-stiftung/aktuelles/die-griechen-provozieren.html. Zugegriffen: 16. Oktober 2019.

Schumann, H. (2018). Warum die Griechenland-Rettung den Euro nicht gerettet hat. Tages-spiegel. https://www.tagesspiegel.de/politik/europa-warum-die-griechenland-rettung-den-euro-nicht-gerettet-hat/22928218.html. Zugegriffen: 16. Oktober 2019.

Schwarz-Friesel, M. (2018). Antisemitismus 2.0 und die Netzkultur des Hasses. Juden-feindschaft als kulturelle Konstante und kollektiver Gefühlswert im digitalen Zeitalter. Technische Universität Berlin Institut für Sprache und Kommunikation. https://www.linguistik.tu-berlin.de/fileadmin/fg72/Antisemitismus_2-0_kurz.pdf. Zugegriffen: 16. Oktober 2019.

Virchow, F., Grittmann, E., & Thomas, T. (2015). Das Unwort erklärt die Untat. Die Berichterstattung über die NSU-Morde – eine Medienkritik. Otto Brenner Stiftung, Arbeitsheft 79. https://www.otto-brenner-stiftung.de/fileadmin/user_data/stiftung/02_Wissenschaftsportal/03_Publikationen/AH79_NSUMorde_Grittmann_2015_01_10.pdf. Zugegriffen: 16. Oktober 2019.

Vosoughi, S., Roy, D., & Aral, S. (2018). The spread of true and false news online. *Science* (Vol. 359, Issue 6380, pp. 1146–1151). https://doi.org/10.1126/science.aap9559.

Zuckerberg, M. (2017). Building Global Community. https://www.facebook.com/notes/mark zuckerberg/building-global-community/10103508221158471/. Zugegriffen: 16. Oktober 2019.

Medien zwischen Reflex und Relevanz(suggestion)

Sabine Schiffer

1   Einführung

Der Umgang mit rechten Diskursen und Agitateuren ist vielfach Medienthema, sowie Thema unter Journalisten und anderen Medienmachenden. Die These, die Provokationen und Falschaussagen politisch ungeliebter Akteure nicht unwidersprochen zu lassen, bedarf einer kritischen Überprüfung. Sie ignoriert zumeist die Erkenntnisse über die Funktionsweise von Sprache und anderer Zeichen und deren kognitive Wirkung.

Zeichen zeichnen sich durch Ihre Zeigefunktion aus. Durch sprachliche und bildliche Zeichen wird Aufmerksamkeit gelenkt – diese Aufmerksamkeit kann dem Interesse der sich Äußernden entsprechen oder auch nicht. Da das Unterbewusstsein jedoch Verneinung nicht erkennt, wird vielfach Aufmerksamkeit auf Sachverhalte und Personen gelenkt, die man eigentlich gar nicht in den Mittelpunkt stellen möchte.

Um dieses Dilemma wird es im folgenden Beitrag gehen. Er tangiert damit die Fragestellungen, die ich bereits in anderen Interventionen – seien es Publikationen oder Diskussionsveranstaltungen – aufgeworfen habe, u. a. in einem Aufsatz in der Fachzeitschrift *Journalist* unter dem Titel „Sprache und Ausgrenzung" (Schiffer 2018). So meinen viele Journalisten, sie müssten beispielsweise rechtextremen Provokationen widersprechen und hinterfragen nicht unbedingt, ob sie damit vielleicht gerade erst Aufmerksamkeit auf diese

S. Schiffer (✉)
Berlin, Deutschland
E-Mail: schiffer@medienverantwortung.de

© Der/die Herausgeber bzw. der/die Autor(en), exklusiv lizenziert durch   179
Springer Fachmedien Wiesbaden GmbH, ein Teil von Springer Nature 2020
F. Vogel und F. Deus (Hrsg.), *Diskursintervention,* Interdisziplinäre
Diskursforschung, https://doi.org/10.1007/978-3-658-30559-8_14

Provokationen lenken. Und sie hinterfragen auch nicht, ob diese Provokationen genau diese Strategie verfolgen und wie dann damit umzugehen wäre.

Haben also Medien die Rechten groß gemacht, indem sie deren Themen-agenda folgen und diese damit verstärken? Welchen Beitrag leisten Medien für die Aufklärung von sog./Neudeutsch Fake-News? Was kann eine (vermeintlich) politisch korrekte Sprache leisten und bewirken? Wie lässt sich Selbstreflexion und Sprachbewusstsein im journalistischen Alltag umsetzen? Gibt es doppelte Maßstäbe und wie erkennt man diese?

Tatsächlich würde mehr Wissen um PR-Strategien helfen, sowohl Provokationen – etwa Guerilla-Marketing-Strategien – als solche Strategie zu erkennen, als auch andere gezielt angelegte Manipulationskampagnen.

2   Wenn Debatten gedreht werden (sollen)

Wer die Techniken der Public Relations nicht kennt, droht leicht Kampagnen auf-zusitzen, wie die sogenannter Lungenfachärzte Anfang 2019, die zum Ziel hatte Verwirrung in der Grenzwertdebatte um Abgase zu stiften. Dies würde a priori mehr kritische Kompetenz bedeuten, denn die Aufklärung a posteriori erreicht für gewöhnlich nicht die gleiche Reichweite wie die Aufregung.

Die Debatte um 100 „Lungenfachärzte", die in Form einer Unterschriften-aktion subtil eine Diskussion über Stickoxide vs. Feinstaub lostrat und ganz nebenbei aktuelle Grenzwerte als überzogen infrage stellte, zeigt die Sympto-matik strategischer Debattenverläufe auf, worin Medien als Vehikel eine wichtige Rolle zugedacht ist.[1]

Die PR-Aktion von Ärzten und Agitatoren, die teilweise Interessenvertreter der Automobilindustrie waren (s. u.), liefert ein Musterbeispiel für die feststell-baren Reaktionen von Medienmachenden: Hier gab es wiederum und in der Kürze der Reaktionszeit vor allem Reflexe. Beispielsweise hätte man dem eigent-lich durchschaubaren Zeitpunkt kritische Aufmerksamkeit widmen können, denn die Unterschriftenaktion wurde just dann platziert, als die Politik sich anschickte über Fahrverbote bei Grenzwertüberschreitung zu entscheiden.

Reflexion setzt jedoch oft – wenn überhaupt – viel später ein; dann sind jedoch wichtige Frames (Lakoff & Johnson 1980; Lakoff & Wehling 2008) für

---

[1]Siehe Pressemitteilung vom 23.01.2019 in: https://www.lungenaerzte-im-netz.de/news-archiv/meldung/article/nox-und-feinstaub-grenzwerte-bei-lungenaerzten-umstritten   (auf-gerufen am 22.11.2019).

die Wahrnehmung gesetzt. Hier schwor man also einen vermeintlichen „Wissenschaftsstreit" um zu diskutierende „Grenzwerte" herauf. Politiker, wie der Autolobby-affine Minister Andreas Scheuer begrüßten die Diskurstendenz zugunsten einer Grenzwertkritik.[2]

Das Zusammenspiel politischer Akteure (z. B. Karl Lauterbach mit einer die Grenzwerte verteidigenden Gegenmeinung, vgl. Tagesschau vom 24.01.2019) und der Mediennot (Sind wir (nicht) dabei?) führt zu vorschnellen Übernahmen von Themen und Positionen oder deren Verneinung – und damit in jedem Fall der Akzeptanz fremder Agenden.

Interessant sind im konkreten Fall Framing und Diskursmacht, denn es entzieht sich jeder Logik, dass aus einem ungeklärten Zustand – den man durch die Forderung nach Monokausalität wie bei der Raucherdebatte erreicht – Abwarten und Nichtstun resultieren und als einzige Konsequenz oder gar Handlungsempfehlung veröffentlicht werden. Natürlich könnte man bei der hierbei nun erfolgreich implementierten Fragestellung (man könnte auch sagen: dem Ausspielen) von Feinstaub und Stickoxid-Fragen nicht zeitliche Verzögerung, sondern präventive Vorsichtsmaßnahmen empfehlen. Gerade in der interessegeleiteten Verknüpfung von angeblichem Fakt (Ungeklärtheit) und angeblich einzig möglichem Fazit (Weitermachen wie bisher) drängt sich die Frage nach dem Cui bono? auf.

Was ist nun die Aufgabe der Medien als Vierte Gewalt? Ganz klar: die Recherche. Aber welche? Die nach den medizinischen Fragestellungen? Die nach der durchschaubaren Reduktion der möglichen Fazits aus einem möglichen Wissenschaftsstreit? Oder die nach den Akteuren und PR-Strategien hinter der Aktion, deren instrumentelle Aktualisierung ins Auge hätte springen müssen?

Wiedererkennbar bzw. verdächtig müsste nämlich sein: Neben der zeitlich passend lancierten Veröffentlichung kurz vor möglichen Fahrverboten traten vor allem Akteure in Erscheinung, die sich bis dato nicht zu dem Thema geäußert hatten. Die Parallelen zu ähnlich konstruierten Debatten hätten den erfahrenden Kollegen auffallen können: Die Forderung nach weiterer wissenschaftlicher Klärung und Fortführung bestimmter umstrittener Maßnahmen (das angebliche Nichtstun, Abwarten und Klären…). Dies ist aus Verzögerungsdebatten um die Anerkennung von Zusammenhängen bei Rauchen und Lungenkrebs oder etwa Computerspielprogrammierung und Suchtgefahr bekannt. In der Zeit der nicht .

---

[2]Vgl. Berichterstattung in der ARD-Tagesschau vom 24.01.2019 https://www.tagesschau.de/inland/stickstoffdioxid-123.html (aufgerufen am 22.11.2019).

stattfindenden Klärung bzw. weiteren Verwirrung werden marktstrategische Implementierungen vorgenommen.[3]

Tatsächlich bietet die Verhandlung der Thematik auf einer Metaebene bestimmte Vorteile: Ohne sich zum Handlanger für eine Partei in der für Laien womöglich unklar zu beurteilenden Sache zu machen, kann man die Unabhängigkeit der ins Spiel gebrachten „Studie" überprüfen, sowie auch deren Akteure einordnen – was hier v. a. von Lobbycontrol(.de) geleistet wurde.[4] Mehr Bewusstsein für die Funktionsweise strategischer Kommunikation und dem journalistischen Dilemma – sich bei Einholen einer zweiten Meinung bereits einem fremden Agendasetting zu unterwerfen – kann nur hilfreich sein.

Und genau dieses Bewusstsein wird benötigt, wenn es um die Frage des Umgangs mit rechtsextremen Provokationen geht. Die Strategie des Guerilla-Marketing, wo mittels unorthodoxer Mittel effektiv Aufmerksamkeit um jeden Preis erreicht werden soll, wird ja zudem explizit in einem Strategiepapier der AfD erwähnt.[5] Also, sollte man kritisch Agenda-Setting-Strategien mittels PR in den Blick und die journalistische Ausbildung nehmen.

3   Ableitung für den Diskurs gegen Rechts

Vor der Frage danach, wer die Agenda bestimmt und was diese bedeutet, muss einem klar werden, dass das Syntagma „Diskurs GEGEN Rechts" ein Oxymoron darstellt. Denn Gegenrede ist eine schwache Rede, sie wiederholt und verstärkt die Position des Gegenübers – unser Unterbewusstsein erkennt Verneinung nicht. Deshalb kann man zwar nicht (immer) alles unwidersprochen lassen. Das

---

[3]Den Zusammenhang zwischen angeblicher Ungeklärtheit, der Forderung nach monokausalem Beweis und Wissenschaftsstreit sowie Nichtimplementierung präventiver Schutzmaßnahmen verdeutlichen neben dem prominenten Fall des Rauchens beispielsweise die zusammengetragenen Forschungsergebnisse und Stellungnahmen des Vereins „Mediengewalt – internationale Forschung und Beratung e. V." (https://mediengewalt.eu).

[4]Vgl. Deckwirth, Kristina (01.02.2019): „Dieseldebatte: Ein Lungenarzt-Aufruf mit Verbindungen zur Autoindustrie." In: https://www.lobbycontrol.de/2019/02/dieseldebatte-ein-lungenarzt-aufruf-mit-verbindungen-zur-autoindustrie (aufgerufen am 22.11.2019).

[5]Das Leaken des Strategiepapiers 2017 gehört bereits selbst zur Strategie des Guerilla-Marketing. Vgl. Wagner-Jörg-Helge (16.02.2017): „AfD probt Guerilla-Marketing." In: Weser-Kurier https://www.weser-kurier.de/deutschland-welt/deutschland-welt-politik_artikel, -AfD-probt-GuerillaMarketing-_arid,1551649.html (aufgerufen am 22.11.2019).

Dilemma wird jedoch besonders klar, wenn man sich mit Akteuren und vor allem Konzepten strategischer Politkommunikation – bzw. Manipulation – befasst.
Dazu empfehle ich zur detaillierten Lektüre den Artikel „Der böse Jude" in der Baseler Zeitung (BAZ) vom 12. Januar 2019, der der Frage nachgeht, woher die bösartige Verleumdungskampagne gegen George Soros kommt. Er fasst alle Erkenntnisse zusammen, die ich im Rahmen meiner Forschungen zum Themenkomplex „Sprache und Wahrnehmung" gesammelt habe (z. B. Schiffer 2002, 2010a, 2018).

Die in der BAZ beschriebenen Muster des Negative Campaigning sollte man sich über den Schreibtisch hängen, um sie schneller wiederzuerkennen. Im Folgenden füge ich stark gekürzte Zitate aus dem Text unkommentiert aneinander, damit man im Verlauf die Kernbotschaft extrahieren kann:

„Alles begann (…) mit dem Attentat auf Ministerpräsident Yitzhak Rabin. (…) Nach dem Attentat wurden eilig Neuwahlen anberaumt. Die Kandidaten: Shimon Peres, (…) der Rabins Friedensprozess fortsetzen wollte, und Benjamin Netanyahu, ein Unternehmensberater, ein Neuling, ein Rechter. Viele belächelten Netanyahus Ambitionen. In Umfragen hatte er über zwanzig Prozent Rückstand auf Peres.

Plötzlich aber bombardierte Netanyahus Likud-Partei das Land mit düsteren Wahlspots: «Peres wird Jerusalem teilen», lautete der Slogan. Das verunsicherte viele Wähler. Dabei war der Satz reine Behauptung, Shimon Peres hatte keine derartigen Pläne.

Treibstoff Angst

(…) negative campaigning. Bei dieser Wahlkampfmethodik geht es darum, die Kampagne des Gegners anzugreifen, statt ein eigenes Programm anzupreisen. (…) Ausgangspunkt: Jede Wahl ist schon vor der Wahl entschieden. Die meisten Leute wissen von Anfang an, wen sie wählen wollen, wofür oder wogegen sie sind. Und es ist ungeheuer schwer, sie vom Gegenteil zu überzeugen.

Es ist (…) viel leichter, Menschen zu demotivieren, als sie zu motivieren. (…) Heute nennt man das voter suppression, Wählerunterdrückung. Brad Parscale, der Leiter von Trumps Digitalkampagne, hat diese als eines der wichtigsten Instrumente der 2016er-Wahl beschrieben. Die Methode liest sich wie das How-to des modernen Rechtspopulismus. (...)

Überhaupt sei Angriff Pflicht. Wer nicht zuerst zuschlage, werde vom anderen geschlagen. (…) Das negative campaigning entwickelte er weiter zu einer Technik, die er rejectionist voting nannte. Die Idee ist, nicht über die Vorteile des eigenen Kandidaten zu sprechen, sondern alles Schlechte auf den Konkurrenten zu projizieren, um das Vertrauen von dessen Wählern zu zerstören. (...)

Im letzten Schritt stellte Finkelstein nach dieser Methode dem Gegner die Falle: Er setzte eine Behauptung in die Welt und zählte darauf, dass der Gegner sich beim Versuch, diese zu widerlegen, verstrickte.

Sobald der Gegner auf die Anschuldigung reagiert, assoziiert er sich mit ihr. Wenn er sie aber ignoriert, lässt er sie unwidersprochen. Im besten Fall ist die

Behauptung selbst bereits so merkwürdig oder schockierend, dass Medien sie multiplizieren. [Hervorh. von mir]

(…) In Israel zieht Finkelstein das Rezept 1996 komplett durch: Aus allen Kanälen schiesst er auf Peres. Seine kurzen, knallharten Slogans sind in allen Medien. In der finalen Talkshow tappt Peres in die Falle: Er will sofort klarstellen, dass er Jerusalem nicht zu teilen plane. Netanyahu hat die Diskussion in der Hand. Als Peres am Tag nach der Wahl aufwacht, ist Netanyahu Premier."[6]

Es geht mir an dieser Stelle nicht um die Folgen für die einzelnen Akteure und die politischen Entwicklungen im Land, sondern um das Erkennen von PR-Strategien. Auf dieser Metaebene der Analyse lässt sich ganz klar der Journalismus als „nützlicher Idiot" verorten, nämlich, dass Medien als Vehikel für sogenannte Mind Operations fest eingeplant sind.

4   Die (zugedachte oder selbstbestimmte) Rolle des Journalismus

Wie steht es nun um die Selbstwahrnehmung als Akteur, der sich entscheiden kann, auf welcher Ebene Recherche und Analyse ansetzen – und wem man mit welcher Botschaft Raum und Recht gibt? Man ist eben nicht nur Beobachter und Dokumentierender, sondern aktiv Handelnder als Konstrukteur von Realitätsvorstellungen. Lediglich eine zweite Meinung einzuholen ist nicht genug, wie die gewollte Debatte um Grenzwerte zeigt – damit saß man bereits in der Diskursfalle (s. o.).

Es sind die etablierten Medien – verzeihen Sie die Personifizierung! – die durch ihre Auswahl aus Social Media Akteure und Inhalte adeln (vgl. Richter 2017). Carola Richter warf diese Frage für die sogenannte Arabellion auf, ob Akteure bekannt geworden wären oder auch Aktivitäten ohne das Aufgreifen durch etablierte Medien.

Die Frage ist berechtigt: Wäre die AfD-Anhängerschaft so groß geworden, wenn man keine zusätzliche Aufmerksamkeit auf deren starke Online-Präsenz gelenkt hätte?[7] Oder, wäre Trump mit mancher Ablenkungskampagne so erfolgreich, wenn

---

[6]Grassegger, Hannes (2019): „Der böse Jude." In: BAZ https://desktop.12app.ch/articles/15982301 (aufgerufen am 24.11.2019).

[7]Vgl. Heuping, Mirko (2018): „Ausgeklügelte Social Media Strategie. AfD nutzt Provokationen als Stilmittel." In: Westfälische Nachrichten (10.01.2018) https://www.wn.de/Specials/Netzteile/3121179-Ausgekluegelte-Social-Media-Strategie-AfD-nutzt-Provokation-als-Stilmittel (aufgerufen am 22.11.2019).

man seine Morning-Tweets ignoriert hätte? (vgl. NYT 02.11.2019).[8] Bei dem viel diskutierten Rezo-Video ließ sich der Mechanismus ebenso beobachten: Nachdem über sein Video „Die Zerstörung der CDU" berichtet worden war, schnellte seine Zugriffsrate noch um ein Vielfaches nach oben (eigene Beobachtung).

Es sind die etablierten Medien, die entscheiden, wer Raum und damit Recht (auf Wahrnehmung) bekommt – und vor allem und das betrifft die meisten, wer nicht. Die wirklich unbeliebten Themen werden nicht bekämpft, sondern ignoriert und damit ausgeblendet. Warum jedoch hat man bei bestimmten politischen Botschaften und Behauptungen das Gefühl etwas zu verschweigen, bei den meisten Themen jedoch nicht?

Es sind die großen Medien, die entscheiden, was ernst genommen und damit für relevant erachtet wird – man spricht in dem Zusammenhang auch von Relevanzsuggestion (sic!). Sperber und Wilson haben bereits 1986 in ihrem Buch „Relevance" überzeugend dargelegt, warum bisherige Kommunikationsmodelle das Denken nicht widerspiegeln. „Thoughts do not travel!" schreiben sie, sprich Botschaften werden nicht verpackt und verschickt und wieder ausgepackt und als solches verstanden.

Umgekehrt erwartet jede*r Relevanz des Geäußerten. In Fortführung der Konversationsmaximen des Sprachphilosophen Paul Grice und der Betonung der Relevanzmaxime geht man seither davon aus, dass das jeweils gemachte Wahrnehmungsangebot relevant ist – wichtig für die Situation, für den Kontext, für einen persönlich. Die Prämisse ist, dass der gewählte Ausschnitt genau die Wissenslücke füllt, nach der man sucht. Aufgrund dieser Erwartung wird jeder gemachten Äußerung automatisch Relevanz unterstellt und dementsprechend die Bedeutungteile abgeleitet, die Sinn ergeben. Während Grice seine Maximen als Aufforderung formulierte, betonen Sperber & Wilson den Automatismus, der zur Interpretation des Angebotenen als relevant für den Sachverhalt, um den es geht, führt (vgl. Sperber & Wilson 1996).

Der Linguist und Kognitionsforscher George Lakoff sieht im Lenken von Aufmerksamkeit auf bestimmte Aspekte – auch durch deren Verneinung, also wie immer man sich dazu äußert – bereits die Erfüllung des Relevanzprinzips und fordert zur kritischen Reflexion dieser gestaltenden Aktivität durch Journalisten auf – etwa in seinem Buchtitel „Don't think of an Elephant!" (Lakoff u. a. 2004).

---

[8]Siehe: Datenjournalismus der New York Times (02.11.2019) https://www.nytimes.com/interactive/2019/11/02/us/politics/trump-twitter-presidency.html (aufgerufen am 22.11.2019).

5   Sitzen alle in der Diskursfalle?

Bei vielen Ähnlichkeiten, die Journalismus und Wissenschaft haben, gibt es einen deutlichen Unterschied: Die Wissenschaft kann mit mehr Distanz die notwendigen Reflexionsprozesse leisten und zeitlich unabhängig Wissen und Material zur Verfügung stellen – welches es den verantwortungsvollen Medienvertretern ermöglicht in der zeitlich-getriebenen Medienlogik auf Metawissen zurückzugreifen und daraus Schlüsse zu ziehen bzw. eigene Entscheidungen transparent zu machen. Dies würde dem Desiderat, dass wir *echte Kontroversen* bräuchten und keine Scheindebatten befeuern, zuarbeiten. Und diese Kontroversen sollten also nicht von Guerilla-Marketing-Provokationen politischer Akteure ausgelöst werden, denn deren öffentliches Interesse ist behauptet, aber nicht gesichert – es geht viel zu oft um reine Selbstinszenierung. Es gibt nicht von ungefähr den entlarvenden Spruch: „Ja, bitte bekämpfe mich! Aber schreibe meinen Namen richtig!"

George Lakoff hat in einem kurzen CNN-Interview für die Einstiegsfragestellung wichtige Hinweise gegeben.[9] Seine Überlegungen sind kurz und knapp unter dem Titel „How to fact check Trump, without repeating lies?" nachvollziehbar. Lakoff plädiert dafür, nicht den gezielten Provokationen Raum und Recht zu geben, sondern der Frage nachzugehen, von welchen relevanten Zusammenhängen jeweils abgelenkt werden soll? Und stattdessen diese wirklich relevanten Fragen groß zu machen.

Vielleicht erschrecken jetzt einige Kolleg*innen aus dem Journalismus, weil sie sich nicht als ein handlungsstrategischer Akteur sehen, der sie aber in Wirklichkeit sind. Übersetzt auf unsere Thematik bedeutet das, nicht der Trump'schen Drohung mit Erschießungen an der Grenze Empörungsraum und damit Aufmerksamkeit zu geben, sondern die ökonomischen Zusammenhänge von Ausbeutung und Migration aufzuzeigen – sowie wirklich relevante Fragestellungen für die staatliche Sicherheit und natürlich die neuesten Entwicklungen im Untersuchungsausschuss über Trumps unlauteren Wahlkampf sowie Steuerungereimtheiten, die gerade aufzufliegen drohten, als er einen möglichen Schießbefehl ins Gespräch brachte.

---

[9]Lakoff, George: „How to fact check Trump without repeating lies." In: CNN Interview vom 26.02.2017): https://edition.cnn.com/videos/politics/2017/02/26/george-lakoff-interview-fact-checking-trump-rs.cnn (aufgerufen am 23.11.2019).

Übertragen auf den Provokateur Thilo Sarrazin hätte das bedeutet, nicht seine Thesen über intelligentere und weniger intelligente Menschengruppen zu diskutieren, sondern aufzudecken, dass er als Finanzsenator Berlins die Vorschule abschaffte, die zu den Bildungsdefiziten bei vielen Kindern führten, die er dann auf Minderheiten projizierte.

Bei dem erwähnten PR-Coup der angeblichen Lungenfachärzte wäre es geboten gewesen, genau das zu tun, was die Nichtregierungsorganisation Lobbycontrol geleistet hat, nämlich die Hintergründe und Interessen einiger Akteure auszuleuchten. Natürlich hätte man auch gleich den „Rechenfehler", der eventuell auch ein gezielter Manipulationsversuch war, aufdecken können – wenn man denn mit kritischer Distanz an die vielleicht erwünschte Botschaft der Unterzeichner herangegangen wäre.[10]

Die aktuelle Debatte um den sogenannten Constructive Journalism zeigt das oftmals unerkannte Dilemma sehr gut auf. Journalisten diskutieren hierbei vielfach die Frage, ob sie in das Geschehen konstruktiv eingreifen dürfen – etwa, indem sie gezielt positive Fakten und konstruktive Lösungen sichtbar machen. Die Debatte offenbart dabei eine anscheinend unhinterfragte Prämisse: Für neutral hält man anscheinend destruktiven Journalismus, also eine stereotyp negative Faktenauswahl (vgl. Nachrichtenwerttheorie). Hier entlarvt sich, dass man sich nicht als gestaltende Instanz wahrnimmt, die Vorstellungen von Sachverhalten und schließlich von der Welt konstruiert.[11]

6   Fazit

Zurück zu meinen einleitenden Leitfragen, wobei die kurzen Antworten, die hier gegeben werden können, teilweise als weiter zu untersuchende Thesen zu verstehen sind:

---

[10]Vgl. Tagesschau (14.02.2019): „Er hat sich verrechnet." In: https://www.tagesschau.de/inland/lungenarzt-koehler-101.html (aufgerufen am 23.11.2019).

[11]Vgl. z. B. Winterbauer, Stefan (14.02.2017): „Constructive Journalism – ist der Hype um den Weltverbesserer-Journalismus schon wieder vorbei?" In: meedia.de https://meedia.de/2017/02/14/constructive-journalism-ist-der-hype-um-den-weltverbesserer-journalismus-schon-wieder-vorbei (aufgerufen am 23.11.2019).

Haben also Medien die Rechten groß gemacht, indem sie deren Themenagenda folgen und diese damit verstärken?
Ja, man hat lange die gute Organisation und Vernetztheit chauvinistischer Akteure im Internet unterschätzt und ist an führender Stelle auf die angebliche „Volkesmeinung" hereingefallen – sprich: Vielfach wurden rechtschauvinistische Kommentare übernommen und zur Diskussion gestellt ohne zu reflektieren, wer mit welchem Einsatz und Tagesfreizeit im Internet unterwegs ist und ob sich die vermeintliche Volkesmeinung auch in repräsentativen Umfragen wiederfinde. Schließlich konnte festgestellt werden, dass dadurch die Themenagenda der Wahlkampfsendungen 2017 nach rechts verschoben wurde.[12]

Welchen Beitrag leisten Medien für die Aufklärung von sog./Neudeutsch Fake-News?
Es wird vielfach übersehen, dass die Überspitzungen von rechts dem Agenda-setting und Framing des sog. Mainstreams entspricht (vgl. meine Dissertation, Schiffer 2005), die dann nach dem Duktus folgen: Ein Beispielfall wird ver-allgemeinert und Medien beschuldigt, Fakten zu verschweigen, weil sie die Verallgemeinerung nicht mittragen (vgl. Schiffer 2010b). Inzwischen scheinen immer mehr Journalisten diese Sicht zu übernehmen, also als seien viele Themen, die die Rechten besetzen und betonen, ja wirklich noch nicht angesprochen worden. Diesen Irrtum bedienen sie und machen ihn zu einer sich-selbst-erfüllenden Prophezeihung – wofür die Wahlkampfsendungen zur Bundestagswahl 2017 exemplarisch stehen.

Hier könnte Journalismus von der Wissenschaft lernen, erst einmal mittels einer Basisrecherche den tatsächlichen Diskussionsstand zu ermitteln – bevor man solchen Verschweigemythen durch Agendaübernahmen aufsitzt.

Was kann eine (vermeintlich) politisch korrekte Sprache leisten und bewirken?
Political Correctness hilft nicht, wenn rassistische Einstellungen dominant bleiben (vgl. Schiffer 2010a u. a.). Wenn etwa das N-Wort durch die Bezeichnung Schwarze ersetzt wird, ist das ein erster notwendiger Schritt – er ist aber nicht hinreichend, wenn Schwarze nur in stereotypen Kontexten thematisiert werden. Die sinn-induktive Übertragung, das negative Framing belegt dann den Euphemismus und negativiert diesen wieder. Deshalb hege ich eine gewisse

---

[12]Vgl. Vu, Vanessa (04.09.2017): „Nach rechts verschoben." In: Die Zeit https://www.zeit.de/gesellschaft/zeitgeschehen/2017-09/bundestagswahlkampf-rechtsruck-themen-tv-duell-fluechtlinge (aufgerufen am 24.11.2019).

Skepsis beim Glossar der Neuen Deutschen Medienmacher, das zwar zurecht auf Bewusstmachungsprozesse setzt, andererseits suggerieren könnte, dass man nur einen Begriff durch einen weniger problematischen ersetzen müsse, und schon wäre die Berichterstattung rassismuskritisch. Dies kann allenfalls eine Anregung zur Reflexion sein, ist aber kognitionslinguistisch gar nicht abgesichert – und insgesamt wird die Frage des Kontexts unterschätzt, d. h. dass falsche Zuweisungen von verallgemeinerten Gruppeneigenschaften vielfach durch eine stereotype Faktenauswahl vorangetrieben wird – diese ist also stets selbstkritisch zu hinterfragen.

Wie lässt sich Selbstreflexion und Sprachbewusstsein im journalistischen Alltag umsetzen? Gibt es doppelte Maßstäbe und wie erkennt man diese?
Der Journalismus muss nachhaltig finanziert sein, damit Selbstreflexion überhaupt eingefordert werden kann. Um jedoch mehr semiotisches Bewusstsein in den journalistischen Alltag zu integrieren, bedarf es mehr solcher Inhalte in der Ausbildung. Damit man sich immer wieder ehrlich die Fragen beantworten kann: Warum halte ich das für relevant und nicht das andere? Was ist wichtig? Wem gebe ich Recht und Raum? Und wem nicht?

Doppelte Maßstäbe erkennt man durch Gegenproben, die wir in der Linguistik „Substitutionsproben" nennen. Durch die vergleichende Gegenüberstellung von gleichklingenden Botschaften mit anderen Akteuren oder gleichgestalteten Bildern in unterschiedlichen Kontexten oder umgekehrt – also, durch den Austausch einzelner Elemente durch andere, können wir im Wittgenstein'schen Sinne die (jeweilige) Bedeutung in seinem Kontext ermitteln und eben auch sehen, ob wir unterschiedliche Gruppen auch unterschiedlich behandeln – etwa, wenn das eine gewählte Staatsoberhaupt „Präsident", das andere „Chef" genannt wird, oder wenn von „Terroristen" und „Rebellen" geredet wird, obwohl sich die gemeinten Gruppierungen faktisch nicht voneinander unterscheiden lassen.

Literatur

Lakoff, G., & Johnson, M. (1980). *Metaphors we live by*. University of Chicago Press.
Lakoff, G. u. a. (2004). *Don't Think of an Elephant!: Know Your Values and Frame the Debate-The Essential Guide for Progressives*. Chelsea Green Publishing.
Lakoff, G., & Wehling, E. (2008). Auf leisen Sohlen ins Gehirn. Politische Sprache und Ihre heimliche Macht Carl-Auer Verlag.
Richter, C. (2017). The revolution still needs to be televised. Erklärungsansätze zur Rolle der Medien in den Arabellionen. In T. Demmelhuber u.a. (Hrsg.), *Arabellion. Vom Aufbruch zum Verfall einer Region? Sonderband 31/Leviathan* (S. 257–278). Nomos: S.

Schiffer, S. (2002). Humanistan all over the World. Der Kriegsvorbereitungsdiskurs und die Moral. AG-Friedensforschung (Nov. 2002). https://www.ag-friedensforschung.de/themen/Medien/schiffer.html. Zugegriffen: 22.11.2019.

Schiffer, S. (2005). *Die Darstellung des Islams in der Presse. Sprache, Bilder, Suggestionen.* Würzburg: ERGON.

Schiffer, S. (2010a). Die Grenzen wohlmeinender Diskurse. Migazin.de (01.10.2010). https://www.migazin.de/2010/10/01/die-grenzen-wohlmeinender-diskurse-rassismuskritische-aufklarung-auf-verlorenem-posten Zugegriffen: 22.11.2019.

Schiffer, Sabine (2010b): „Grenzenloser Hass im Internet. Wie „islamkritische" Aktivisten in Weblogs argumentieren." In: Schneiders, Thorsten Gerald (Hg.): Islamfeindlichkeit. Wenn die Grenzen der Kritik verschwimmen. (2. Auflage) Springer VS: S. 355–376.

Schiffer, S. (2018). Sprache und Ausgrenzung Journalist. Das Medienmagazin. (14.12.2018). https://www.journalist-magazin.de/meinung/sprache-und-ausgrenzung Zugegriffen: 22.11.2019.

Sperber, D., & Wilson, D. (1986). *Relevance. Communication and Cognition.* Harvard University Press Cambridge.

Sperber, D., & Wilson, D. (1996). *Relevance. Communications and Cognition* (2. Auflage). Wiley-Blackwell.

Praxis wissenschaftlicher Diskursintervention

Die sprachkritische Aktion „Unwort des Jahres" – Diskurssensibilisierung oder Medien-Hype?

Martin Wengeler

1 Einleitend: Die Wahl zum Unwort des Jahres 2018

Der alljährliche Medien-Hype um die Verkündung eines „Unworts des Jahres" hatte im Jahr 2019 seinen Höhepunkt in einem großen BILD-Artikel unter der Überschrift „Große Debatte um das Unwort des Jahres. Sprach-Polizei verordnet Deutschland ‚Sagbarkeitsregeln'" (BILD 15.01.2019). Das kann als ein Hinweis gesehen werden für die gesellschaftliche Relevanz dieser sprachkritischen Aktion, ebenso wie die Tatsache, dass die sog. Neue Rechte, also die Rechtsextremen, seit 2018 die sprachkritische Aktion „Unwort des Jahres" für wichtig genug halten, um sie zu kapern, wie sie es bezüglich anderer zivilgesellschaftlicher Aktionsformen auch tut. Die Aktion wird also offenbar Teil der metapolitischen Bemühungen der Neuen Rechten, die Diskurshoheit in allen gesellschaftlichen Bereichen zu erlangen. Die Webseite „pi-news" rief zusammen mit anderen einschlägig Bekannten zur Wahl des „alternativen Unworts 2018" auf:

> Das alte *„Unwort des Jahres"*, verliehen vom Sprachinstitut der TU Dortmund [was natürlich Unsinn ist], hat sich zunehmend disqualifiziert, da es völlig am Bürger und am Zeitgeist vorbei prägende Begriffe wie *„Gutmensch"* zum Unwort erklärte. Das Unwort des Jahres 2014 war z. B. „Lügenpresse", ein Begriff der durch den Relotius-Skandal und die Redaktionssysteme, die ihn erst möglich gemacht haben, wohl als vollständig rehabilitiert gelten muss. Auf eine Richtigstellung der Unwort-Jury werden wir vermutlich vergebens warten. Deshalb suchen die freien Medien jetzt nach dem wirklichen Unwort des Jahres und Sie, unsere Leser, entscheiden darüber,

M. Wengeler (✉)
Universität Trier, Trier, Deutschland
E-Mail: wengeler@uni-trier.de

nicht politisch korrekte (manipulative) Sprachexperten (Relotiusse). (https://
juergenfritz.com/2019/01/06/alternatives-unwort-waehlen/; 28.11.2019)

Das Ergebnis dieses Aufrufs findet sich in „pi-news" unter der folgenden Überschrift: „Hetzjagden und Zusammenrottungen ist alternatives Unwort 2018" und
wird wie folgt eingeleitet:

> Die Entscheidung bei der Wahl zum ‚Alternativen Unwort des Jahres 2019' –
> von der *Frankfurter Rundschau* als „politische Inzestveranstaltung des rechten
> Medienbetriebs" diffamiert – ist jetzt gefallen: Das Alternative Unwort des
> Jahres ist „Hetzjagden und Zusammenrottungen"! Knapp dahinter kamen in den
> Online-Abstimmungen auf jouwatch, PI-NEWS, Philosophia Perennis, Jürgen
> Fritz Blog und Die Unbestechlichen die Begriffe „Einzelfall" und „Schutz-
> suchende". 1633 Leser stimmten mit, vielen Dank für Ihre Hilfe! (https://www.pi-
> news.net/2019/01/hetzjagden-zusammenrottungen-ist-alternatives-unwort-2018/;
> 31.05.2019)

Selbstverständlich gehört für diese rechtsextremen Propagandisten die seit
1992 durchgeführte sprachkritische Aktion „Unwort des Jahres" zur von ihnen
seit Jahrzehnten vehement bekämpften sog. political correctness (vgl. zum
Anti-pc-Diskurs zuletzt Schröter 2019, für die USA Weigel 2016).

Neben diesen kritischen Reaktionen von rechts ist die Wahl des Unworts
auch in diesem Jahr von seriösen traditionellen Nachrichtenmedien bis hin zu
privaten Blogs breit – und oft positiv – rezipiert worden. Dazu hier noch drei
meinem persönlichen Aufmerksamkeitsfokus geschuldete Beispiele: Am Tag der
Verkündung des Unwortes, am 15.1.2019, hat die Frankfurter Rundschau mit
einer Titelgeschichte „Machtworte. Wie Politik Sprache prägt – und umgekehrt:
Heute wird das Unwort des Jahres verkündet" aufgemacht und auf den Seiten
2 und 3 als „Thema des Tages" „Sprachgewalt" behandelt. Am Morgen der
Unwort-Verkündung war in den SWR-Radio-Nachrichten um 11 Uhr das eine
Stunde zuvor verkündete Unwort des Jahres 2018 „Anti-Abschiebe-Industrie"
die allererste Nachricht. Und auf seinem Sprachblog hat der Kollege Anatol
Stefanowitsch schon am gleichen Tag unsere Wahl unterstützt und dabei deren
gesellschaftliche Relevanz angedeutet:

> Nach *Volksverräter* (2016), *Gutmensch* (2015) und *Lügenpresse* (2014) ist damit
> zum vierten Mal in den letzten fünf Jahren ein Begriff zum Unwort gewählt worden,
> mit dem Akteure am rechten Rand Institutionen und Menschen kritisieren, die sich
> im Prinzip nur um die Aufrechterhaltung rechtsstaatlicher Prinzipien bemühen.
> (https://www.sprachlog.de/2019/01/15/unwort-des-jahres-anti-abschiebe-industrie/;
> 28.11.2019)

2 Diskursintervention und Unwort-Aktion

In dieser kurzen Rückschau auf die medialen Reaktionen zur Unwort-Wahl im Jahr 2019 wird deutlich, was in diesem Jahr in der Presseerklärung explizit angesprochen worden ist, was aber in den Diskussionen der Unwort-Jury der letzten Jahre immer schon eine wichtige Rolle gespielt hat und was die Aktion zu Recht als einen Bestandteil gesellschaftlicher Bemühungen um political correctness ausweist – wenn man denn gleichzeitig den etablierten Stigmawort-Charakter der Bezeichnung (vgl. schon Frank 1996, Huhnke 1997) zurückweist, wie es neuerdings in einigen Publikationen (vgl. Stefanowitsch 2018, Wengeler 2018) versucht wird: Das Bestreben, mit der Aktion dazu bei-zutragen, die Grenzen des öffentlich Sagbaren nicht immer weiter in Richtung Menschenfeindlichkeit, antidemokratische Tendenzen und Zynismus verschieben zu lassen. Dass es solche gesellschaftlichen Tendenzen gibt, dafür zitiere ich eine prototypische Aussage wiederum aus der Zeitung Frankfurter Rundschau: Der Autor Artur Becker schreibt dort: „Wir erleben im Zuge der Rückkehr der Autori-täten und des Nationalismus eine beispiellose Ohnmacht gegenüber der Ver-rohung des politischen Wortes und öffentlichen Auftritts." (FR 23.01.2019, S. 23).

Die Unwort-Wahl kann demzufolge als eine Möglichkeit gesehen werden, dieser empfundenen Ohnmacht etwas entgegenzusetzen. In der Presseerklärung des Jahres 2019 wird dies explizit hervorgehoben:

> Als das Unwort 2018 gilt es [Anti-Abschiebe-Industrie] uns, weil die Tatsache, dass ein solcher Ausdruck von einem wichtigen Politiker einer Regierungspartei [Alexander Dobrindt, CSU] prominent im Diskurs platziert wird, zeigt, wie sich der politische Diskurs sprachlich und in der Sache nach rechts verschoben hat und sich damit auch die Sagbarkeitsregeln in unserer Demokratie in bedenklicher Weise verändern. (https://www.unwortdesjahres.net/fileadmin/unwort/Pressemitteilungen/pressemitteilung_unwort2018.pdf; 28.11.2019)

Diese Formulierung war es offenbar auch, die die BILD-Zeitung dazu gebracht hat, die Jury der political correctness zu zeihen und die Aktion als „Sprach-polizei" zu diffamieren. Das aber ist lediglich ein weiterer Beleg für die eben getätigte Behauptung, dass die Kritik an der Aktion zum Anti-pc-Diskurs der sog. Neuen Rechten gehört, dem sich die BILD inzwischen wieder angeschlossen hat.

Mit ihrer Aktion befindet sich die Unwort-Wahl also – ob das intendiert war oder nicht – mittendrin in einer gesellschaftlichen Debatte, die in den letzten Jahren durch das Erstarken von Rechtspopulisten und -extremisten auch mit ihrem Feldzug gegen „Genderwahn" und pc forciert worden ist. Die Aktion hat spätestens damit ihre politische Unschuld verloren – was in Zeiten auch nicht anders sein kann, in denen selbst fundamentale Menschenrechte im gesellschaftlichen Diskurs zur Disposition gestellt werden, wenn z. B. die Befürwortung der Seenotrettung auf dem Mittelmeer als *Menschenrechtsfundamentalismus* diffamiert wird. In der Presseerklärung zum Unwort des Jahres 2018 wurde dies wie folgt kommentiert:

> Dieser zynische Ausdruck wurde von Boris Palmer, Oberbürgermeister von Tübingen und Grünen-Politiker, anlässlich einer Debatte um die Seenotrettung von Flüchtlingen aus dem Mittelmeer verwendet, um damit die politische Haltung von ihm sogenannter ,moralisierender Kreuzzügler' in der Flüchtlingspolitik zu kritisieren. Der Ausdruck zeigt in erschreckender Weise (ähnlich wie eine dazu in den Medien geführte Pro- und Contra-Debatte), dass es in Deutschland diskutabel geworden zu sein scheint, ob ertrinkende Menschen gerettet werden sollen oder nicht. Menschenrechte sind fundamentale Rechte – sie zu verteidigen, ist mehr als eine bloße Gesinnung, die als ,Fundamentalismus' diskreditiert werden könnte. Wir kritisieren den Ausdruck, weil er in besonderem Maße zeigt, dass wir – wie der ehemalige Bundestagspräsident Wolfgang Thierse schon 2016 auf dem Katholikentag in Leipzig mahnte – „Humanität neu zu lernen" haben und „elementare Regeln des politisch-menschlichen Anstands, des Respekts vor der persönlichen Ehre und der Menschenwürde [...] für nicht wenige im Lande nicht mehr zu gelten [scheinen]" (siehe https:// www.thierse.de/startseite-meldungen/startseite-meldungen/impuls-katholikentag-2016/; 28.11.2019). (https://www.unwortdesjahres.net/fileadmin/unwort/Pressemitteilungen/pressemitteilung_unwort2018.pdf; 28.11.2019)

Die Erwartungen an die Aktion wie auch die Reaktionen zeigen, dass sie als Politikum wahrgenommen wird, wie es schon beim Ausscheiden des Begründers der Aktion Horst Dieter Schlosser in der Presse vermerkt wurde:

> Seit 1992 sucht Schlosser nach den schlimmsten Begriffen – als er begann, erhielt er Schmähbriefe von Kollegen. Heute ist das Unwort ein Politikum. [...] Beim allerersten Unwort, „ausländerfrei", interessierte das nur eine Hand voll Journalisten. Als Schlosser gestern das Unwort 2010 verkündete („alternativlos"), schickten die Nachrichtenagenturen Eilmeldungen in die Redaktion, wie sie es sonst nur bei schweren Unglücken oder Rücktritten von Bundesministern tun. (Frankfurter Rundschau 19.1.2011)

3   Pro und contra Unwort-Wahl

Ernster zu nehmen als Einwände gegen die Aktion, wie sie bis hierher als Bestandteil des neurechten Anti-pc-Diskurses zitiert wurden, ist die linke Kritik, die auch bei einem Siegener Workshop und in den für die Tagung zugänglichen

Papieren[1] zwar nicht ausdrücklich gegen die Unwort-Aktion, wohl aber gegen „Moralkommunikation" bzw. „Moralisierung" der politischen Kommunikation formuliert worden ist und die in ähnlicher Weise gegen political correctness auch von anderen vorgebracht wird (vgl. Dusini/Edlinger 2012, Pfaller 2018). Am prägnantesten ist diese Kritik vielleicht im Thesenpapier Knoblochs zum Siegener Workshop auf den Punkt gebracht (vgl. auch den Beitrag von Knobloch in diesem Band):

> Die wohl erfolgreichste neurechte rhetorische Strategie besteht in der kalkulierten Verletzung als „korrekt" ritualisierter Sprachregelungen. Die dann reflexhaft einsetzende moralisierende Empörung verschafft der Rechten Aufmerksamkeit, die sie doppelt nutzt: um den Bonus des unkorrekten Tabubrechers einzustreichen und die medialen Moralwächter vorzuführen („Denkmal unserer Schande" etc.). (Knobloch in diesem Band)

Tatsächlich handelt es sich ja bei den Kriterien für die Unwort-Wahl um moralisch-ethische Kriterien:

> Die Aktion „Unwort des Jahres" [...] lenkt [...] den sprachkritischen Blick auf Wörter und Formulierungen in allen Feldern der öffentlichen Kommunikation, die gegen sachliche Angemessenheit oder Humanität verstoßen. (https://www. unwortdesjahres.net/index.php?id=102&L=0; 28.11.2019)

„Unwörter" werden gewählt, weil sie entweder „gegen das Prinzip der Menschenwürde verstoßen", „gegen Prinzipien der Demokratie verstoßen", „einzelne gesellschaftliche Gruppen diskriminieren" oder „euphemistisch, verschleiernd oder gar irreführend sind" (ebd.). Zudem müssen sie in dem betreffenden Jahr öffentlich geäußert worden und insofern aktuell sein. Auch den Unwort-Begründungen in ihren Presseerklärungen ist leicht „moralisierende" Kommunikation vorzuwerfen. Was die hier benannte neurechte Strategie angeht, so diskutiert die Unwort-Jury in jedem Jahr aufs Neue – zwar weniger theoretisch ambitioniert als es etwa in den Siegener Papieren von Knobloch und Heim (siehe auch in diesem Band) nachzulesen ist, aber dennoch mit klarer Sicht auf die von Knobloch unterstellte Strategie –, ob wir in jedem Jahr – um es phraseologisch auszudrücken – über das Stöckchen springen wollen, das uns die Rechten hinhalten, wenn sie wieder tabubrechende, menschenfeindliche Formulierungen

---

[1]Workshop „Diskursintervention" an der Universität Siegen, 31.01.2019, www.diskursintervention.diskursmonitor.de (29.07.2019).

gewählt haben und dann gegebenenfalls durch die Unwort-Wahl dafür nur neue Aufmerksamkeit ernten und sich als Opfer linken gutmenschlichen Tugend-terrors und der Sprachpolizei inszenieren können. Als Alternative zu solcher Moralkommunikation schlagen die linken Kritiker eine „echte" Aufklärung über die dem Kapitalismus und der neoliberalen Globalisierung geschuldeten Verwerfungen und deren Folgen in Form prekärer Lebensverhältnisse vor, aus denen heraus erst die Unzufriedenheit der rechtsextrem wählenden „Wutbürger" erwachse. Dem kann m. E. nur entgegengehalten werden, dass sich beides (die als moralisierend diffamierte Kritik an „Unworten" und eine gesellschafts- und diskurskritische Aufklärung) nicht ausschließt, dass beides nebeneinander einen Wert haben kann und dass es nicht richtig ist, dass Moralkommunikation einer solchen Aufklärung im Wege stehe oder für sie kontraproduktiv sei.

Eine andere aus der Sprachwissenschaft geäußerte Kritik ist die, dass Sprach- und Diskurs*kritik* unwissenschaftlich sei oder dass die *sprach*wissenschaftliche Begründung einer solchen Wahl nicht möglich sei. Die Kriterien, nach denen Unwörter gewählt werden, sind, wie oben angeführt, ja auch tatsächlich keine linguistischen, sondern moralisch-ethische. Daher kann solchen Kritikern nur geantwortet werden, dass diese Anfang 1992 von Horst Dieter Schlosser mit der Vortragsfrage „Brauchen wir ein Unwort des Jahres?" eher unfreiwillig ins Leben gerufene Aktion sich noch vor der Verkündung eines „Wortes des Jahres" als die am breitesten wahrgenommene Möglichkeit etabliert hat, das Thema Sprache bzw. politische Relevanz von Sprache/von Wortwahl öffentlichkeitswirksam zu platzieren und somit sprachliche Sensibilität und sprachkritische Reflexion in der Öffentlichkeit zu fördern.

Die Aktion erhebt daher auch gar nicht den Anspruch, eine sprachwissen-schaftlich bzw. diskursanalytisch gut begründete Wahl zu treffen, wohl aber, dass die selbsterstellten Kriterien sorgfältig geprüft werden und der linguistische Hintergrund der Jury-Mitglieder garantiert, dass z. B. Wort und Sache nicht ver-wechselt werden, wie es bei vielen eingesandten Vorschlägen der Fall ist. Dass dem so ist, liegt auch daran, dass es sich tatsächlich – wie immer wieder nach außen hin betont und oft bezweifelt – um eine ehrenamtliche Aktivität handelt, bei der neben dem allgemeinen linguistischen und politischen Sachverstand und Aufklärungswillen der Jury-Mitglieder nur sehr oberflächliche Gebrauchsana-lysen in die Wahl und in die Begründung einfließen. Zu dem sehr begrenzten Aufwand, der für diese ehrenamtliche, nicht-wissenschaftliche Aktion betrieben werden kann, gehört auch, dass die Jury nur drei Mittel nutzt, um ihre Wahl zu kommunizieren und zu begründen: Den Presseaufruf an alle, Vorschläge für das Unwort des Jahres einzureichen, die Presseerklärung sowie die Pressekonferenz der Sprecherin der Jury zur Verkündung des Unwortes – alles Formate/Textsorten, in denen auf knappem Raum die Begründung für die Wahl geliefert werden muss, ein Problem, dass z. B. ein Kritiker der Wahl des Unworts *Opfer-Abo* weidlich genutzt hat, um der Jury mit dieser Wahl den „Un-Sprechakt des Jahres" vorzuwerfen (vgl. Vogel 2015).

Aus sprachtheoretischer Perspektive lassen sich Argumente gegen und für die Unwort-Aktion anführen: Eine Unwort-Sprachkritik ist für diejenigen problematisch, die

> [b]ezüglich der Sprachentwicklung im Allgemeinen von dem Grundsatz „leave your language alone" und bezüglich des Euphemismus-Begriffs von einer Skepsis im Sinne Heringers [ausgehen]: Wer ein Wort als Euphemismus charakterisiere, also als eines, das die Wirklichkeit verschleiert, müsse sich selbst einen privilegierten Zugang zur Realität zuschreiben (vgl. Heringer 1982: 16). Auf der anderen Seite aber steht die Überzeugung – im Sinne W. v. Humboldts – von einem engen Zusammenhang von Sprache und Denken und somit auch davon, dass „Welt"', „Wirklichkeit" sprachlich konstituiert und organisiert wird. (Wengeler 2013, 17)

Und daraus wäre abzuleiten, dass es sinnvoll sein kann, bestimmte, eben ethisch-moralisch kritikwürdige Wirklichkeitskonstruktionen bewusst zu machen.

4 Fazit: Chancen und Grenzen der sprachkritischen Aktion „Unwort des Jahres"

Kann die Aktion also – so ist im Kontext dieses Bandes zu fragen – eine sinnvolle und ernst zu nehmende Diskursintervention leisten? Daraus, dass die Kriterien für die Wahl eben moralisch-ethische Kriterien sind, ergibt sich – wie angedeutet – beinahe zwangsläufig, dass die Aktion in den öffentlich-politischen Diskurs eingreift. Dass sie dabei jenseits der eben für dieses Jahr geschilderten kurzen medialen Aufmerksamkeit Mitte Januar einen Einfluss auf den Diskurs hat, eben z. B. sprachsensibleres Sprechen bewirkt oder Grenzen des Sagbaren zieht, ist möglich, dafür gibt es aber keine zuverlässigen Belege. Wir können diesbezüglich nur die kurzfristigen Reaktionen auf die Wahl registrieren. Diese müssten ebenso systematisch ausgewertet werden wie Frequenzuntersuchungen des Gebrauchs der gewählten Wörter vor und nach ihrer Wahl erste Anhaltspunkte für eine Wirkung der Aktion liefern könnten. Erst durch eine solche Untersuchung, die allerdings auch nicht beim Registrieren der Gebrauchshäufigkeit stehen bleiben dürfte, sondern eine qualitative Analyse anschließen lassen müsste, könnte empirisch begründet auch etwas zur oben zitierten linken Kritik an solcher moralisierenden Kommunikation gesagt werden. Grundsätzlich reicht die öffentliche Reaktion auf die „Verkündung" des Unworts – wie für dieses Jahr dargelegt – von allgemeiner Zustimmung zu einer solchen wortkritischen Aktion über das je spezifische Begrüßen der aktuellen Wahl bis zur pauschalen Ablehnung und auch den in den Sozialen Netzwerken erwartbar hasserfüllten Reaktionen (ein Beispiel aus einem Brief: „Und dann kommen solche Gutmenschen und verdrehen die Wahrheit zu ihrer linken Gesinnung um und machen daraus ein Unwort.").

Unwort-Wahlen lassen sich – so das hier abschließende Fazit – einerseits wissenschaftsstrategisch damit rechtfertigen, dass damit die Öffentlichkeit einmal im Jahr auf Sprache und die Arbeit von SprachwissenschaftlerInnen im Allgemeinen, auf die sprachlich mögliche Beeinflussung gesellschaftlicher Wissens- und Machtkonstellationen im Besonderen aufmerksam gemacht werden kann. Andererseits lassen sie sich wissenschaftlich legitimieren, wenn mit der Wortkritik wenigstens ansatzweise eine Analyse gesellschaftlicher Diskurse verbunden ist – was mit den Presseerklärungen in für die Textsorte notwendig verknappter Form versucht wird. Dann kann eine wortkritische Aktion eine emanzipatorisch orientierte Sprachkritik sein,

> die über „bloße Nörgelei" hinausgeht und z.b. danach fragt, „wer eigentlich welchen Sachverhalt zu welchem Zweck verschleiert" (Seidl 2006), oder […] z.b. auch darauf hinweist, welche semantischen Implikationen bestimmte Wortprägungen und vor allem bestimmte Wortgebräuche haben. (Schneider 2007, S. 20)

Als ein Erfolg der Aktion kann neben der öffentlichen Aufmerksamkeit auch die offensichtliche didaktische Brauchbarkeit der Aktion und der Begründungen angesehen werden: In zahlreichen Schulbüchern gerade neueren Datums werden zum Thema „Sprachkritik/Sprachreflexion" die Unwort-Begründungen wiedergegeben und somit SchülerInnen dazu veranlasst, sich mit öffentlich-politischer Sprache zu beschäftigen.

Die Jury zur Wahl eines „Unworts des Jahres" jedenfalls versteht die Wahl nicht als „modisches" Spielchen (vgl. Kilian 2001, 300). Sie möchte mit der Unwort-Wahl in einem Balanceakt zwischen linguistisch begründeter und populärer Sprachkritik vielmehr Sprachkritik als Diskurskritik leisten. Damit trägt sie hoffentlich zur kritischen Reflexion fremden und eigenen Sprachgebrauchs bei. Zu fragen wäre gerade im Zusammenhang der in diesem Band thematisierten Diskursinterventionen allerdings auch, was an der Aktion gegebenenfalls zu verbessern, zu „modernisieren" wäre, um eine erfolgreichere Diskursintervention und Diskurskritik leisten zu können.

Literatur

Dusini, M. & Edlinger, T. (2012). In Anführungszeichen. Glanz und Elend der Political Correctness. Berlin: Suhrkamp.

Frank, K. (1996). Political Correctness: Ein Stigmawort. In H. Diekmannshenke & J. Klein (Hrsg.), Wörter in der Politik. Analysen zur Lexemverwendung in der politischen Kommunikation (S.185–218). Opladen: Westdeutscher Verlag.

Heringer, H. J. (1982). Sprachkritik – die Fortsetzung der Politik mit besseren Mitteln. In H. J. Heringer (Hrsg.), Holzfeuer im hölzernen Ofen. Aufsätze zur politischen Sprachkritik (S. 3–34). Tübingen: Narr.

Huhnke, B. (1997). „pc" Das neue Mantra der Neokonservativen. In A. Disselnkötter u.a. (Hrsg.), Evidenzen im Fluss. Demokratieverluste in Deutschland (S. 262–286). Duisburg: DISS.

Kilian, J. (2001). Kritische Semantik. Für eine wissenschaftliche Sprachkritik im Spannungsfeld von Sprachtheorie, Sprachnorm, Sprachpraxis. Zeitschrift für Germanistische Linguistik, 29, (S. 293–318).

Pfaller, R. (2018). Erwachsenensprache. Über ihr Verschwinden aus Politik und Kultur. Frankfurt a. M.: Fischer.

Schneider, J. G. (2007). Sprache als kranker Organismus. Linguistische Anmerkungen zum Spiegel-Titel „Rettet dem Deutsch". Aptum. Zeitschrift für Sprachkritik und Sprachkultur, 3, (S. 1–23).

Schröter, M. (2019). Die schweigende Mehrheit. Anti-pc-Diskurs und (De-)Legitimationsstrategien der Neuen Rechten. Aptum. Zeitschrift für Sprachkritik und Sprachkultur, 15, (S. 13–34).

Seidl, C. (2006). Der Zwiebelfisch stinkt vom Kopf her. Warum der Sprachkritiker Bastian Sick so unglaublich nervt. Frankfurter Allgemeine Sonntagszeitung, 44 (S. 25).

Stefanowitsch, A. (2018). Eine Frage der Moral. Warum wir politisch korrekte Sprache brauchen. Berlin: Duden.

Vogel, R. (2015). Un-Sprechakt des Jahres. Zum Problem der Parteilichkeit in linguistischer Sprachkritik. Aptum. Zeitschrift für Sprachkritik und Sprachkultur, 11, (S. 250–281).

Weigel, M. (2016). Political correctness: how the right invented a phantom enemy. The Guardian 30.11.2016. https://www.theguardian.com/us-news/2016/nov/30/political-correctness-how-the-right-invented-phantom-enemy-donald-trump. Zugegriffen: 13.05.2019.

Wengeler, M. (2013). Unwörter. Eine medienwirksame Kategorie zwischen linguistisch begründeter und populärer Sprachkritik. In H. Diekmannshenke & T. Niehr (Hrsg.), Öffentliche Wörter. Analysen zum öffentlich-medialen Sprachgebrauch (S. 13–31). Hannover: ibidem.

Wengeler, M. (2018). Zwischenruf. An ihrer Sprache sollt ihr sie erkennen. Warum wir eine politisch korrekte Sprache im Diskurs über Migration und Flüchtlinge brauchen. *Bibel und Kirche. Die Zeitschrift zur Bibel in Forschung und Praxis*, 73, (S. 240–241).

Diskursmonitor – Eine Online-Plattform zur Aufklärung strategischer Kommunikation in Diskursen

Friedemann Vogel, Fabian Deus, Jan Oliver Rüdiger und Felix Tripps

1 Einführung: Erkenntnisinteresse und Ziele

Der *Diskursmonitor* ist ein disziplinenübergreifendes, webbasiertes Informations- und Dokumentationsportal zur strategischen Kommunikation in öffentlichen Diskursen (www.diskursmonitor.de). Herausgeber des Portals ist die „Forschungsgruppe Diskursmonitor", die die Inhalte des *Diskursmonitors* redaktionell verantwortet. Der Redaktion[1] gehören derzeit an (Stand 30.07.2019): Benjamin Bäumer (Siegen), Fabian Deus (Siegen), Clemens Knobloch (Siegen), Jan Oliver Rüdiger (Siegen), Hagen Schölzel (Jena), Felix Tripps (Siegen), Friedemann Vogel (Siegen), Susanne Weber (Siegen) und Antje Wilton (Siegen).

---

[1]Forschungsgruppe Diskursmonitor; c/o Univ.-Prof. Dr. Friedemann Vogel: Universität Siegen, Germanistisches Seminar, Hölderlinstraße 3, 57068 Siegen, friedemann.vogel@ uni-siegen.de.

F. Vogel (✉) · F. Deus · J. Rüdiger · F. Tripps
Siegen, Deutschland
E-Mail: Friedemann.Vogel@uni-siegen.de

F. Deus
E-Mail: deus@germanistik.uni-siegen.de

J. Rüdiger
E-Mail: e-mail@jan-oliver-ruediger.de

F. Tripps
E-Mail: Felix.Tripps@uni-siegen.de

Das Portal richtet sich nicht nur an die Fachcommunity der Diskursforschung sowie verwandter Fachbereiche (etwa Sozial- und Kulturwissenschaften), sondern vor allem auch an Praktiker*innen aus Politik, Medien, Bildung, Justiz und Zivilgesellschaft. Sein *Ziel* ist erstens die bislang verstreute und nur innerakademisch zugängliche Diskursforschung aus verschiedenen Disziplinen im Hinblick auf ihre Essenz systematisch aufzubereiten und leichter zugänglich zu machen; zweitens sollen aktuelle diskursive Entwicklungen auf Basis qualitativer und computergestützter Verfahren aufgezeigt und damit verhandelbar werden; drittens werden Materialien und Handreichungen für den Einsatz in Lehr-Lern-Kontexten (Schulen, NGOs usw.) bereitgestellt.

Das Portal umfasst die folgenden *vier Kernmodule:*

1. Das *DiskursGlossar* ist ein lexikonähnliches, hypertextuelles, terminologisches Nachschlagewerk zur gegenwärtigen strategischen Kommunikation. Es soll die bisherige, partikularisierte Diskursforschung im Hinblick auf ihre Essenz sichten, zusammenführend sortieren und in kurzen anschaulichen Artikeln beschreiben (siehe unten 2.)

2. Ziel der *DiskursReview* ist eine kontinuierliche Dokumentation und Kommentierung aktueller diskursiver Ordnungen und strategischer Praktiken unter Einbeziehung laufender und bisheriger Forschung. Die Dokumentation soll in zunächst zwei unterschiedlichen Formaten bereitgestellt werden: erstens in kurzen, prägnanten Artikeln von wenigen Seiten, sowie zweitens in Form von ausführlicheren „Diskurs-Audits" (Video-Interviews) mit Diskursforscher*innen und Praktiker*innen zu allen wichtigen Diskurs-Domänen (insb. Politik, Recht, Wirtschaft, Medien; siehe unten 3.).

3. Das *DiskursBarometer* ergänzt das qualitative Diskurs-Monitoring mit einem computergestützten, semiautomatischen Monitoring. Gemeint ist damit die maschinelle Erhebung und diachrone Auswertung in Echtzeit von Texten aus Massenmedien, sozialen Medien und ausgewählten Fachdomänen (Politik, Recht, Wirtschaft, Lobby) im Hinblick auf metrisierbare Diskursmuster. Welche Metriken sich hierfür überhaupt eignen, ist Gegenstand aktueller Forschung, etwa Indizes für den Grad an diskursiver Agonalität, thematischer Varianz und Homogenität, Lobby-Aktivitäten und anderen (siehe unten 4.).

4. Die virtuelle *DiskursWerkstatt* soll schließlich einen Ort bieten, an dem forschungsgesättigte sowie praktisch-bewährte Erfahrungen zu Fragen der Diskursintervention wiederum für die Praxis gesammelt und weiter aufbereitet werden. Hierzu gehört erstens das Angebot von kompakten Handreichungen und längeren Dossiers für Journalist*innen und NGOs sowie Unterrichtsentwürfe für Lehrkräfte an Schulen; und zweitens ein redaktionell

betreuter Diskussionsraum (als Forum, Wiki und Smartphone-App), in dem Bürgerinnen und Bürger sich selbst über strategische Formen der Kommunikation austauschen können (Citizen Science; siehe unten 5.).

Der *Diskursmonitor* verbindet ein originäres diskursanalytisches Forschungsinteresse – die Erfassung, Systematisierung und Beschreibung strategischer Kommunikation – mit dem Anspruch einer engagierten wissenschaftlichen Diskursintervention (Liebert 2004, Vogel 2019). Im Rahmen dieses Konzeptes ergreifen wir Partei für eine demokratische Kommunikation (Knobloch/Vogel 2015), das heißt für eine

> soziale Interaktionsform, die dazu dient und historisch situativ dazu geeignet ist, individuelle und potentiell divergierende Bedürfnisse – allen voran das Bedürfnis nach Handlungsfreiheit, sozialer Anerkennung, kontextsensitiver Gleichheit (insb. mit Blick auf Güterverteilung) und persönlicher Integrität – in sozialen Gruppen gewaltfrei und heterarchisch zu vermitteln. Eine solche, als „demokratisch" bezeichnete Interaktionsform erfordert, dass die Beteiligten habituell sowie verfahrensmäßig in die Lage versetzt werden, sich auf Basis von überprüfbaren Informationen eine kollektivierbare Meinung zu bilden und ihre damit verbundenen Bedürfnisse adressatengerecht kommunizieren zu können. (Knobloch/Vogel 2015; mit Rekurs auf Vogel 2014; vgl. auch den Beitrag von Friedemann Vogel in diesem Band)

Als eine Form der Interventionspraxis versteht sich der *Diskursmonitor,* indem er einen Beitrag zur (kommunikativen) ‚Waffengleichheit' unter den verschiedenen konfligierenden Interessensgruppen im politischen Diskurs leisten möchte, indem es unbemerkte Diskursstrukturen sichtbar macht. Dies scheint uns auch deshalb besonders geboten, weil sich die öffentlichen politischen Kommunikationsbedingungen in den letzten Jahren teilweise grundlegend verändert haben: So beobachten wir die Tendenz, dass zentrale diskursiven Verschiebungen von den Akteuren (oder genauer: von einem Teil der Akteure) oft kaum noch registriert werden und sie so nicht adäquat (re)agieren können. Politisch-semantische Konflikte verlagern sich aus dem Aufmerksamkeitszentrum in den unbewussten Bereich. Oft werden diese unbeobachteten Bedeutungskämpfe von sie verhüllenden Konfliktinszenierungen begleitet: Es wird so für Akteure wie für Beobachter der Diskurse zunehmend schwieriger, die tatsächlichen Machtpraktiken von den sie begleitenden Inszenierungstechniken zu unterscheiden. Selbstverständlich gibt es weiterhin offene Formen der semantischen Konfliktaustragung. Die ausgewiesenen Kampfvokabeln, die jährlich als Unwort des Jahres (vgl. den Beitrag von Martin Wengeler in diesem Band) gekürt werden, bezeugen dies klar (*Gutmensch*, Volksverräter oder *Lügenpresse*). Allerdings treten daneben semantische An- und Enteignungspraktiken, die ihre Effizienz gerade daraus beziehen, dass sie gar nicht als Mittel der semantischen Kriegsführung erscheinen. Wer es beispielsweise schafft, seine Interessen als konforme Sichtweisen im Diskurs durchzusetzen, indem alternative Vorstellungen gar nicht mehr als solche sichtbar werden und benannt werden können, macht seinen Standpunkt tatsächlich ‚alternativlos' und muss auch nicht mehr mit demokratischem Widerspruch rechnen.[2] Zugleich beobachten wir den (widersprüchlichen erscheinenden) Versuch, harte Sprech- und Einstellungstabus durchzusetzen (‚*Indexing*'), die zugleich als Schall- und Resonanzverstärker für die tabuisierten Haltungen dienen.

Diese Verschiebungen haben auch eine technische Dimension. Denn immer mehr präfigurieren Algorithmen unsere Kommunikation: Während soziale Netzwerke zu den wichtigsten technischen Infrastrukturen der politischen Debatte werden, führen etwa algorithmisierte Regulierungen der Reichweite verschiedener Akteure (z. B. durch ‚*Shadowbans*') oft unbemerkt zu erheblichen Verzerrungen der Präsenz unterschiedlicher Positionen – und tendenziell zum Verschwinden alternativer Sichtweisen. Eine Verengung der Diskurse mit immer weniger Abweichungen von hegemonialen Positionen ist eine für demokratische Kommunikationsformen höchst bedrohliche Konsequenz.

Ein (beginnendes) Bewusstsein für diese Phänomene indiziert die Verschiebung der dominanten Paradigmen, mit denen die Debatte über politische Kommunikation (nicht nur in den Universitäten) geführt wurde: Wer nämlich davon ausgeht, dass das ‚Besetzen von Begriffen' (worauf die Politolinguistik lange ihr Hauptinteresse ausrichtete) das zentrale Moment semantischer Kämpfe darstellt, unterstellt ein wenigstens rudimentäres Bewusstsein des gerade stattfindenden semantischen Kampfes bei allen Konfliktparteien. Bei den Praktiken, die als ‚Framing' zunehmend auch in der Öffentlichkeit kontrovers diskutiert werden, ist das anders: In durch derartige Verfahren vorkonfigurierten Diskursräumen erkennen und verstehen viele Akteure ihre semantische Enteignung häufig gar nicht. Eine Diskursintervention, die diese Praktiken und Verhältnisse sichtbar macht, trägt somit aktiv zur Erhaltung demokratischer Diskursstrukturen bei.

---

[2]Aus diesem Grund richten wir beispielsweise ein besonderes Augenmerk auf die genannten ‚Begriffe mittlerer Reichweite', die sich – wie unten erläutert wird – unter anderem dadurch auszeichnen, dass sie im operativen Gebrauch nicht als politische Schlagwörter wahrgenommen werden, was Gegenstrategien massiv erschwert.

2   *DiskursGlossar:* digitales Nachschlagewerk zur strategischen Kommunikation

Die Diskursforschung ist heute in verschiedenen Disziplinen (Sprach-, Medien-, Sozial-, Geschichts- und Kulturwissenschaften) als eigene Teildisziplin etabliert. Es gibt größere und kleinere Forscher*innen-Netzwerke, dezidiert auf Diskursforschung ausgerichtete Lehrstühle und zahlreiche Publikationen, darunter mehrere Buchreihen, Zeitschriften, Monographien (Fallstudien, Qualifikationsschriften, Handbücher, Einführungswerke) und Aufsätze. Umso mehr überrascht es, dass die Essenz der Diskursforschung quer zu Disziplinen, theoretischen Ansätzen und Diskursdomänen (Recht, Politik usw.) bisher praktisch kaum sichtbar ist: gemeint ist eine kontinuierliche Zusammenstellung und Katalogisierung sowohl historisch als auch vor allem aktuell wirksamer Formen der strategischen Kommunikation als wesentliche Konstituenten gesellschaftlicher Diskurse.

Mit *strategischer Kommunikation* bezeichnen wir in einem weiteren Sinne alle Formen semiotisch konstituierter, in der Regel professionalisierte Kompetenzen voraussetzender Handlungspläne, die auf die Änderung von öffentlichen Akzeptanz-Bedingungen für politische, ökonomische, rechtliche oder anderweitig motivierte Partikularinteressen zielen. Diese Handlungspläne können sehr unterschiedlich gestaltet sein: unbewusst automatisch oder bewusst organisiert (in jedem Fall kognitiv repräsentiert); adhoc oder langfristig; individuell und arbeitsteilig; als Teil von Nähe- oder von zeitlich-, räumlich-, personeller Distanzkommunikation; unter Verwendung insbesondere sprachlicher, visueller, akustischer, multimodaler Zeichenkomplexe und medientechnischer Stützung.

Vor dem Hintergrund des oben skizzierten Konzepts der Diskursintervention zielt das *DiskursGlossar* auf die Erfassung, Systematisierung und über Fachgrenzen hinaus adressatenorientierte Aufbereitung der bekannten, wiederholt als diskursiv wirksam (d. h. konstitutiv) beschriebenen Formen und Praktiken strategischer Kommunikation. Hierzu wurden und werden in einem ersten Schritt einschlägige Publikationsreihen verschiedener Fachdisziplinen gesichtet und umfangreiche Lemmalisten mit Kandidaten für entsprechende Glossar-Artikel entworfen und mehrfach überarbeitet (siehe am Ende dieser Sektion). Dabei wurde versucht, die teilweise unterschiedlichen Fachbezeichnungen für identische oder ähnliche Konzepte bzw. Sachverhalte in ein Schema aus (aus unserer Sicht präferierter) Lemma-Nennform sowie korrespondierende Ausdrücke zu berücksichtigen. Als Lemma wurde in diesen Fällen diejenige Form gewählt, die in den Diskursen am etabliertesten und einschlägigsten erscheint, nicht zwangsläufig die in der Forschung etablierte. Aus der Diskussion dieser

Lemmalisten heraus wurden vier wesentliche Kategorien und damit einhergehend auch *vier verschiedene Artikeltypen* entwickelt:

a) Die wissenschaftlichen *Grundbegriffe der Strategischen Kommunikation* sind solche Begriffe, die für ein Verständnis des ‚Funktionierens' strategischer Kommunikation unerlässlich sind und damit sowohl in der Forschungsliteratur als auch in diesem Glossar regelmäßig in anderen Artikeltypen als analytische Beschreibungsbegriffe herangezogen werden: *Diskurs, Strategie, Kommunikation, Deontik, Inszenierung, Ideologie, Interpretation, Macht, Wissen* usw. Als anvisierter Umfang dieser Artikel sind – je nach Bedarf – wenige Sätze (*Konnotation*) bis maximal drei Seiten (*Diskurs, Kritik* u. ä.) angedacht.

b) Lemmata des zweiten Artikeltyps bezeichnen *sprachlich-semiotische Techniken und Praktiken* als kommunikative (politische) Handlungsprogramme, die spezifische diskurssemantische Ziele verfolgen, aber diese nie gänzlich kontrollieren können. Gemeint sind musterhafte und (verbunden mit entsprechenden Handlungsanweisungen) auch konkret vermittelbare Formen der strategischen Kommunikation, die von konkreten Akteuren (Individuen oder arbeitsteilig vorgehende Interessensgruppen) eingesetzt werden, etwa: *Adbusting* als Technik der *Guerillakommunikation*; *DDoS-Angriffe* zum *Silencing* von Fremdäußerungen; der Einsatz von *Stigmawörtern* oder die *Verleihung eines Schmähpreises* zur *Degradierung* von konkurrierenden Diskurspositionen; sämtliche Formen der (grammatischen) *Passivierung* bzw. *Deagentivierung* zur *Objektperspektivierung* oder Täterverschweigung; das (stoische) *Repetieren* von Äußerungen zur Dementierung von öffentlichen Vorwürfen; *Kampagnen* und *Propaganda* als komplexe arbeitsteilige Techniken zur Schematisierung globaler Schemata und Images usw. Techniken zielen letztlich immer auf diskurssemantische Verschiebungen (c).

Da dem Einsatz von *Schlagwörtern* eine zentrale Rolle in der strategischen Kommunikation zukommt, werden in einer Unterkategorie diejenigen Schlagwörter erfasst und beschrieben, für die folgende Kriterien gelten: sie müssen erstens eine Relevanz für die *gegenwärtige* politische bzw. strategische Kommunikation haben, zweitens aber nicht nur auf tagesaktuelle Kontexte, einzelne, spezielle Domänen oder exklusive Sprechergruppen beschränkt sein (das heißt, es sollte bereits eine Konventionalisierung ihres Gebrauchs eingesetzt haben und eine domänen- bzw. akteursübergreifende Funktion erfüllen); drittens sollen bestenfalls (aber nicht notwendigerweise) bereits erhellende einschlägige Forschungsbeiträge vorhanden sein. Die gilt zum

Beispiel für Schlagwörter wie *Innovation, Multikulti, Ökonomisierung, Wahrheit, Elite oder Agendasetting.*
Wir behandeln nicht nur, aber schwerpunktmäßig Schlagwörter *mittlerer Reichweite:* Dieser Ausdruck wird nicht einheitlich gebraucht. Wir meinen damit Ausdrücke, die nicht im Aufmerksamkeitsfokus der politischen Auseinandersetzung stehen, sondern hierbei vielmehr gewohnheitsmäßig verwendet werden. Sie spielen eine zentrale Rolle in persuasiven Kommunikationsformen, obwohl (oder: gerade weil) sie nicht oder nur selten thematisiert werden (anders als ausgewiesene Kampfvokabeln wie *Lügenpresse, Gutmensch* oder *politisch-korrekt*). Üblicherweise sind sie semantisch unscharf. Gerade durch das Fehlen metasprachlicher Reflexion und verbindlicher Gebrauchskonvention erlauben derartige Ausdrücke (wie *Privileg, Ranking* oder *Verbot(-spartei)*) einen erhellenden Blick auf die semantische Tiefenstruktur der Diskurse und können gleichzeitig umso effektiver als Werkzeuge in semantischen Kämpfen zum Einsatz kommen.

c) Lemmata des dritten Artikeltyps bezeichnen *diskurssemantische Verschiebungen, Ziele und Effekte strategischer Kommunikation.* Es handelt sich um Rekonfigurationen (Umstrukturierungen) von Diskursen, das heißt um musterhafte Änderungen in Wissens- und Handlungsschemata größerer Bevölkerungsgruppen als Ziel oder auch unbeabsichtigter Effekt von strategisch eingesetzten Techniken und Praktiken (b). Hierzu gehören etwa diskurssemantische Verschiebungen wie die *Moralisierung* oder *Banalisierung* des Sprechens über einen Sachverhalt, die *Konsensualisierung* eines sonst umstrittenen Themas, die *Infantilisierung, Kriminalisierung* oder *Sexualisierung* einer Personengruppe.

Natürlich sind die Grenzen zwischen Techniken bzw. Praktiken der strategischen Kommunikation und diskurssemantischen Verschiebungen fließend. Um was es sich aber prototypisch eher handelt, lässt sich mit folgenden Fragen behelfsmäßig abgrenzen: Lässt sich die Frage „Wie wird es gemacht?" in Form von Handlungsanleitungen (z. B. in Ratgebern, Tutorials oder Fortbildungen) beantworten, handelt es sich um Techniken bzw. Praktiken. Lässt sich diese Frage nicht hinreichend klären, handelt es sich in der Regel um diskurssemantische Verschiebungen („Was ist (im Diskurs) passiert?").

d) Der vierte Artikeltyp versammelt Lemmata zur Bezeichnung von *Diskurskonstellationen:* diskursive Formationen und Verhältnisse, das heißt musterhafte Ensembles aus Akteuren, strategischen Kommunikationsformen (Techniken, Praktiken, diskurssemantische Verschiebungen), Themen und

Zielen. Hierzu gehören etwa *Fragmentierung, diskursive Kriegsvorbereitung, (in)stabile Hegemonie, Krise, Rechtsruck* oder *Skandal.*

Sämtliche Artikel (für die Lemma-Kategorien b-d in einem Umfang von nicht mehr als 3–5 Seiten) werden als miteinander verknüpfte (mehrfach verschlagwortete) *Hypertexte* aufbereitet, redaktionell gesetzt und online unter dem Namen des oder der Verfasser/in/nen veröffentlicht.

DiskursGlossar ist hierbei mit den anderen Elementen des *Diskursmonitors* systematisch verbunden: Während das Glossar die grundlegenden Konturen der gegenwärtigen Diskurslandschaft erschließen möchte, nutzt *DiskursReview* (hauptsächlich in Form von Videointerviews) diese Ressourcen, um aktuelleren, partikuläreren und flüchtigeren Phänomenen nachzugehen. Beide dienen auch der Einordnung von im *DiskursBarometer* algorithmisiert identifizierten Phänomenen – und umgekehrt. *DiskursWerkstatt* macht die Ressourcen des *Glossars* für verschiedene Lehr-Lern-Kontexte zugänglich.

3 *DiskursReview:* Aktuelle Berichte zur diskursiven Großwetterlage

Im Rahmen der *DiskursReview* werden in regelmäßigen Abständen Analysen und Erläuterungen von Expert*innen zu aktuellen diskursiven Entwicklungen bereitgestellt. Ziel ist eine kontinuierliche Aufbereitung aktueller diskursiver Ordnungen unter Einbeziehung laufender und bisheriger Forschung, die einerseits die Fachcommunity adressiert, aufgrund ihrer Anschaulichkeit die Ergebnisse aktueller Diskursforschung aber auch für interessierte Praktiker*innen zugänglich macht.

Die Aufbereitung aktueller Diskursphänomene und deren Analyse erfolgt in der *DiskursReview* zunächst in zwei unterschiedlichen Formaten: zum einen werden kurze, prägnante Artikel von zwei bis maximal drei Seiten zu aktuellen Diskursentwicklungen bereitgestellt; zum anderen werden im Rahmen punktuell ausführlicherer „Diskurs-Audits" zu Themen von aktueller Relevanz audiovisuell aufgezeichnete Einzel-, Paar- oder Gruppen-Interviews mit Diskursforscher*innen und Praktiker*innen veröffentlicht. Dabei deckt die *DiskursReview* alle zentralen Diskurs-Domänen – insbesondere die der Politik, des Rechts, der Wirtschaft und der Medien – ab.

Die praxisbezogenen Beiträge der *DiskursReview* vertiefen die im Glossar vermittelten fachlichen Inhalte, indem sie sowohl aktuelle diskursive Entwicklungen sowie die jeweils zu Ihrer Analyse angewandten Methoden kritisch beleuchten.

Die in der *DiskursReview* vorgestellten Berichte und Expertenanalysen wiederum können von den Webseitenbesucher*innen mithilfe des *DiskursBarometers* (siehe Abschn. 4) anhand realer Daten selbst nachvollzogen, sowie als Ausgangspunkt eigener Recherchen und Analysen verwendet werden.

Über die *DiskursReview* werden außerdem ausgewählte Inhalte aus den von *Diskursmonitor* organisierten Veranstaltungen für die breite Öffentlichkeit zugänglich gemacht. Hierzu gehören beispielsweise Vorträge bei Tagungen und/oder Workshops, die entweder in voller Länge oder ausschnittweise in Form von kürzeren Videos von einer Länge von 10–15 min zur Verfügung gestellt werden. Um eine möglichst große Reichweite zu generieren, werden alle audiovisuellen Beiträge der *DiskursReview* neben der Bereitstellung auf der projekteigenen Website auch über soziale Medien (z. B. YouTube) veröffentlicht.

Nach einer didaktischen Aufbereitung sollen ausgewählte Materialien der *DiskursReview* darüber hinaus auch in die *DiskursWerkstatt* (siehe Abschn. 5) eingebunden werden, um einen Einblick in diskursanalytische Forschungspraxis zu ermöglichen.

4   DiskursBarometer: Algorithmisiertes Diskursmonitoring

Das *DiskursBarometer* wird als freie Softwareplattform (OpenSource) zur Analyse großer Diskursformationen entwickelt. Ziel ist primär die Analyse dynamischer Korpora (täglich erfasster Texte) als auch der sekundäre Vergleich mit statischen Korpora (abgeschlossen und unter kontrollierten Bedingungen erstellt). Die Korpuszusammenstellung umfasst eine breite Palette öffentlicher deutschsprachiger Kommunikation und Fachdomänen. Dies schließt sowohl Zeitungstexte, Plenarprotokolle, Drucksachen der Legis- und Judikative, als auch verschiedene Onlinemedien und Präsenzen von Lobbyorganisationen mit ein (weitere Quellen sind angedacht und in Vorbereitung). In der ersten Testphase wurden pro Tag zwischen 15–20 Tausend Dokumente erfasst. Derartige Mengen von Texten lassen sich nur noch mittels Text-Mining[3] erheben und auswerten. Neben der Anwendung von etablierten Methoden (wie z. B. der Analyse von Schlagworten, Frequenz- und Kookkurrenzanalysen) werden neuartige Ansätze

---

[3]Eine übersichtliche Einführung bietet Heyer et al. (2008) – Bubenhofer (2009) wendet diese Verfahren für linguistische Analysen an. Artikel aus Lemke & Wiedemann (2016) zeigen konkrete Analyseanwendungen des Text-Minings für Diskursanalysen.

zur Erforschung maschineller Auswertungen von Diskursen entwickelt. Hierzu zählen vor allem quantifizierende „Diskursmetriken", die Veränderungen typisierbarer sprachlicher Diskursstrukturen über die Zeit hinweg sichtbar machen: den Grad an argumentativer Kontroverse und Agonalität (Konfliktmetrik), den Grad an thematischer, ausdrucksseitiger und quellenbezogener Homogenität, den Grad an sprachlicher Empörung, epistemischer Gewissheit (Spekulationsindex), De-Agentivierung und Retrospektivität.

Die Entwicklung dieser Metriken steht noch am Anfang. Die Herausforderung besteht darin, rein deduktive Wortlisten-basierte Verfahren einschließlich der damit verbundenen methodischen Probleme zu überwinden und mit induktiven Ansätzen zu kombinieren. In der ersten Projektphase wird das Barometer daher nur wesentliche Metriken und Analysen bereitstellen (z. B. Informationen zur Korpuszusammenstellung, Frequenzmetriken, Schlagwörter). Webseitenbesucher*innen können in vordefinierten, dynamischen Visualisierungen erste Erfahrungen mit der Plattform sammeln. Dies gibt bei der Entwicklung der Plattform die Möglichkeit, frühzeitiges Feedback und Wünsche der Fachcommunity einzuholen. Die zweite Projektphase wird eine größere Interaktivität bieten und direkte, datenintensive Werkzeuge für Forscher*innen bereitstellen. Komplexere Analysen, die auch mehrere Stunden bis Tage zur Berechnung benötigen, können über die Plattform erstellt werden. Ebenso lassen sich Analysen mit Berichtsfunktionen verknüpfen, z. B. können sich Nutzer*innen bei einem starken Anstieg der thematischen Varianz (oder anderer Metriken) automatisch benachrichtigen lassen.

Bei passenden *DiskursGlossar*-Einträgen sollen automatisierte Analysen zum gegenwärtigen (dynamisch) oder vergangenen (statisch) Diskursereignissen eingebunden werden. So ist z. B. geplant, dass im *DiskursGlossar* aktuelle Schlagwörter im Live-Korpus angezeigt werden und dass über die Interaktivität der Visualisierung eine praktische Nutzbarkeit der im Glossareintrag beschriebenen Analysekategorie sichtbar wird. Umgekehrt basieren viele Metriken des *DiskursBarometers* auf verschiedenen Methoden, die im *DiskursGlossar* ausgeführt werden.

Insbesondere ab der zweiten Projektphase – wenn die Methoden für Expert*innen fertiggestellt sind – erlaubt das *DiskursBarometer* die direkte Einbettung von Analysen in die Beiträge der *DiskursReview*. Leser*innen der *DiskursReview*-Beiträge können so Analysen an realen Daten nachvollziehen und auch mit eigenen Parametern experimentieren (ähnlich dem Konzept von Jupyter Notebooks).

Das *DiskursBarometer* wird mit einem Fokus auf hohe Benutzerfreundlichkeit entwickelt. Die Dokumentation, insbesondere auch im Hinblick auf die Einbindung in die Lehre, erfolgt in verschiedenen *Tutorials* und *Hands-on*

Labs in der *DiskursWerkstatt*. Studierende sollen so bei der Realisierung eigen-
ständiger Forschungsprojekte unterstützt werden. Bestehende empirische Ana-
lyse-Tools bieten hier zwar bereits einige gute Funktionen, jedoch verfügt
keine der gegenwärtigen Online-Plattformen über eine Auflösung von Diskursformationen auf Tagesbasis (in der Regel nur grob auf Basis von Jahren).

5   *DiskursWerkstatt:* Handreichungen für die lehr-lernende Praxis

Die *DiskursWerkstatt* soll vor allem eine virtuelle Anlaufstelle sein, die für
Praktiker*innen aufbereitete Lehr-Lern-Materialien (beispielsweise Anregungen
für Unterrichtsentwürfe) zu verschiedenen Aspekten der Diskurs- und
strategischen Kommunikationsforschung zur Verfügung stellt. Dabei führt die
DiskursWerkstatt relevante bestehende Angebote (wie sie etwa im Kontext der
kritischen Diskursanalyse und vereinzelt in der Politolinguistik entstanden
sind) thematisch gegliedert in einer kommentierten Sammlung zusammen,
die – sofern urheberrechtlich möglich – direkt digital zugänglich gemacht
werden. Darüber hinaus werden in Form von thematischen Dossiers eigene
Materialien erstellt, die Anregungen zur vertiefenden Behandlung von ausgewählten Themen in Lehr-Lern-Kontexten bieten sollen. Grundlage dafür sind
jeweils die entsprechenden Ressourcen, die *DiskursGlossar, DiskursReview* und
DiskursBarometer bereitstellen.

Literatur

Bubenhofer, N. (2009). *Sprachgebrauchsmuster. Korpuslinguistik als Methode der
Diskurs-und Kulturanalyse.* (Zugl.: Zürich, Univ., Diss., 2008.) (Sprache und Wissen,
4). Berlin: de Gruyter. Online verfügbar unter https://site.ebrary.com/lib/alltitles/
docDetail.action?docID=10329835.
Heyer, G., Quasthoff, U., & Wittig, T. (2008). *Text mining: Wissensrohstoff Text. Konzepte,
Algorithmen, Ergebnisse.* Korrigierter Nachdr. Herdecke: W3L-Verl. (Informatik). Online
verfügbar unter https://deposit.dnb.de/cgi-bin/dokserv?id=2783785&prov=M&dok_
var=1&dok_ext=htm.
Knobloch, C., & Vogel, F. (2015). „Demokratie" – zwischen Kampfbegriff und Nebelkerze.
Was können Sprach-, Medien- und Kulturwissenschaften zur Demokratisierung von
Gesellschaft beitragen? *Linguistik online* (73). https://doi.org/10.13092/lo.73.2190.
Lemke, M., & Wiedemann, G. (Hrsg.). (2016). *Text Mining in den Sozialwissenschaften.
Grundlagen und Anwendungen zwischen qualitativer und quantitativer Diskursanalyse.*
Unter Mitarbeit von Andreas Blätte. Wiesbaden: Springer VS. Online verfügbar unter

https://search.ebscohost.com/login.aspx?direct=true&scope=site&db=nlebk&AN=1087948.

Liebert, W.-A. (2004). Diskursdynamik in der Risikokommunikation – Eine diskurslinguistische Untersuchung der Trierer Luftschadstoff-Debatte (1974–2001). *Deutsche Sprache (DS)*, 32 (2), (S. 137–161).

Vogel, F. (2014). Linguistik als Kampfsport. Auf der Suche nach Paradigmen demokratischen Sprechens in Alltag, Medien und Recht. *Linguistik online*, 69 (7). Online verfügbar unter https://dx.doi.org/10.13092/lo.69.1658, zuletzt geprüft am 12.01.2015.

Vogel, F. (2019). Von der Diskurslinguistik zur Diskursintervention? Prämissen, Formen, Effekte. Aufbau eines Online-Portals zur Aufklärung strategischer Kommunikation: der Diskursmonitor. *Aptum*, 15 (1), (S. 1–12).

Stichwortverzeichnis

CPSIA information can be obtained
at www.ICGtesting.com
Printed in the USA
LVHW052134261120
672778LV00013B/2172

9 783658 305581